Österreichische Zeitschrift für Soziologie
Sonderheft 13/2014

Herausgegeben von
Vorstand der Österreichischen Gesellschaft für Soziologie:
J. Bacher, Linz, Österreich
K. Binner, Linz, Österreich
J. Dangschat, Wien, Österreich
C. Dlabaja, Wien, Österreich
E. Grießler, Wien, Österreich
M. Hengster, Innsbruck, Österreich
S. Schweighofer, Salzburg, Österreich
C. Stummer, Graz, Österreich

Tanja Paulitz
Tanja Carstensen (Hrsg.)

Subjektivierung 2.0

Machtverhältnisse digitaler Öffentlichkeiten

 Springer VS

Österreichische Zeitschrift für Soziologie

Vierteljahresschrift der Österreichischen Gesellschaft für Soziologie

38. Jahrgang, Sonderheft 13, November 2014   **www.oezs-digital.de**

Herausgeber: Vorstand der Österreichischen Gesellschaft für Soziologie: Johann Bacher, Kristina Binner, Jens Dangschat, Cornelia Dlabaja, Erich Griessler, Marlene Hengster, Simon Schweighofer, Claudia Stumm

Redaktion: Eva Buchinger, Hubert Eichmann, Johanna Hofbauer, Heinz-Jürgen Niedenzu, Franz Ofner, Otto Penz, Martin Weichbold, Elisabeth Scheibelhofer, Larissa Schindler, Meinrad Ziegler.

Wissenschaftlicher Beirat: Marek Czyzewski (Lodz), Kurt Imhof (Zürich), Stephen Kalberg (Boston), Karin Knorr Cetina (Chicago), Richard Münch (Bamberg), William Outhwaite (Newcastle), Jan Spurk (Paris), Frédéric Vandenberghe (Rio de Janeiro), Loïc Wacquant (Berkeley), Claire Wallace (Aberdeen)

Redaktionssprecher: Franz Ofner (Universität Klagenfurt, franz.ofner@uni-klu.ac.at), Meinrad Ziegler (Universität Linz, meinrad.ziegler@jku.at) und Heinz-Jürgen Niedenzu für die eingehenden Manuskripte (Universität Innsbruck, heinz-juergen.niedenzu@uibk.ac.at).

Rezensionsredakteur: Otto Penz; otto.penz@aon.at

Heftredaktion: Tanja Paulitz und Tanja Carstensen

Redaktionelle Zuschriften bitte nur an die Redaktion senden. Unverlangt eingesandte Rezensionsexemplare können nicht zurückgeschickt werden.

Springer VS | Springer Fachmedien Wiesbaden GmbH

Abraham-Lincoln-Straße 46 | 65189 Wiesbaden

Amtsgericht Wiesbaden, HRB 9754 | USt-IdNr. DE811148419

www.springer-vs.de

Geschäftsführer: Armin Gross, Peter Hendricks, Joachim Krieger
Editorial Director Social Sciences & Humanities: Dr. Andreas Beierwaltes
Gesamtleitung Anzeigen und Märkte: Armin Gross
Gesamtleitung Marketing und Individual Sales: Rolf-Günther Hobbeling

Kundenservice: Springer Customer Service Center GmbH, Springer VS-Service, Haberstr. 7, 69126 Heidelberg
Telefon +49 (0)6221/345-4303; Telefax: +49 (0)6221/345-4229, Montag bis Freitag 8.00 Uhr bis 18.00 Uhr
E-mail: springervs-service@springer.com

Marketing: Ronald Schmidt-Serrière M. A.,Telefon +49 (0)611/7878-2 80; Telefax +49 (0)611/7878-4 40;
E-mail: Ronald.Schmidt-Serriere@springer.com

Anzeigenleitung: Yvonne Guderjahn, Telefon +49 (0)611/7878-1 55; Telefax +49 (0)611/78 78-4 30;
E-mail: Yvonne.Guderjahn@best-ad-media.de

Anzeigendisposition: Monika Dannenberger, Telefon +49 (0)611/7878-148; Telefax +49 (0)611/7878-4 43;
E-mail: Monika.Dannenberger@best-ad-media.de
Es gilt die Sammelpreisliste vom 01. 01. 2012.

Bezugsmöglichkeiten 2014: Auskünfte zum Bezug der Zeitschrift erteilt der Kundenservice Zeitschriften:
E-Mail: subscriptions@springer.com
Jährlich können Sonderhefte erscheinen, die nach Umfang berechnet und den Abonnenten des laufenden Jahrgangs mit einem Nachlass von 25% des jeweiligen Ladenpreises geliefert werden. Bei Nichtgefallen können die Sonderhefte innerhalb einer Frist von 3 Wochen zurückgegeben werden.

Satz: Crest Premedia Solutions, Pune, Indien   ISSN 1011-0070
Gedruckt mit Unterstützung der Karl-Franzens-Universität Graz.

ISBN 978-3-658-01876-4

KARL-FRANZENS-UNIVERSITÄT GRAZ

UNIVERSITY OF GRAZ

39. Jahrgang   Sonderheft 13/2014

Herausgegeben von der Österreichischen Gesellschaft für Soziologie

INHALTSVERZEICHNIS

Algorithmen der Subjektivierung, Beteiligung und Widerstand

Vorwort

Im Herbst 2011 fand an der Leopold-Franzens-Universität Innsbruck der Dreiländerkongress der Deutschen Gesellschaft für Soziologie, der Österreichischen Gesellschaft für Soziologie und der Schweizerischen Gesellschaft für Soziologie statt. Thema war der „Neue Strukturwandel der Öffentlichkeit". Wir hatten damals einen Panelvorschlag eingereicht – „Digitale Konstitution öffentlicher Subjekte – neue informelle Öffentlichkeiten". Die eingereichten Paper übertrafen unsere Erwartungen und auch das Panel selbst zeigte, dass sich im Kontext digitaler Medien und gewandelter Öffentlichkeiten vielfältige Fragestellungen hinsichtlich neuartiger Phänomene von Subjektivierungsprozessen und Subjektkonstitution ausmachen lassen, zu denen die wissenschaftliche Diskussion erst am Anfang steht. Das große Interesse an unserem Panel, die inspirierenden Vorträge, die engagierten Diskussionen und nicht zuletzt unser Bedauern, nicht allen Einreichungen auf dem Panel Platz einräumen zu können, führten uns zu der Idee, die Vorträge und weitere Beiträge zu publizieren.

Dass diese Idee realisiert werden konnte, verdanken wir einer Reihe von Personen und Institutionen: Unser größter Dank gilt der Redaktion der Österreichischen Zeitschrift für Soziologie für die Möglichkeit, unser Vorhaben als ÖZS-Sonderheft zu verwirklichen; insbesondere Heinz-Jürgen Niedenzu danken wir für die Unterstützung während der gesamten Zeit. Cori Antonia Mackrodt danken wir für die Unterstützung und Beratung von Seiten des Verlags Springer VS. Sehr herzlich möchten wir zudem den anonymen GutachterInnen danken, die ehrenamtlich und sehr engagiert Rückmeldung zu den Beiträgen gegeben haben. Finanziert wurde dieses Buch aus Mitteln der beiden Arbeitsbereiche der Herausgeberinnen: dem Schwerpunkt Gender und Technik am Institut für Soziologie der RWTH Aachen und der Forschungsgruppe Arbeit-Gender-Technik der TU Hamburg-Harburg – besonderer Dank für die großzügige finanzielle Unterstützung geht dafür auch an Gabriele Winker. Anna Weihrauch von der RWTH Aachen hat die Manuskripte ausgesprochen sorgfältig lektoriert, die formale Endredaktion betreut und uns damit sehr viel Arbeit abgenommen. Große Unterstützung in dieser Phase der Erstellung eines abgabefähigen Manuskripts leistete, ebenfalls an der RWTH Aachen, Olesja Zimmer. Und schließlich möchten wir uns bei allen AutorInnen für ihr Engagement und ihre Geduld bedanken.

Tanja Paulitz & Tanja Carstensen
Aachen und Hamburg im Juni 2014

Österreich Z Soziol (2014) (Suppl) 39:1–6
DOI 10.1007/s11614-014-0127-5

Subjektivierung und soziale Praxis im Kontext des Web 2.0 – zur Einleitung

Tanja Paulitz

Das Internet ist heute zweifellos – zumindest in westlichen postindustriellen Gesellschaften – eine der zentralen Plattformen der Selbstpräsentation und des sozialen Austauschs. Die Vorgeschichte des Internets ist weniger kurz als oftmals angenommen und reicht zurück in die US-amerikanische militärische Forschung im Kalten Krieg der 1960er wie auch in die Sphären sozialer basisdemokratischer Bewegungen der 1970er Jahre: Betrachtet man das Spektrum der technologischen Möglichkeiten, so waren in den Frühzeiten des Internets, bis etwa in die 1980er Jahre, vor allem Diskussionsforen (so genannte Bulletin Boards) und E-Mail-Kommunikation die wesentlichen Formen der Artikulation der NutzerInnen, welche häufig gleichzeitig auch die ProgrammiererInnen ebendieser technischen Umgebungen waren oder in entsprechenden Teams und Abteilungen in Wissenschaft und Industrie arbeiteten. In den Tagen des World Wide Web im Verlauf der 1990er Jahre rückte primär die Selbstdarstellung auf Homepages in den Mittelpunkt der Wahrnehmung des Internets, während der soziale Austausch nach wie vor weitgehend über E-Mail, Mailinglisten und interaktive Spielumgebungen stattfand (vgl. Turkle 1995).

Gegenwärtig sind dezidiert „soziale" Technologien unter der Bezeichnung Web 2.0 in den Vordergrund getreten. Ihre Besonderheit scheint auch darin zu liegen, Einblicke in die Privatsphäre zu gewähren bzw. öffentliche Inszenierungen von Privatheit zu bieten (vgl. u. a. Schmidt 2011). In Kontexten eingeschränkter Medienfreiheit und reglementierter Medienöffentlichkeit steht das Web 2.0 für die Chance auf uneingeschränkte, grenzüberschreitende Berichterstattung; häufig durch journa-

T. Paulitz (✉)
Institut für Soziologie, RWTH Aachen,
Eilfschornsteinstr. 7,
52062 Aachen, Deutschland
E-Mail: tpaulitz@soziologie.rwth-aachen.de

Springer

listische LaiInnen oder durch jene JournalistInnen, denen andere Kanäle der Informationsübertragung nicht offen stehen. Das Label „Web 2.0" steht mithin für die Möglichkeit, Informationsübermittlung und Kommunikation selbst in die Hand zu nehmen, unabhängig von etablierten Medien zu sprechen und auch unabhängig von gesellschaftlichen Institutionen informelle Räume für die Artikulation persönlicher Erlebnisse oder subjektiver Eindrücke zu eröffnen. Diese Perspektive auf Technologien unter der Bezeichnung Web 2.0 fokussiert auf die Partizipationschancen und sieht in der gegenwärtigen, interaktiven Ausformung des Internets, wenn auch nicht einen distinkten Innovationssprung, so doch eine gravierende Umwälzung hin zu einer Plattform, die im Wesentlichen durch soziale Praktiken gestaltet und jedem und jeder prinzipiell zugänglich ist (vgl. Münker 2009; Stegbauer und Jäckel 2008).

Bereits die Internettechnologien der 1990er Jahre wurden mit großen Hoffnungen auf die Entstehung neuer Räume für öffentliche Aushandlung verknüpft: Partizipative Gestaltung, kollaborative Aushandlungsprozesse, offene und dezentrale Foren der Meinungsbildung, enthierarchisierte wechselseitige Information und Beratung, Unabhängigkeit von professionellen ExpertInnen durch niedrigschwellig artikulierbares Erfahrungswissen, grenzenlose und zugleich stets nützliche Freundschaftsnetzwerke, posttraditionale Solidargemeinschaften und informelle politische Arenen der Aushandlung, effektive Mobilisierung an der Basis, neue gut informierte BürgerInnen – mit solchen und ähnlichen Visionen wurde nicht nur der Internethype der 1990er Jahre gefeiert. Schwerpunktmäßig auf Basis von Prognosen wurde das Internet als Motor weitreichenden gesellschaftlichen Wandels und sozialer Innovation begriffen und wurden Fragen der demokratischen Gestaltung des Netzes diskutiert (vgl. u. a. Bulmahn et al. 1996). Die Aussicht auf neue „virtuelle Gemeinschaften", wie sie Howard Rheingold (1993, 2008) formulierte, haben die Bilder grenzenloser basisdemokratisch gesteuerter Kommunikation und neuer Formen der Sozialität befeuert. Solche vielversprechenden Formulierungen figurieren bis heute immer wieder als magische Beschwörungsformeln für aktuelle Prozesse soziotechnischen Wandels.

In der wissenschaftlichen Debatte folgten nach der Diagnose des „Mythos Internet" (vgl. Münker und Roesler 1997) ab den späten 1990er Jahren und um die Jahrtausendwende verstärkt – auch empirisch fundierte – Auseinandersetzungen mit der „Praxis Internet" (vgl. Münker und Roesler 2002), in denen die Nutzung der vielfältigen neuen Möglichkeiten, die die Prognostik zuvor ins Auge gefasst hatte, sondiert wurden. Und während diese Sondierungen noch dabei waren, angesichts der Vielfalt der Praktiken im Kontext des Internets die notwendige Vorläufigkeit jeder Bestandsaufnahme zu betonen (vgl. ebd.), erschien bereits mit der Ausrufung des Web 2.0 die nächste digitale Erschütterung auf der Bildfläche. Im Anschluss an eine 2004 in Kalifornien organisierte Konferenz (zunächst „Web 2.0 Conference", inzwischen „Web 2.0 Summit") zum Thema neuer sozialer Medien, proklamierte Tim O'Reilly (2005) unter dem Begriff „Web 2.0" die nächste Generation der Internettechnologien (vgl. auch Münker 2010, S. 34). Folgt man den jüngeren Äußerungen O'Reilly's, so war maßgeblich das Platzen der so genannten *dotcom*-Blase und der damit verbundene Vertrauensverlust in jene Softwareindustrie, die vor der Jahrtausendwende ungemein schnell gewachsen war und nun Orientierung und Schubkraft eingebüßt hatte, ein wichtiger Hintergrund dieser diskursiven Bündelung eines *neuen* Internets unter der Bezeichnung Web 2.0 (vgl. O'Reilly und Battelle 2009). Web 2.0 steht damit auch

 Springer

für eine strategische Reorganisation der mit dem Internet in wechselseitiger Dynamisierung verbundenen Ökonomie von *startup*-Unternehmen und inzwischen milliardenschweren Giganten der Börse, deren Geschäftsmodell im Wesentlichen auch auf diskursiv erzeugten Visionen und glaubhaft gemachten Wachstumspotentialen beruht. Insofern sind sozialwissenschaftliche Forschungen zum Web 2.0 sicherlich gut beraten, solche technologischen Innovationssprünge kritisch hinterfragend zu beleuchten, um hier nicht einer politisch-ökonomisch motivierten Innovationsrhetorik selbst aufzusitzen. Die Einordnung in Entstehungskontexte und längere Entwicklungslinien ermöglicht es jedoch auch, die Spezifik gegenwärtiger Phänomene differenzierter zu verstehen. Ein Beispiel ist die vielbesungene Interaktivität der sozialen Medien: Dabei sind interaktive Konzepte in der Softwareentwicklung eigentlich nichts vollkommen Neues. Sie stehen genaugenommen schon mit der Entwicklung der ersten Algorithmen des Internets zur Debatte. Noch vor der Erfindung des World Wide Web steht im Kontext der Hackerkulturen und Graswurzelbewegungen bis in die 1980er Jahre die – in einer Tradition der Herrschaftskritik formulierte – Idee der Entwicklung interaktiv nutzbarer Technologien und kooperativer Technologieentwicklung als *non-profit*-Unternehmung (*open source*-Bewegung) auf dem Plan. Auf diese Weise haben sich neben der wichtigen militärischen Interessenslage auch andere Anliegen und Praktiken in die Geschichte des Internets eingeschrieben (vgl. Hafner und Lyon 1997; Hellige 1992; Rosenzweig 1998). Es sieht vor diesem Hintergrund folglich alles danach aus, als haben sich heutige Formen der Verbreitung interaktiver Medien aus der Exklusivität dieser politischen Kontexte und subkulturellen Sphären heraus gelöst und quantitativ zu einem tatsächlichen interaktiven Massenmedium für informelle Kommunikation entwickelt. Sie sind zugleich immer häufiger zu einer technischen Umgebung geworden, in der Unternehmen wie Facebook, Google u. a. ihre unternehmerischen Ziele verfolgen bzw. ökonomische Interessenslagen eine Rolle spielen.

Kurz: Die einstmals an das Internet geknüpften großen Hoffnungen auf unbegrenzten Austausch scheinen sich aktuell mit Blick auf die meistgenutzten Web 2.0-Angebote wie Facebook, Twitter, Wikipedia usw. also weitgehend, wenn auch in einer spezifischen Form, einzulösen. Es liegt auf der Hand, dass in dieser Situation sowohl neue Fragen entstehen, aber auch alte Fragen weiter ihre Berechtigung haben. Kontinuität zeigt sich im Vergleich zu den 1990er Jahren vor allem in folgenden Themenfeldern: Nach wie vor und ggf. noch stärker als bislang sind Datenschutzfragen ebenso brisant, wie das Problem sozialer Ungleichheiten, des *digital divide*. Zugleich zieht sich die Diskussion über die Risiken, die bspw. über eine bislang unerreichte Vermarktlichung und Bedrohung von Privatheit entstehen, über einen längeren Zeitraum durch. Insofern haben sich sowohl die seriöse Evaluierung der Chancen und Risiken als auch die skandalisierende, kulturpessimistische Problematisierung in den Medien, die die Anfänge der gesellschaftlichen Verbreitung des Internets begleiteten, in die Ära des Web 2.0 fortgeschrieben.

Eine Akzentverschiebung der wissenschaftlichen Diskussion zeigt sich jedoch gerade im Problem der Machtverhältnisse: Im Vergleich zu früheren Phasen des Internets hat die machttheoretische Analyse der komplexen Effekte, die mit interaktiven Technologien, Technologien also, die weitgehend auf soziale Beteiligung und Ausdeutung angewiesen sind, eine immense Intensivierung erfahren (vgl. u. a. Paulitz

2005; Carstensen 2006, 2007; Bublitz 2010; Leistert und Röhle 2011). Der sozial-theoretische und machtanalytische Bezugsrahmen hat sich deutlich verbreitert, wenn es um die Frage geht, was sich mit der hohen Verbreitung dieser Technologien in der sozialen Welt verändert und welche Richtung die Weiterentwicklung des Internets, seiner Ökonomie und Politik nimmt. Doch tatsächlich sind die vielfältigen Formen der öffentlichen und semi-öffentlichen Selbstpräsentation und Vernetzung aus einer machttheoretischen Perspektive noch nicht ausreichend erforscht (vgl. Carstensen et al. 2014).

Im vorliegenden Buch geht es daher weniger um eine moralisch-normative Debatte darüber, was Menschen bspw. in Facebook von sich „preisgeben", noch um das Problem, ob die im Web 2.0 gepflegten sozialen Netzwerke eine „wirkliche" Alltagsrelevanz haben bzw. ob sie eher eine Chance für die Individuen darstellen oder eher Risiken bergen. Im Zentrum des Interesses steht stattdessen die sozial-wissenschaftlich machtanalytische Betrachtung digitaler Subjektivierungsprozesse als gegenwärtige Vergesellschaftungsform und als Selbsttechnologie, die zu neuen (semi-)öffentlichen Sphären des Austauschs führen, ohne immer unmittelbar oder nur auf das Funktionsspektrum politischer Öffentlichkeiten bezogen zu sein. Das Buch versammelt ausgehend davon – diesseits aller Orakel – sozialwissenschaftliche Sondierungen der aktuellen technologischen Entwicklungen und Partizipationsfor-men im Web 2.0. Diese Sondierungen bleiben nicht länger hypothetisch, sondern sind vielfach in empirischen Untersuchungen und detaillierten Felderkundungen fundiert. Zugleich reflektieren sie die Befunde unter Rückbindung an theoretische Diskussionen.

Wichtiger theoretisch wie empirisch beleuchteter Kristallisationspunkt sind jene Selbsttechnologien (vgl. Foucault 1993), die als wesentliches Moment der aktiven Beteiligung von NutzerInnen im Internet und als unverzichtbarer Motor sozialer Praktiken betrachtet werden können. Selbsttechnologien werden machttheoretisch genau an der Stelle gesellschaftlich bedeutsam, wo produktive Machtwirkungen in Erscheinung treten, wo Subjektivierung zugleich Handlungsweisen ermöglicht und auferlegt. Das Subjekt des Handelns, das sich im Web 2.0 zeigt, gewinnt seinen Sub-jektstatus und seine Handlungsfähigkeit vermittels jener technologischen Formate, die erst Teilnahme und subjektive Äußerung ermöglichen, und ist zugleich darauf angewiesen, den Regeln dieser Formate bzw. den ihnen inhärenten Regeln bestän-diger Aktivität zu folgen. Denn die in die Entwicklung der Software eingeflossene Handlungsanweisung impliziert die Möglichkeit *und* Notwendigkeit, sich als Subjekt wahrnehmbar zu machen und dadurch wiederum als Subjekt anerkannt zu werden. Diese Selbsttechnologien sind häufig mit der Aufweichung der bürgerlichen Sphä-rentrennung zwischen Privatheit und Öffentlichkeit verbunden. Dazu ein Beispiel: Eine häufig in Zusammenhang mit dem Web 2.0 strapazierte Erfolgsgeschichte war Barack Obamas erster Präsidentschaftswahlkampf, der auf den Einsatz des Internets am Übergang zwischen privaten Beziehungsnetzen und Öffentlichkeit setzte. So war die Konstitution als politisches (Unterstützer-)Subjekt für die DemokratInnen gebunden an die öffentliche Wahrnehmung im Internet, die die Aktivitäten der ein-zelnen UnterstützerInnen dokumentierte und auf diese Weise deren Arbeit öffentlich anerkannte.

Noch deutlicher wird die Problematik der Machtanalytik, wenn man die Beobachtung einbezieht, dass die neuen Räume sozialen Austauschs und sozialer Mobilisierung zunehmend im Kontext steigender Vermarktlichung medialer Wahrnehmung und sozialer Beziehungen stehen. Das zeigen die konzertierten Aktionen von Wikileaks ebenso wie der Rechtsstreit um Facebook-Daten: So ergänzt sich die (kostenlose) Veröffentlichung von geheimen Dokumenten des Pentagons mit der Vermarktung ihrer Analyse in den Printmedien. Im Fall von Facebook wird die Ansammlung von Daten über die sozialen Beziehungen der NutzerInnen zur Ware, die sich potentiell am Markt verkaufen lässt. Wer besitzt die Informationen, darf sie veröffentlichen und über sie verfügen? Aber auch ohne Facebooks Anspruch auf das Eigentum an den Nutzungsdaten erscheint das ohnehin öffentlich Zugängliche als Markt: Selbstpräsentationen und soziale Netzwerke sind zu den unverzichtbaren Technologien des „unternehmerischen Selbst" (vgl. Bröckling 2007) geworden, und das nicht nur in der Erwerbsarbeit. Damit knüpft die mit dem Buch eingenommene Perspektive auf das Web 2.0 an die Machtanalytik Foucaults an und verbindet diese mit jüngeren Technologie- und Medienentwicklungen als heute relevante Bezugsgrößen von Subjektivierungsprozessen. Neben Foucault werden auch weitere Theoriebezüge aufgenommen, u. a. auch Habermas' Strukturwandel der Öffentlichkeit oder Bourdieus Konzept des „kulturellen Kapitals", und im Hinblick auf neue mediale Formen diskutiert. Damit intendiert das Buch, einen Beitrag zur sozialwissenschaftlichen Inspektion einer informellen gesellschaftlichen Öffentlichkeit und ihren Subjektformierungen zu leisten, die unter der Bezeichnung Web 2.0 inzwischen unzweifelhaft enorm an Fahrt aufgenommen haben.

Die Beiträge entwickeln Perspektiven auf die Gestaltung der technischen Räume, auf die gewandelten Bedingungen der Selbstpräsentation, auf die Veränderungen an den Grenzen zwischen Öffentlichkeit und Privatsphäre, auf neue und alte Praktiken, die die AkteurInnen hierin entwickeln (Geständnis, Schreiben, Selbstthematisierung, Inszenierung, Grenzmanagement etc.), Fragen nach Identität, Authentizität und Anonymität und letztlich auf die damit verbundenen Subjektivierungsweisen zwischen Selbstvermarktungszwängen und dem Begehren, sichtbar zu sein und wahrgenommen zu werden.

Literatur

Bröckling, Ulrich. 2007. *Das unternehmerische Selbst. Soziologie einer Subjektivierungsform.* Frankfurt a. M.: Suhrkamp Verlag.
Bublitz, Hannelore. 2010. *Im Beichtstuhl der Medien. Die Produktion des Selbst im öffentlichen Bekenntnis.* Bielefeld: transcript Verlag.
Bulmahn, Edelgard, et al., Hrsg. 1996. *Informationsgesellschaft – Medien – Demokratie.* Marburg: BdWi-Verlag.
Carstensen, Tanja. 2006. „Das Internet" als Effekt diskursiver Bedeutungskämpfe. In: *kommunikation@gesellschaft, Jg. 7, Beitrag 5.* http://www.soz.uni-frankfurt.de/K.G/B5_2006_Carstensen.pdf.
Carstensen, Tanja. 2007. *Die interpretative Herstellung des Internet. Eine empirische Analyse technikbezogener Deutungsmuster am Beispiel gewerkschaftlicher Diskurse.* Bielefeld: Kleine Verlag.
Carstensen, Tanja, Christina Schachtner, Heidi Schelhowe, und Raphael Beer. 2014. *Digitale Subjekte. Praktiken der Subjektivierung im Medienumbruch der Gegenwart.* Bielefeld: transcript Verlag.

Foucault, Michel. 1993 (zuerst: 1988). Technologien des Selbst. In: *Technologien des Selbst*, Hrsg. Luther H. Martin, Huck Gutman, und Patrick H. Hutton, 24–62. Frankfurt a. M.: S. Fischer Verlag.

Hafner, Katie, und Matthew Lyon. 1997 (zuerst: 1996). *Arpa Kadabra. Die Geschichte des Internet*. Heidelberg: dpunkt.

Hellige, Hans Dieter. 1992. Militärische Einflüsse auf Leitbilder, Lösungsmuster und Entwicklungsrichtungen der Computerkommunikation. *Technikgeschichte* Nr. 59:371 ff.

Leistert, Oliver, und Theo Röhle, Hrsg. 2011. *Generation Facebook. Über das Leben im Social Net*. Bielefeld: transcript Verlag.

Münker, Stefan. 2009. *Emergenz digitaler Öffentlichkeiten: Die Sozialen Medien im Web 2.0*. Frankfurt a. M.: Suhrkamp Verlag.

Münker, Stefan. 2010. Die Sozialen Medien des Web 2.0. In: *Social Media Handbuch*, Hrsg. Daniel Michelis und Thomas Schildhauer, 31–41. Baden-Baden: Nomos.

Münker, Stefan, und Alexander Roesler, Hrsg. 1997. *Mythos Internet*. Frankfurt a. M.: Suhrkamp Verlag.

Münker, Stefan, und Alexander Roesler, Hrsg. 2002. *Praxis Internet*. Frankfurt a. M.: Suhrkamp Verlag.

O'Reilly, Tim. 2005. *What is Web 2.0. Design patterns and business models for the next generation of software*. http://oreilly.com/web2/archive/what-is-web-20.html. Zugegriffen: 4. März. 2014.

O'Reilly, Tim, und John Battelle. 2009. *Web squared. Web 2.0 five years on*. http://www.web2summit.com/web2009/public/schedule/detail/10194. Zugegriffen: 4. März. 2014.

Paulitz, Tanja. 2005. *Netzsubjektivität/en. Konstruktionen von Vernetzung als Technologien des sozialen Selbst. Eine empirische Untersuchung in Modellprojekten der Informatik*. Münster: Westfälisches Dampfboot.

Rheingold, Howard. 2008 (zuerst: 1987). Virtual communities – exchanging ideas through computer bulletin boards. *Journal of Virtual Worlds Research* (1): 1. http://journals.tdl.org/jvwr/index.php/jvwr/article/view/293. Zugegriffen: 4. März. 2014.

Rheingold, Howard. 1993. *The Virtual Community. Homesteading at the Electronic Frontier*. Reading: Addison-Wesley.

Rosenzweig, Roy. 1998. Wizards, bureaucrats, warriors, and hackers: Writing the history of the internet. *American Historical Review* 103 (5): 1530–1552.

Schmidt, Jan. 2011. „Persönliche Öffentlichkeiten im Social Web und ihre Bedeutung für die Zivilgesellschaft". In: *Entgrenzungen. Gesellschaftlicher Wandel und Politische Bildung*, Hrsg. Dirk Lange, 210–215. Schwalbach.: Wochenschau.

Stegbauer, Christian, und Michael Jäckel, Hrsg. 2008. *Social Software. Formen der Kooperation in computerbasierten Netzwerken*. Wiesbaden: VS Verlag für Sozialwissenschaften.

Turkle, Sherry. 1995. *Life on the screen. Identity in the age of the internet*. New York: Simon and Schuster.

Österreich Z Soziol (2014) (Suppl) 39:7–21
DOI 10.1007/s11614-014-0128-4

ıÖzS-

Im Beichtstuhl der Medien – Konstitution des Subjekts im öffentlichen Bekenntnis

Hannelore Bublitz

Zusammenfassung Der Beitrag wirft einen konstitutionstheoretischen Blick auf Subjektivierungsweisen und Selbsttechnologien im Rahmen medialer Öffentlichkeiten. Medien sind, so die Hauptthese dieses Beitrags, nicht – nur – „voyeuristische Apparate“, sondern bewegliche soziale Bänder, über die das exponierte Subjekt sich „produziert“ und sich in Kurvenlandschaften der Normalität positioniert. Aus dieser Perspektive erscheinen medial inszenierte Bekenntnis- und Geständnisrituale als konstitutive, performative Produktion des Subjekts.

Schlüsselwörter Subjektivierung · Selbst-Technologien · Neoliberalismus · Unternehmerisches Selbst · Medien

In the confessional of media: about becoming a subject in public medial confession

Abstract This contribution takes a view at the constitution of subjectivity and self-technologies in the frame of media public. Media, so one of the main thesis of this contribution, are not only ‚voyeuristic apparatus‘, but mobile social bands, by which the exposed subject "produces" and positions itself in curve landscapes of normality. From this perspective medial confessions turn out as a performative, constitutional production of the subject.

H. Bublitz (✉)
Lehrstuhl Soziologie, Universität Paderborn,
Warburgerstr.100,
33098 Paderborn, Deutschland
E-Mail: bublitz@mail.upb.de

🕭 Springer

Keywords Subjectivation · Self-technologies · Neoliberalism ·
Entrepreneurship self · Media

> Wenn einst das Privatleben so geheim war, daß das geheimste aller Geheim-
> nisse per definitionem das des Beichtenden war, so hat sich heute der Begriff
> des Beichtstuhls in sein Gegenteil verkehrt. (Eco 2007, S. 81)

1 Einleitung

Selbst- und Profilbildung sind nicht nur zum Schlagwort einer boomenden medialen Bekenntnis- und Geständniskultur geworden; auch unternehmerische Praktiken fordern den ganzen Menschen. Dispositionen wie „Marktfähigkeit" und eine
„unternehmerische" Einstellung gehören heute zu den Charaktereigenschaften einer
erfolgreichen Persönlichkeit. Sie konturieren Selbst-Technologien, die Beziehung zu
anderen und die Physiognomie des öffentlich-medialen Raums.

Gefordert sind die Selbstgestaltung und Selbstinszenierung des eigenen Lebens,
was häufig als Ausdruck von Egoismus und Narzissmus missverstanden wird. Damit
wird aber der Kern der neuen „Pflichten gegenüber sich selbst" (Beck 1994, S. 56)
verkannt: „Dieser richtet sich auf Selbstaufklärung und Selbstbefreiung als eigen-
tätigen, lebenspraktischen Prozeß." (ebd.) Das Potential dieser neuen Formen von
Selbst-Reflexion liegt in der Wahrnehmung von Selbstgestaltungsmöglichkeiten, in
der sozialen Selbstverortung und in der Überschreitung kultureller Selbstverständ-
lichkeiten. Es existiert kein soziales Normenkorsett, in das Individuen sich lediglich
einpassen müssen. Sozialität ist wie soziale Zugehörigkeit und der soziale Ort des
Individuums keineswegs vorgegeben und gesichert. In der öffentlichen Präsentation
manifestiert sich ein Subjekt, das sich seiner selbst, seiner Individualität und Sozialität nicht – mehr – sicher sein kann. Die gesellschaftliche Dynamik entbindet Individuen aus tradierten Bindungen und Normen. „Die Konsequenz ist, daß die Menschen
immer nachdrücklicher in das Labyrinth der Selbstverunsicherung, Selbstbefragung
und Selbstvergewisserung hineingeraten." (Beck 1994, S. 55) Vor diesem Hintergrund entsteht eine Vielzahl von „Bekenntnis-Märkten"[1] auf denen sich „diverse
Beichtgemeinschaften" (Willems und Pranz 2006, S. 83) anbieten, die dem Individuum nach dem Muster „Wer bin ich und wenn ja, wie viele?" (vgl. Precht 2007)
Selbstbestätigung bieten und dessen Verlangen nach individueller Selbst-Entfaltung
und Sicherheit in „immer neue Antwort-Moden" (Beck 1994, S. 55) ummünzen.

Im Kontext dieser Ausweitung der Bekenntniskultur und neuer Praktiken der
Selbstthematisierung (vgl. Burkart 2006; Willems und Pranz 2006) verschieben
sich die Grenzziehungen von Privatsphäre und Öffentlichkeit. Privates und Öffentliches sind, medial vermittelt, nicht mehr strikt getrennten Bereichen zuzuordnen,

---

[1] Sennetts Kernthese ist, dass der Bekenntnismarkt die Gesellschaft durch die Ideologie der Intimität
transformiert. „Der Bekenntnis-Markt hat seine eigene Logik in einer Gesellschaft, die von der Angst
beherrscht wird, man habe kein eigenes Selbst, solange man nicht einem anderen davon erzählt." (Sennett
1983, S. 142 f.) Dieser narrative Aspekt des „Sich-Sprechens" und der „Selbst-Aussprache" wird sich, wie
sich später noch zeigen wird, als grundlegend für Subjektivierungsprozesse in der Gegenwartsgesellschaft
erweisen (vgl. Bublitz 2006a, b).

wie dies noch für die bürgerliche Gesellschaft des 19./20. Jahrhunderts galt.[2] Ehemals Privates erscheint nun im Rahmen eines medialen Spiegels, der die Optionen der Selbstpräsentation in medialen Öffentlichkeiten vervielfältigt.[3] Dabei schließen mediale Praktiken der Selbstdarstellung an die publikumsbezogene Subjektivität, die sich in der bürgerlichen Gesellschaft familiär ausbildet und sich öffentlich mit sich selbst verständigt, an (vgl. dazu Habermas 1968; Beck 1986, 1994).[4] Subjektivierung vollzieht sich gegenwärtig aber nicht mehr in institutionalisierten Einschließungsmilieus, sondern sie schließt sich unmittelbar mit der Dynamik eines globalisierten Konsumkapitalismus und globaler Medientechnologien zusammen.[5] Die mediale Ausweitung der Bekenntniskultur und der Selbstthematisierung „verweist auf einen langfristigen Prozess *,institutionalisierte(r) Individualisierung*'" (Beck und Beck-Gernsheim 1994, S. 21; Hervorhebg. im Original), der u. a. vom Arbeitsmarkt, von Mobilitäts- und Ausbildungsanforderungen begünstigt, wenn nicht erzwungen wird und neue Formen der Selbstbestimmung und Selbstreflexion freisetzt. Individualisierte Selbsttechnologien sind heute ebenso Pflicht wie soziale Anschlussfähigkeit an marktförmige Sozialität. Das postmoderne Individuum muss sich gewissermaßen selbst – und dies andauernd – als „normales" soziales Subjekt konstituieren; Medien liefern Applikationsfolien und sind die Produktionsapparate, mit denen sich das Subjekt „normalisiert". An die Stelle der Ausrichtung an vorgegebenen sozialen Normen und Pflichten treten dynamische Orientierungsmuster; Subjektivierung zielt jetzt auf flexible Selbstkonstruktionen. Elementar wichtig dafür sind die anderen, weniger als sozialer Maßstab, sondern als Medium der eigenen Selbstbestätigung und -verortung, als Vergleichs- und Differenzierungsfeld. Gefordert ist dauerhafte *Selbst-Inspektion* (nicht nur Selbst-Introspektion), die sich mit Techniken der Normalisierung verknüpft.

---

[2] „Privat" und „öffentlich" sind Kategorien der bürgerlichen Gesellschaft, „in der sich Warenverkehr und gesellschaftliche Arbeit von staatlichen Direktiven weitgehend emanzipieren" (Habermas 1968, S. 86). Im Zuge der Entwicklung einer kapitalistischen Marktökonomie und entsprechender liberaler Vorstellungen von privater Autonomie setzt sich die Trennung einer öffentlichen Sphäre der – politischen – Selbstverständigung des Bürgertums „über die neuen Erfahrungen der Subjektivität" (Habermas 1968, S. 177) von einer Sphäre der Privatheit durch, deren Zentrum die bürgerlich-patriarchale Familie mit ihrer zunächst durchaus publikumsbezogenen, dann einer überwiegend familiären Privatheit bildet. Im Zusammenhang mit dem sich ausweitenden Waren- und Nachrichtenverkehr konstituiert sich eine bürgerliche Gesellschaft, welche die Privatleute im Rahmen der sich konstituierenden Öffentlichkeit – zunächst als obrigkeits- und kulturkritisches, dann überwiegend kulturkonsumierendes – Publikum versammelt.

[3] Zur extensiven Ausleuchtung des Subjekts in (massen)medial inszenierten „Selbst-Kulturen" des globalisierten Konsumkapitalismus vgl. auch Bublitz (2006a, b).

[4] Ulrich Beck macht deutlich, dass sich in diesem Zusammenhang der „familiale Privatismus" (der 50er und 60er Jahre des 20. Jahrhunderts) zu einer individualisierenden Privatsphäre der – durchaus auch materiell ausgerichteten – Selbstgestaltung und -entfaltung verändert (vgl. Beck 1994, S. 55; vgl. dagegen Deleuze 1993), der von der fortwährenden Modulation der (In-)Dividuen in der Kontrollgesellschaft ausgeht. Der Begriff der Kontrolle ist bei Deleuze ambivalent, er changiert zwischen Selbstkontrolle im Sinne der Selbstführung und des Selbstmanagements und Fremdkontrolle als von außen auferlegtem Zwang.

[5] Der Begriff „Medientechnologien" bezieht sich sowohl auf die technischen Apparate selbst, wie auch auf die entsprechenden symbolischen Verfahren und Praktiken der Form(ier)ung, mit denen technische Medien operieren. Gemeint sind hier insbesondere interaktive, soziale Medientechnologien, die nicht nur Kommunikation transportieren, sondern auch Medium sozialer Praktiken der Selbstdarstellung und des verteilten Handelns sind. Sie ermöglichen ein spezifisches medial vermitteltes, Selbstverhältnis, das individuelle Positionen in sozialen Normalfeldern positioniert.

 Springer

Die Frage nach der Genese des Subjekts im Blick der Medien wird in diesem Beitrag aus einer subjekttheoretischen Perspektive untersucht. Empirisches Material zu digital gestützten Subjektkonstruktionen und medial vermittelten Subjektkonstitutionen dient gewissermaßen als Folie, auf der die theoriegeleitete (Selbst-)Beobachtung der Gesellschaft erfolgt, wird jedoch nicht selbst als konkretes Anschauungsmaterial herangezogen. Zunächst werden Prozesse der Subjektivierung als performative Praxis der Selbstproduktion thematisiert (2). Sie werden in einen medialen Kontext eingebettet; es wird davon ausgegangen, dass Medien konstitutiv sind für postmoderne Formen der Vergesellschaftung und der Subjektivierung. In der Ausrichtung des Subjekts an (Massen-)Medien zeigt sich, dass das Subjekt in seinen Selbst-Technologien quasi kybernetisch gesteuert wird (3). Der Fokus der Betrachtung liegt auf Geständnispraktiken im Beichtstuhl der Medien und entsprechenden Selbst-Technologien. Dabei wird das Dispositiv des „medialen Beichtstuhls" genealogisch in eine Reihe mit früheren Dispositiven gestellt (4). Dadurch wird die mediale Positionierung des Subjekts in Daten-Kurvenlandschaften angesprochen und verdeutlicht, inwiefern die medialen Geständnispraktiken im Beichtstuhl der Medien gewissermaßen für die Subjektivierung der Daten sorgen. Feedbackgesteuertes Selbstmanagement sorgt für die flexible Verschränkung fremd- und selbst-gesteuerter Modifikationen im Subjekt (5). Schließlich werden die subjektivierenden Effekte des medialen Beichtstuhls noch einmal gebündelt (6). Hier wird deutlich, dass das im interaktiven Wechselverhältnis von Medientechnologien konstituierte Subjekt im Spektrum medialer Anschlüsse nicht aufgeht.

2 Subjektivierung und Selbstproduktion als performative Praxis

Die Rhetorik einer lückenlosen Selbstverwertung verstellt den Blick auf veränderte Bedingungen von Sozialität und Subjektivität. Es geht nicht nur darum, noch besser, noch flexibler und kompatibler für (zeit-)ökonomische Prozesse zu sein und sein Leben noch reibungsloser an neoliberale Optimierungsstandards anzupassen. Auch die Annahme einer „Ökonomie der Aufmerksamkeit" (vgl. Franck 2004, 2005; Schroer 2006) greift zu kurz. Sicher besteht *ein* Anreiz unzähliger medialer Foren darin, sich ständig neu zu entwerfen und zu präsentieren, die Beachtung anderer und die Wahrnehmung durch andere auf sich zu ziehen; Georg Franck spricht in diesem Zusammenhang vom „Bekanntheitsgrad" als „Form akkumulierter Beachtung" und seiner „Schatzfunktion", insofern er gehortet werden kann und sich *„rentiert"*, also verzinst und „zum Faktor der Wertschöpfung wird" (Franck 2004, S. 114). In dieser Form der Selbstoptimierung gehen mediale Formen der Selbstdarstellung jedoch nicht auf. Im Zentrum der folgenden Ausführungen steht eine *konstitutionstheoretische Perspektive* auf das Phänomen der medienwirksamen Ausstellung persönlicher Details. Damit verbunden ist die Umdeutung kulturkritischer Analysen medial ausgestellter Selbstentwürfe. Lesarten, die mediale Formen der Selbstpräsentation lediglich als kulturelle Verfallserscheinung und panoptische Kontrollanordnung (vgl. u. a. Eco 2007; Sofsky 2007) entziffern, wird entgegengehalten, dass mediale *(An-)Ordnungen des Sich-Zeigens* und der *sprachlichen Repräsentation* produktive Machteffekte auf Formen der Subjektivierung und Selbstbildung haben. Zwar soll

keineswegs geleugnet werden, dass sich globale Kommunikationsnetzwerke und ökonomische Machtapparate größtenteils unkontrolliert und für das Subjekt unsichtbar Zugang zu persönlichen Daten und privaten Bereichen verschaffen. Aber die Fokussierung technik- und medienkritischer Argumente auf instrumentelle Macht- und Überwachungseffekte und implizit auf eine Konzeption von Macht, die sich uns aufdrängt, von außen Druck auf das Subjekt ausübt und es zur Unterordnung zwingt, greift zu kurz (vgl. auch Paulitz 2005, S. 12). Denn sie vernachlässigt, „daß die Bildung unserer selbst als Subjekt, auf die eine oder andere Weise von ebendieser Macht abhängt" und das ist es, „was Subjekte allererst *bildet* oder *formt*, was dem Subjekt erst seine schiere Daseinsbedingung und die Richtung seines Begehrens gibt" (Butler 2001, S. 7f).

Meine Ausführungen bewegen sich in einem machttheoretischen Kontext, der Subjektkonstitution nicht in einem irgendwie gearteten autonomen, subjektiven Geschehen, sondern in Machtverhältnissen verortet, die in Bildungs- und Entstehungsprozessen des Subjekts produktiv werden und Technologien des Selbst generieren. Subjektbildung und Selbst-Technologien sind aus dieser Perspektive emergente Manifestationen medialer Machtdispositive, die neue Konstruktionen und Konfigurationen des Selbst ermöglichen (vgl. dazu u. a. Paulitz 2005; Zorn 2012).[6]

Ich gehe mit Judith Butler davon aus, dass das Subjekt sich in medial inszenierten Beicht- und Geständnispraktiken der Selbstdarstellung und Selbstthematisierung gewissermaßen „selbst spricht" (vgl. Butler 2003, S. 118). *Das heißt, dass das Subjekt sich nicht nur medial „einschaltet", sondern sich dabei immer auch selbst hervorbringt* (vgl. dazu auch Paulitz 2005; Schelhowe 2007; Zorn 2012).[7] Gegen die These vom „Verschwinden des Subjekts" in nutzungs- wie technikkritischen Diskursen wird hier also eingewendet, dass die mediale Einschaltung des Subjekts, seine mediale Artikulation, die nicht nur auf der Ebene des Sprachlichen erfolgt, seine Selbstproduktion ermöglicht; sie ist konstitutiver Bestandteil der Subjektwerdung und Selbstbildung (vgl. Paulitz 2005, S. 12).

Medientechnologien und -praktiken stellen so ein Bedingungsgefüge für Subjektivierungsweisen und Selbst-Technologien wie *auch* für die Ausbildung von Sozialität dar. Zu fragen ist daher, unter welchen medialen Bedingungen sich Subjektivität und soziales Selbst ausbilden (vgl. dazu u. a. Köhler 2003; Paulitz 2005; Reichert 2008;

---

[6] Der Begriff des Dispositivs bezeichnet bei Michel Foucault eine Art Netzwerk von Diskursen und Praktiken, das die Funktion der Machtsteigerung hat; er bezeichnet das Dispositiv als „ein (…) heterogenes Ensemble, das Diskurse, Institutionen, architektonische Einrichtungen, reglementierende Entscheidungen, Gesetze, administrative Maßnahmen, wissenschaftliche Aussagen, philosophische, moralische oder philanthropische Lehrsätze, kurz: Gesagtes (…) wie Ungesagtes umfasst. Soweit die Elemente des Dispositivs. Das Dispositiv ist das Netz, das zwischen diesen Elementen geknüpft ist" (Foucault 1978, S. 119f; vgl. auch Link 2009a; Bührmann und Schneider 2012).

[7] Vgl. zur subjektformierenden Bedeutung digitaler Medien auch das interdisziplinäre Forschungsprojekt „Subjektkonstruktionen und digitale Kultur. Neue Subjektformen im Wechselspiel mit soziokulturellen Praktiken im Cyberspace", in dem es um die Untersuchung digital gestützter Subjektkonstruktionen geht; nähere Informationen unter: http://dimeb.informatik.uni-bremen.de/skudi/ (letzter Zugriff: 6.12.2012); vgl. dazu u. a. auch Carstensen und Ballenthien (2012); zur Veränderung von Selbst-Technologien vgl. auch die qualitative Studie von Isabel Zorn (2012), welche die Konstruktionstätigkeiten im Kontext digitaler Medien im Bereich von Selbst-Technologien und technologiebasierten Sozialitätskonstruktionen wie auch als Veränderungspotential für Bildungsprozesse untersucht. Der Schwerpunkt liegt hier auf konstruktiv-schöpferischen Aspekten der Medienbildung und Medienpädagogik.

 Springer

Leistert und Röhle 2011). Ich gehe davon aus, dass mediale Formen der Selbstpräsentation ein Subjekt erzeugen, das sich – in der Differenz zu anderen – *öffentlich
zeigt*, sich im Blick einer – medial erzeugten – Vielheit des verallgemeinerten anderen produziert und dabei die Verschwiegenheit des bürgerlichen Subjekts und die
Opazität interpersonaler intimer Beziehungen radikal aufhebt:

> Mit dem Eintritt in die *Ordnung des Sprechens und des Zeigens* verbindet sich
> zudem der Drang des wortreich (von sich) sprechenden Subjekts, Privates und
> ehemals Intimes öffentlich zu verhandeln. (Bublitz 2010, S. 11)

Aus dieser Perspektive erscheinen medial inszenierte Bekenntnis- und Geständnisrituale weniger als „erzwungene Praxis im Dienste einer Ordnungsmacht" denn als
„performative Produktion des Subjekts innerhalb öffentlicher Konventionen" (Butler
2003, S. 119).

Im Zuge technisch-medialer Anschlüsse verschiebt sich die Grenze zwischen Privatsphäre und Öffentlichkeit. Mehr noch: Medial inszenierte Beicht- und Geständnispraktiken ermöglichen „die sprachliche und körperliche Selbst-Demonstration des
Subjekts" (Butler 2003, S. 118). Medien sind, so die Hauptthese dieses Beitrags,
Orte, an denen sich Individuen nicht nur in Szene setzen und sich sprachlich und
visuell (re)präsentieren, sondern Orte, an denen sich das Subjekt im doppelten Wortsinn „produziert": Hier *zeigt* und *stellt es sich als soziales Subjekt aus und her*.

Anders als in alltäglichen face-to-face-Situationen vervielfältigt sich der medial
vermittelte Blick des anderen und auf den anderen. Subjekte schaffen und bilden sich
im Kontext eines komplexen medientechnologisch verteilten Handelns, das nicht auf
planvolles Handeln ausgemachter Handlungsträger zurückzuführen ist. Subjektivierung wird folglich nicht als souveräner Akt eines willentlich handelnden Subjekts
gefasst, sondern geschieht vielmehr in Abhängigkeit von Diskursen und medialen
Techniken. Dabei bildet das Subjekt selbst eine Technologie, die sich in technisch-
medialen Bedingungen „reflektiert" und modifiziert.

Diese Position stellt Subjektmodelle in Frage, die das Subjekt als in sich selbst, in
der reflexiven Bewegung des subjektiven Geistes, begründet entwerfen und als ein
Wesen betrachten, das Zugang zu sich einzig in der Selbstreferenz findet und (Selbst-)
Transparenz gewissermaßen im „Spiel des Subjekts mit seinen eigenen Gedanken"
(Foucault 2004b, S. 436) gewährt. Die so vorgestellte Subjektkonstitution enthält
ein reflexives Moment, das sich ausschließlich im Rückbezug des Subjekts auf sich
selbst konstituiert. Diese Engführung von Subjektivierung übersieht, dass Subjektbildung in umfassende und vielfältige Formen der „Reflexion", in Subjektivierungs-
Praktiken eingebettet ist, die nicht von den Subjekten ausgehen, sondern Subjekte
erst im Spiegelspiel technisch-medialer Bedingungen schaffen. Auch diese sind an
ein Subjekt gebunden; aber an die Stelle bloß subjektiver Reflexion treten medial
vermittelte „Reflexionsprozesse", die konstitutiv für Selbstbilder sind. Damit sind
die Grenzen der Selbsttransparenz markiert, welche auf die Außerkraftsetzung des
souveränen Subjekts zugunsten von Technologien, die den Horizont subjektiv-wil-
lentlicher Verfügbarkeit überschreiten, verweisen. Die Frage gilt den Medien, die das
Selbstverhältnis materiell erst ermöglichen. Subjektkonstitution und die Reflexion
des Selbst erfolgen über ein Medium, ein *Außen und ein Anderes, das vom Subjekt
nicht mehr getrennt gedacht werden kann.* Das Selbst konstituiert und produziert sich

durch den Bezug auf andere(s), auf Technisches, Diskursives, verteilte Strukturen, in die das Subjekt interaktiv eingebettet ist. Diskurse und Technologien „schießen weit über das technische Funktionieren hinaus, um so das gesellschaftliche und subjektive Selbstverständnis grundlegend zu verändern" (Lösch et al. 2001, S. 10).

3 Ausrichtung des Subjekts an (Massen-)Medien

In der Studie „The Lonely Crowd" (dt. Die einsame Masse) konstatieren Riesman u. a. bereits in den 50er Jahren des 20. Jahrhunderts die Entstehung eines neuen Menschen- und Gesellschaftstypus; sie gehen davon aus, dass der Massengesellschaft des 20. Jahrhunderts ein Individuum entspricht, das sich ständig an anderen, an seiner sozialen Umgebung ausrichtet – und sich nicht mehr an inneren Werten, Normen und Prinzipien orientiert, wie dies für die bürgerliche Industriegesellschaft des 19. Jahrhunderts charakteristisch war. Der „außen-geleitete Mensch" wird gleichsam als mediale Apparatur entworfen, der anstelle eines Kodex von Verhaltensregeln über „jenes hochempfindliche Gerät, womit er (…) Nachrichten empfangen kann" (Riesman et al. 1958, S. 41) verfügt und dessen soziale Steuerung, wie in kybernetischen Systemen, über Formen der feedbackgesteuerten Kontrolle gesichert ist. Seine Wahrnehmungs-Apparate sind immer eingeschaltet, er muss ständig „in der Lage sein, Signale von nah und fern zu empfangen", seine Kontrollmechanismen funktionieren wie „eine Radaranlage" (ebd.). So entwerfen Riesman/Denney/Glazer den Menschen selbst als Technologie, die sich durch einen spezifischen Rezeptor auszeichnet und Informationen in Form von Signalen aufnimmt und verarbeitet. Der Verarbeitungsprozess von Signalen funktioniert gewissermaßen automatisch, aber nicht unkontrolliert. Denn er wird durch Feedback abgesichert. Konformität wird keineswegs durch heteronome Steuerungsmaßnahmen gesichert; vielmehr bilden „die anderen", vermittelt über Medien, die Quelle flexibler Steuerungsvorgänge. Die Masse bildet, wie das Selbst, das Medium der Steuerung sozialer Zugehörigkeit, die sich nicht quasi-automatisch über die Befolgung sozialer Normen herstellt, sondern die angesichts einer disponiblen Normalität unsicher geworden ist. Fremd- und Selbstführung greifen hier ineinander (vgl. dazu auch Bartz 2013, bes. S. 268 ff.).

Aus dieser Perspektive wird das Subjekt gewissermaßen als medial verfasstes, sich selbst generierendes Prinzip gedacht. Es funktioniert gleich einer Empfangsapparatur für Signale und modifiziert sich über eine Art kybernetisches Steuerungswissen. Hier deutet sich an, dass mediale Apparaturen nicht nur wichtige Informationen übermitteln, sondern auch entsprechende Subjektformen produzieren. Medien kommunizieren Wissen, das für das Alltagsleben notwendig ist: Werte, Moden, Stile, Weltsichten – und produzieren in Wechselwirkung mit dem Subjekt entsprechende Selbst-Technologien, feedbackgesteuerte Formen der Selbstregulation, gelungene Selbstführung in der Ausrichtung am sozialen Umfeld. Wichtig ist hier nicht nur die mediale Koppelung des Subjekts an die medial gesteuerte Umwelt, sondern auch seine feedbackgesteuerte Selbstadjustierung und -optimierung.

 Springer

4 Das Dispositiv des medialen Beichtstuhls

Medien sind nicht – nur – „voyeuristische Apparate", sondern sie stiften soziale Bänder, über die sich das exponierte Subjekt im doppelten Wortsinn „produziert": Indem es sich einzeln/vereinzelt den Blicken einer anonymen, medialen Öffentlichkeit darbietet, stellt es sich als soziales Subjekt her, darin besteht die Paradoxie seiner medialen Vermittlung. Indem das Subjekt sich medial präsentiert, positioniert es sich zugleich in einer Matrix oder Kurvenlandschaft von Normalität und (extremer) Abweichung. Seine „Autonomie" gewinnt das Subjekt durch Selbst-Verortung im Kraftfeld gesellschaftlicher Dynamiken. Dem liegen automatisierte Formen der Selbstkonstitution zugrunde, der sozialen In- und Exklusion und der Sozialkontrolle, die quasi „hinter dem Rücken" des Subjekts gewährleisten, dass es sich sozial anschlussfähig in Kurvenlandschaften der Normalität positioniert und selbst adjustiert (vgl. Bublitz 2005, 2010). Mediale Bänder, auf denen Datenströme fließen, sind damit zugleich soziale Bänder der Verbindung. Durch mediale (Dauer-)Kommunikation und (Dauer-)Präsenz werden nicht nur raum-zeitliche Trennungen und körperliche Grenzen des Subjekts überschritten und wenigstens zeitweise aufgehoben (und reproduziert), sondern indem das medial ausgestellte Subjekt sich extrem, exzentrisch oder stärker in der Nähe des Normalen (Durchschnittlichen, Herdenhaften) präsentiert und sich damit in einer Matrix/Kurvenlandschaft von Normalität und (extremer) Abweichung positioniert, verortet es sich auf dem Laufsteg der Gesellschaft (vgl. Bublitz 2006a, b)[8]. Hier gleicht es sich mit anderen ab; um sich mit anderen abzugleichen, muss es sichtbar sein. Individualisierung erfolgt durch Abgrenzung vom und zugleich flexiblen Anschluss an das „Normal-Subjekt". Im „Kommunikationsdispositiv" der Medien verschränken sich Informations- und Kommunikationsflüsse mit Techniken der Normierung und Normalisierung (vgl. Dorer 1997, S. 252 f.; Elia-Borer et al. 2011). (Soziale) „Kontrolle" erfolgt hier durch die selektive Koppelung individuell-differenter, in gewisser Weise „autonomer" Positionen mit Normalfeldern, an die Einzelne anschließen. Die hier gewählte Perspektive auf Subjektivierung führt über Determinanten der Disziplinar- und Kontrollgesellschaft hinaus zu Koppelungsdispositiven. Der „Beichtstuhl der Medien" gewährt einen Überblick über das Feld des Normalen und seine porösen Grenzen. Der Effekt des „medialen Beichtstuhls" besteht in der Produktion verschiedener Normal-Subjekte. Dabei wird jedes Subjekt in einer sozialen Matrix und in einer „Zelle" platziert (vgl. Foucault 1976). Das so konfigurierte Subjekt tritt nur mit solchen Individuen in Austausch, die ebenfalls flexibel normal(isiert) und in ihrer Subjektivierung mit Normalverteilungen verkoppelt sind. Vorherrschend in diesem Normalitätsspektrum ist nicht die fixe Norm, sondern die – anschlussfähige – Differenz.[9]

---

[8] Jürgen Link spricht in diesem Zusammenhang von „Normalismus" (vgl. Link 1997). Der Begriff des „Normalismus" versteht sich bei Link als „statistisches Dispositiv", dessen Kern die Verdatung und der Anschluss empirischer Subjekte an Massenverteilungen, Durchschnitte, Grenzwerte und Normalverteilungen und -spektren sowie gegebenenfalls an Umverteilungen bildet.

[9] Im Unterschied zur Anpassung an eine vorgegebene, standardisierte Norm, wie sie der Disziplin zugrunde liegt, richtet sich die Normalisierung auf die Angleichung an eine flexible, sich dynamisch immer wieder verändernde Norm(alität), die nicht ein für alle Mal vorgegeben ist, sondern sich immer wieder verschiebt und mithilfe empirischer Daten ermittelt wird (vgl. dazu auch Foucault 1976, 1993; Link 2009b).

Selbstbeobachtung und -konstruktion erscheinen im Rahmen eines medialen Spiegels, transparent, sichtbar. Produktion und Präsentation des Selbst erfolgen im Auge des medialen Betrachters. Jürgen Link sieht in dieser medialen Anordnung das funktionale Äquivalent einer „Gottesinstanz", die „technisch (‚medial') implementiert (wird). Zugleich erscheint die Opazität zwischen den Subjekten ebenfalls technisch radikalisiert (jeder in seiner ‚Zelle' – heute in seinem ‚cell phone' – allerdings nicht mehr nur opak)." (Link 2011, S. 81) Im „Beichtstuhl der Medien" herrschen sowohl Transparenz, Durchlässigkeit und Sichtbarkeit der Selbstpräsentation als auch das Opake individualisierter Kommunikation und numerischer Datenlandschaften vor. Dies unterscheidet den medialen Beichtstuhl vom kirchlichen, vom „katholischen Dispositiv der Ohrenbeichte" (Link 2011, S. 80), in dem das Beichtgeheimnis, die Undurchsichtigkeit, die Opazität das Spezifische und die „Kehrseite der Instanz ‚Gott'" (ebd.) bildet.

> Im alten Beichtstuhl-Dispositiv gibt es eine allwissende, allsehende und allhörende Instanz hinter und über dem Beichtvater (…) Die Transparenz ist also gewährleistet und zwar total. (…). Da die Transparenz durch das Beichtgeheimnis aber für Gott und Pastor reserviert ist, entspricht ihr eine Opazität zwischen den Subjekten: Ursprung der ‚Diskretion' als Geheimnis der ‚Intimität' und als Kern späterer ‚Privatheit'. Dennoch ist die Transparenz nicht bloß innerlich [in dem Sinne, dass das Subjekt sich selbst transparent ist, H.B.], sondern *dialogisches ‚Bekenntnis' in Sprache und Stimme.* (ebd. Hervorhebg. H.B.)

Durchsichtig und undurchsichtig zugleich, subjektivieren sich Individuen nicht mehr nur dem inneren (Gottes)Auge gegenüber, „‚als-ob'-observiert" (ebd.), sondern radikalisiert im Auge der Daten-, Observations- und Computertechnik. Das Dispositiv des „Beichtstuhls der Medien" knüpft insofern an das christliche Modell der Beichte an, als auch hier die Selbstenthüllung und -offenbarung auf einer Logik der Verhüllung beruhen; denn nicht alles soll sichtbar werden für den „Beichtvater", das virtuelle Publikum. Im Blick auf sich selbst wird Normalisierung als „Effekt vorweggenommener Verallgemeinerbarkeit" (Ricken 2002, S. 351) wirksam, indem zwar nicht unbedingt unterschieden wird in das, was sich gehört oder nicht gehört, aber doch darauf geachtet wird, was „gut ankommt" oder „echt", d. h. authentisch wirkt:

> Das moderne Geständnis – als Beichte ebenso wie als Selbstbekenntnis – erpresst gerade nicht die verborgene Wahrheit durch Zwang oder gar Folter, sondern situiert Aufrichtigkeit und Authentizität als (immer auch unaufrichtige) Formen sozial akzeptabler Kommunikation und reizt zu vielfältigen neuen Diskursen an. (ebd.)

Im Dispositiv des medialen Beichtstuhls sind, im Gegensatz zum engen Spektrum der fixen Norm mit seinen scharfen Grenzen gegenüber der Abweichung und deren Ausschließung, die „Abweichungen" in hohem Maße attraktiv. „Sie verheißen ‚überdurchschnittliche' Erfahrungen, sie winken mit einem ‚höheren Grad an Subjektivität'" (Link 2012, S. 39), weil sie statistisch weniger verbreitet sind. Daher auch der – heimliche, ambivalente – „Stolz" der Beichtenden auf ihre „außergewöhnlichen" Erfahrungen. Während die Breite des flexiblen Normalspektrums durch das mediale Publikum, die Internet-User etc. repräsentiert wird, dienen die individuellen

Geständnisse als (Extrem-)Punkte auf einem Kontinuum. Auf diesem befindet sich jedes einzelne „Massen-Subjekt" selbst; es vergleicht sich daher mit dem jeweiligen Beichtgeständnis (nach dem Muster „das gefällt mir" oder „das gefällt mir nicht"). Das gilt übrigens auch für Präferenz- und Ranking-Listen et cetera. Datenprofile sind normalistische Profile, in die Einzelne eingeordnet werden und sich selbst einordnen. „Die Rankings quantifizieren genau den Ort des Individuums auf den Datenkurven, während die medialen Geständnisse die Daten (…) ‚subjektivieren'." (Link 2012, S. 41)[10]

Ein Effekt der an statistischen Kurven orientierten Subjektivierung sind Selbsttechnologien, ausgerichtet an profilierten Daten, die so viele Lebensbereiche wie möglich digital erfassen, sie in maschinenlesbare Form bringen und das Selbst gewissermaßen im Profil vermessen; der Einzelne wird zum Element algorithmisch bearbeiteter Datensammlungen. Das Profil als transparente Selbsttechnologie bildet das Zentrum des Imperativs, sich ein Selbst zu erarbeiten und es zu präsentieren als eines, das sich der permanenten Selbstevaluation und -modifikation unterwirft. Zugleich bleiben die vielfältigen Verknüpfungen der Daten, nach denen sich das Subjekt (zu) richtet, undurchsichtig, opak. „Subjekt zu werden ist etwas, dem niemand entgeht und das zugleich niemandem gelingt." (Bröckling 2007, S. 30) Vieles bleibt, bei aller oberflächlichen Transparenz, im Dunkeln. Dazu gehören u. a. auch Kontroll- und Normierungsstrategien, die durch die Nutzung von Daten(massen) entstehen und unter Umständen bewirken, dass das Spektrum flexibler Normalität in Richtung fixer Normalitätsgrenzen eingeschränkt wird.[11]

5 Feedbackgesteuertes Selbstmanagement

Im flexiblen Normalismus findet im Rahmen interaktiver und sozialer Medien eine mediale und soziale Aktivierung der Subjekte statt, die nicht auf die Ausrichtung der Subjekte an vorgegebene Normen und verinnerlichte Richtlinien zielt, sondern an individueller Differenzierung (in Bezug auf ein Vergleichsfeld) und flexibler Selbst(er)findung ausgerichtet ist. Wie Link deutlich macht, ist nicht der Durchschnitt attraktiv, sondern die überdurchschnittlichen, außergewöhnlichen Erfahrungen. Das

---

[10] Die Frage ist in der Tat, warum die „scheinbar grenzenlose Spreizung des Normalspektrums im flexiblen Normalismus dennoch normalistisch bleibt, das heißt in einer breiten Mittelzone statistisch dichte und durchschnittliche Subjektivitäten produziert – warum sich der Schlager „Du bist so anders als alle die anderen", millionenfach applizieren lässt und warum gerade auch im flexiblen Normalismus der französische Sarkasmus gilt: ‚Plus ça change, plus c'est la même chose'" (Link 2012, S. 41). Link spricht von der „Durchschlagskraft normalistischer Filterungskriterien, die in die Subjektivität der beteiligten Massenatome einprogrammiert sind und ihre ‚freie Wahl' lenken und einschränken" (Link 2012, S. 47), dennoch nimmt er an, dass gerade die „neuen Medien" mit ihrem Verzicht auf „vorgängige Gatekeeper" dem flexiblen Normalismus einen zusätzlichen Schub gewähren, ohne ihn allerdings grundsätzlich zu erschüttern.

[11] Die Richtung dieser Entwicklung ist aber nicht primär technik- oder mediendeterministisch oder in Abhängigkeit von Verfahren der Verdatung zu sehen, sondern sie hängt von diskursiven Ereignissen ab. Flexibler Normalismus und Formen totalitärer Kontrolle durch einen Überwachungsstaat sind nicht miteinander und mit den entsprechenden Subjektivierungen zu vereinbaren. Ausgeschlossen ist solch ein Umschlag allerdings nicht, wie Link annimmt, „aber er wäre ein Mega-Ereignis, das sämtliche Bereiche der gesellschaftlichen Praxis- und Diskursbereiche (…) erfassen würde" (Link 2012, S. 47 ff.). Dieses Ereignis wäre, wie Link annimmt, jedoch keineswegs technisch-medial prädeterminiert.

 Springer

„unternehmerische Selbst" (vgl. Bröckling 2007), das sich über die ökonomische Sphäre hinaus in vielen gesellschaftlichen Lebensbereichen durchsetzt, gleicht sich zwar unablässig mit anderen – und indirekt mit statistisch ermittelten Massen- und Normalverteilungen – ab, um sozial anschlussfähig zu bleiben – aber letztlich geht es ihm darum, sich individuell „autonom" und optimal zu entfalten. Es ist gewissermaßen auf die „Norm" der Individualität geeicht, die allerdings flexibel zur Anwendung kommt (vgl. Bröckling 2007, S. 62 f.).

Voraussetzung sind Geständnispraktiken eines Subjekts, das sich der Position der anderen vergewissert, nicht, um sich daran auszurichten, sondern um sich deren Blick auf sich selbst zu vergewissern. Dabei geht es, wie Foucault annimmt, nicht um die Nivellierung, sondern um eine „Optimierung der Systeme von Unterschieden" (Foucault 2004a, S. 359). Dementsprechend entwirft Andreas Reckwitz ein postmodernes, hybrides Subjekt', das sich als „unternehmerisches Selbst" unablässig sowohl auf der Ebene von Konsum- und Körperpraktiken als auch auf der Ebene seiner Wettbewerbsfähigkeit am Markt moduliert und optimiert. Um sowohl individuell different bis außergewöhnlich als auch anschlussfähig zu sein, verfügt das postmoderne Subjekt nach Reckwitz über „Dispositionen des experimentellen exploring" (Reckwitz 2006, S. 578), die experimentelles Handeln in simulierten Umgebungen von Computerwelten ermöglichen.

Medien bilden den Schauplatz eines Begehrens, das, im Sinne eines „demokratisierten Panopticons" (vgl. Bröckling 2003, S. 77), Subjektstatus an die Beobachtung durch andere und deren Feedback sowie an Formen der Normalisierung bindet. Der – imaginierte – Blick der anderen wird hier zum Mittel der Individualisierung und gewährleistet zugleich Anschlussfähigkeit. Das Subjekt vergewissert sich seiner selbst im permanenten medialen Austausch mit anderen. Aufschreibe- und Kommunikationssysteme verwandeln das eigene Leben in einen Arbeitsgegenstand und in ein mediales Tool (vgl. Reichert 2008, S. 50 f.). Medien werden zum Testgelände. Einem „Regime des Selbst" unterworfen, „das den Einzelnen antreibt, ,an sich zu arbeiten' und Verantwortung für sein Leben zu übernehmen" (Bröckling 2007, S. 61), werden Subjekte hervorgebracht, deren Selbststeuerungspotenziale aktiviert sind und die, medial gesteuert, den performativen Akt der Kontrolle permanent an sich selbst vollziehen. Die Konstitution des Subjekts vollzieht sich über Rekursion und Feedback-Schleifen. Durch reflexive Wendung, von der Anrufung zurück auf sich selbst wird es zu einem Selbst, das sich in Selbstexploration, Selbstmodellierung und Selbstexpression als Objekt seiner selbst konstituiert, ein Bild von sich entwirft und sich eine eigene Gestalt gibt (vgl. Bröckling 2007, S. 20). Dieses „Selbst" bildet sich als performative Rück- und Anwendung einer dynamischen Vielfalt gesellschaftlicher Erwartungen und Normalität(en). Hier wird hierarchische Kontrolle durch Kontrollverfahren abgelöst, die durch horizontale Verfahren der Rückmeldung funktionieren. Subjektivierung, soziale Kontrolle und Selbstkontrolle sind an kommunikative Beurteilungsverfahren (insbesondere Rückmeldungen) angeschlossen, die sich auf alle Verhaltensbereiche richten können und einer Dynamik von Optimierungsmodellen unterliegen.

6 Schluss

Individuelle Freiheit ist nicht das Gegenüber gesellschaftlicher Macht, sondern „unverzichtbares Element der Regierungsrationalität selbst" (Lemke et al. 2000, S. 14). Dabei bildet die Form des Marktes ein organisierendes und regulierendes Prinzip der Gesellschaft, das individuelle Freiheit nicht einschränkt und diese auch nicht als natürlich gegeben sieht. Vielmehr repräsentiert sich das Prinzip des rationalen Handelns in einer künstlich – und möglicherweise geradezu künstlerisch – arrangierten Freiheit unternehmerischen Verhaltens. Damit geht es nicht um die Unterdrückung von Subjektivität, sondern im Gegenteil, um ihre (Selbst-)Produktion. Selbstbestimmung bildet also nicht den Gegenpol oder die Grenze zur Regierungsmacht, sondern ist selbst Vehikel dieser Macht, die nun von staatlichen Institutionen direkt auf die Subjekte übergeht.

> Entscheidend ist die Durchsetzung einer ‚autonomen' Subjektivität als gesellschaftliches Leitbild, wobei die eingeklagte Selbstverantwortung in der Ausrichtung des eigenen Lebens an betriebswirtschaftlichen Effizienzkriterien und unternehmerischen Kalkülen besteht. (Lemke et al. 2000, S. 30)

Zur Debatte stehen „Subjektivierungspraktiken", die zu permanenter Selbstprüfung, Selbstartikulation, Selbstdechiffrierung und Selbstoptimierung auffordern. Das bedeutet dann aber auch: In der öffentlich zugänglichen Ausstellung privaten Lebens artikuliert sich ein Bedeutungszuwachs, eine Steigerungsform, nicht ein Verlust oder gar Verschwinden von Individualität. Individualität konstituiert sich paradoxerweise im Medium einer anonymen medialen Öffentlichkeit und Selbstpräsentation. Medien sichern – durch die gesteigerte Aufmerksamkeit – eine gesteigerte Individualität und soziale Anschlussmöglichkeiten.

Medienformate funktionieren als Foren der Subjektivierung; sie dienen als Messlatte der Einordnung, Adjustierung und der Optimierung des Selbst.[12] Formen öffentlicher Selbstenthüllung und Selbstdarstellung, die in globale mediale Austauschformen und mediale Verzeichnisse eingebettet sind[13], verweisen auf eine medial verschobene Blickmacht. Während das Modell des panoptischen Blicks bei Foucault als Prinzip der modernen Sicherheitsgesellschaft und ihrer Beobachtungs-, Überwachungs- und Kontrolldispositive sowie der durch sie generierten spezifischen „Typen von Subjektivität" (Parr und Thiele 2009, S. 351) fungiert, verschiebt sich diese Anordnung in ihrer medialen Realisierung. Die Koppelung von Medien und panoptischem Blick zerstreut sich in der Vielfalt medialer Blickverhältnisse (vgl. dazu auch Parr und Thiele 2009, S. 351 f.).

---

[12] Dabei folgen sie gesellschaftlich vorgegebenen Anforderungen an Formen der Selbststeuerung und des Selbstmanagements, zugleich können sie aber auch als Gegenbewegung zum – realen – Verschwinden des Subjekts in automatisierten technischen Abläufen gelesen werden, insofern mediale Re-Präsentationsformen das Subjekt sichtbar machen.

[13] Der Begriff des medialen Verzeichnisses bezieht sich auf mediale Anordnungen, die aus bestimmten darstellbaren Strukturen und Rahmungen der medialen Präsentation hervorgegangen sind und auf Selbsttechnologien verweisen, in denen die Verzeichnisstruktur dominiert und Daten, Listen, Rankings, Kurvenlandschaften etc. implizit eine wesentliche Rolle spielen (vgl. dazu Bublitz 2010).

 Springer

Subjektkonstitution und Subjektivierungsmodi, die sich öffentlich manifestieren und insofern immer dem Blick der anderen und der Medien ausgesetzt, sind Teil eines Selbstmanagements, das im Abgleich mit und in Konkurrenz zu der „Selbstoptimierung" der anderen erfolgt.

Die öffentliche Inszenierung persönlicher Details produziert emergente, unvorhergesehene Effekte, die sich nicht als Einschränkung von Individualität, sondern als deren konstitutive Bedingung und Steigerung lesen lassen. Dann erscheint auch die Veröffentlichung privater Details nicht länger als Tabubruch oder als Überantwortung des Individuums an die – scheinbar Individualität zerstörende – Masse, sondern im Gegenteil, als *Steigerungsform von Individualität*. Das Subjekt unterliegt einer ständigen Transformation und Umkodierung durch „die Masse". Es konfiguriert sich im Rahmen medialer Formate und im Blick eines anonymen Publikums immer wieder neu und anders. Dabei kann es sich des Blicks der anderen sicher sein. Neben Observation und Supervision treten Exploration und Stimulation des Subjekts. Das Dispositiv der Ohrenbeichte, dessen Opazität den Kern bürgerlicher Privatheit und Subjektivität ausmacht, deren Diskretion und Intimität Garant für das monologischschweigsame Gewissenssubjekt war, wird durch dialogische Bekenntnisse in Bild, Sprache und Stimme aufgebrochen.

Zugleich weisen diese „Subjektivierungsregimes" und Technologien des Selbst Friktionen auf. Sie sind durch Trägheitsmomente und Widerstandskräfte Einzelner und nicht zuletzt durch konstitutive Überforderungen einer andauernden Selbstvermarktung und Selbstoptimierung gebrochen, die „Unter- und Gegenströmungen" und „Haltungen des Sich-Absetzens" von den andauernden Zumutungen einer „unternehmerischen Anrufung" des Selbst erzeugen (vgl. Bröckling 2007, S. 288 ff.). Nicht alle kollektiven Subjekte sind in der Lage, sich und ihre Kräfte im Ausscheidungswettkampf permanent zu optimieren. Das unzulängliche Individuum, das „erschöpfte Selbst" (vgl. Ehrenberg 2004), aber auch das süchtige Subjekt sind Erscheinungsformen, die das Regime unternehmerischer Selbsttechnologien produziert; sie sind deren Effekt. Im Beichtstuhl der Medien kommen sie wie die erfolgreichen Selbstvermarkter ausführlich zu Wort und bilden dort das Material medial angereizter, selbstgesteuerter Individualisierung und Vergesellschaftung (vgl. dazu ausführlich Bublitz 2010).

Literatur

Bartz, Christina. 2013. Die Masse und der Automat als Metapher und Modell. In *Automatismen – Selbst-Technologien*, Hrsg. Hannelore Bublitz, Irina Kaldrack, Theo Röhle, und Mirna Zeman, 261–274. München: Fink Verlag.
Beck, Ulrich. 1986. *Risikogesellschaft. Auf dem Weg in eine andere Moderne*. Frankfurt a. M.: Suhrkamp Verlag.
Beck, Ulrich. 1994. Jenseits von Stand und Klasse? In *Riskante Freiheiten*, Hrsg. Ulrich Beck und Elisabeth Beck-Gernsheim, 43–60. Frankfurt a. M.: Suhrkamp Verlag.
Beck, Ulrich, und Elisabeth Beck-Gernsheim. 1994. Individualisierung in modernen Gesellschaften – Perspektiven und Kontroversen einer subjektorientierten Soziologie. In *Riskante Freiheiten*, Hrsg. Ulrich Beck und Elisabeth Beck-Gernsheim, 10–39. Frankfurt a. M.: Suhrkamp Verlag.

Bröckling, Ulrich. 2003. Das demokratisierte Panoptikon. In *Michel Foucault. Zwischenbilanz einer Rezeption. Frankfurt Foucault-Konferenz 2001*, Hrsg. Axel Honneth und Martin Saar, 77–93. Frankfurt a. M.: Suhrkamp Verlag.

Bröckling, Ulrich. 2007. *Das unternehmerische Selbst. Soziologie einer Subjektivierungsform.* Frankfurt a. M.: Suhrkamp Verlag.

Bublitz, Hannelore. 2005. *In der Zerstreuung organisiert. Paradoxien und Phantasmen der Massenkultur.* Bielefeld: Transcript Verlag.

Bublitz, Hannelore. 2006a. ‚Magic Mirrors'. Zur extensiven Ausleuchtung des Subjekts. In *Die Ausweitung der Bekenntniskultur – neue Formen der Selbstthematisierung?*, Hrsg. Günter Burkart, 105–125. Wiesbaden: VS Verlag für Sozialwissenschaften.

Bublitz, Hannelore. 2006b. Sehen und Gesehen werden – auf dem Laufsteg der Gesellschaft. In *Body turn. Perspektiven der Soziologie des Körpers und des Sports*, Hrsg. Robert Gugutzer, 341–361. Bielefeld: Transcript Verlag.

Bublitz, Hannelore. 2010. *Im Beichtstuhl der Medien. Produktion des Selbst im öffentlichen Bekenntnis.* Bielefeld: Transcript Verlag.

Bührmann, Andrea D., und Werner Schneider. 2012. *Vom Diskurs zum Dispositiv. Einführung in die Dispositivanalyse.* 2. Aufl. Bielefeld: Transcript Verlag.

Butler, Judith. 2001. *Psyche der Macht. Das Subjekt der Unterwerfung.* Frankfurt a. M.: Suhrkamp Verlag.

Butler, Judith. 2003. *Kritik der ethischen Gewalt.* Frankfurt a. M.: Suhrkamp Verlag.

Burkart, Günter. 2006. *Die Ausweitung der Bekenntniskultur - neue Formen der Selbstthematisierung?* Wiesbaden: VS Verlag für Sozialwissenschaften.

Carstensen, Tanja, und Jana Ballenthien. 2012. ‚Interaktionen' zwischen Subjekt und Internet. Zur Aufzeichnung, Auswertung und Typisierung von Internetpraktiken. In *Muster und Verläufe der Mensch-Technik-Interaktivität* (Band zum gleichnamigen Workshop am 17./18. Juni 2011 in Berlin), Hrsg. Julian Stubbe und Mandy Töppel, 51–58. Berlin: Technical University. (Technology Studies, Working Papers, TUTS-WP-2-2012).

Deleuze, Gilles. 1993. Postscriptum über die Kontrollgesellschaften. In *Foucault. Unterhandlungen 1972–1990*, Hrsg. Gilles Deleuze, 254–262. Frankfurt a. M.: Suhrkamp Verlag.

Dorer, Johanna. 1997. Das Internet und die Genealogie des Kommunikationsdispositivs: Ein medientheoretischer Ansatz nach Foucault. In *Kultur – Medien – Macht. Cultural Studies und Medienanalyse*, Hrsg. Andreas Hepp und Rainer Winter, 247–258. Opladen: Westdeutscher Verlag.

Eco, Umberto. 2007. Der Verlust der Privatsphäre. In *Im Krebsgang voran. Heiße Kriege und medialer Populismus*, Hrsg. Umberto Eco, 73–86. München: Hanser Verlag.

Ehrenberg, Alain. 2004. *Das erschöpfte Selbst.* Frankfurt a. M.: Campus Verlag.

Elia-Borer, Nadja, Samuel Sieber, und Georg Christoph Tholen. 2011. *Blickregime und Dispositive audiovisueller Medien.* Bielefeld: Transcript Verlag.

Foucault, Michel. 1976. *Überwachen und Strafen. Die Geburt des Gefängnisses.* Frankfurt a. M.: Suhrkamp Verlag.

Foucault, Michel. 1978. *Dispositive der Macht.* Berlin: Merve Verlag.

Foucault, Michel. 1993. Technologien des Selbst. In *Technologien des Selbst*, Hrsg. Michel Foucault und Martin Rux et al., 24–62. Frankfurt a. M.: Suhrkamp Verlag.

Foucault, Michel. 2004a. *Geschichte der Gouvernementalität II: Die Geburt der Biopolitik.* Frankfurt a. M.: Suhrkamp Verlag.

Foucault, Michel. 2004b. *Hermeneutik des Subjekts.* Frankfurt a. M.: Suhrkamp Verlag.

Franck, Georg. 2004. *Ökonomie der Aufmerksamkeit.* 2. Aufl. München: Hanser Verlag.

Franck, Georg. 2005. *Mentaler Kapitalismus. Eine politische Ökonomie des Geistes.* München: Hanser Verlag.

Habermas, Jürgen. 1968. *Strukturwandel der Öffentlichkeit.* 2. Aufl. Neuwied: Luchterhand Verlag.

Köhler, Thomas. 2003. *Das Selbst im Netz. Die Konstruktion sozialer Identität in der computervermittelten Kommunikation.* Wiesbaden: Westdeutscher Verlag.

Leistert, Oliver, und Theo Röhle. 2011. *Generation Facebook. Über das Leben im Social Net.* Bielefeld: Transcript Verlag.

Lemke, Thomas, Susanne Krasmannund, und Ulrich Bröckling. 2000. Gouvernementalität, Neoliberalismus und Selbsttechnologien. Eine Einleitung. In *Studien zur Ökonomisierung des Sozialen*, Hrsg. Thomas Lemke, Susanne Krasmannund, und Ulrich Bröckling, 7–40. Frankfurt a. M.: Suhrkamp Verlag.

Link, Jürgen. 1997. *Versuch über den Normalismus. Wie Normalität produziert wird.* Opladen: Westdeutscher Verlag.

Link, Jürgen. 2009a. Dispositiv. In *Foucault Handbuch. Leben – Werk – Wirkung*, Hrsg. Clemens Kammler, Ralf Parr, und Ulrich Johannes Schneider, 237–242. Stuttgart: Enke Verlag.

Link, Jürgen. 2009b. Disziplinartechnologien/Normalität/Normalisierung. In *Foucault Handbuch. Leben – Werk – Wirkung*, Hrsg. Clemens Kammler, Ralf Parr, und Ulrich Johannes Schneider, 242–246. Stuttgart: Enke Verlag.

Link, Jürgen. 2011. Koreferat zu Hannelore Bublitz, „Im Beichtstuhl der Medien". *KultuRRevolution* 60 (1): 80–84.

Link, Jürgen. 2012. Wie man auf „780/800 fuckability kommt". Zum Verhältnis von Crowdsourcing, Datenrevolution und Normalismus. In *Medien – Körper – Geschlecht*, Hrsg. Birgit Riegraf, Dierk Spreen, und Sabine Mehlmann. Bielefeld: Transcript Verlag.

Lösch, Andreas, Dominik Schrage, Dirk Spreen, und Markus Stauff. 2001. *Technologien als Diskurse: Konstruktionen von Wissen, Medien und Körpern*. Heidelberg: Synchron Verlag.

Parr, Ralf, und Matthias Thiele. 2009. Medienwissenschaften. In *Foucault Handbuch. Leben – Werk – Wirkung*, Hrsg. Clemens Kammler, Ralf Parr, und Ulrich Johannes Schneider, 346–358. Stuttgart: Enke Verlag.

Paulitz, Tanja. 2005. *Netzsubjektivität/en. Konstruktionen von Vernetzung als Technologien des Selbst. Eine empirische Untersuchung in Modellprojekten der Informatik*. Münster: Westfälisches Dampfboot.

Precht, Richard David. 2007. *Wer bin ich – und wenn ja, wie viele? Eine philosophische Reise*. München: Goldmann Verlag.

Reckwitz, Andreas. 2006. *Das hybride Subjekt. Eine Theorie der Subjektkulturen von der bürgerlichen Moderne zur Postmoderne*. Weilerswist: Velbrück Verlag.

Reichert, Ramón. 2008. *Amateure im Netz. Selbstmanagement und Wissenstechnik im Web 2.0*. Bielefeld: Transcript Verlag.

Ricken, Norbert. 2002. Identitätsspiele und die Intransparenz der Macht. Anmerkungen zur Struktur menschlicher Selbstverhältnisse. In *Transitorische Identität. Der Prozesscharakter des modernen Selbst*, Hrsg. Jürgen Straub und Joachim Renn, 318–359. Frankfurt a. M.: VS Verlag für Sozialwissenschaften.

Riesman, David, Reuel Deney, und Nathan Glazer. 1958. *Die einsame Masse. Eine Untersuchung der Wandlungen des amerikanischen Charakters*. Hamburg: Rowohlt.

Schelhowe, Heidi. 2007. *Technologie, Imagination und Lernen. Grundlagen für Bildungsprozesse mit Digitalen Medien*. Münster: Westfälisches Dampfboot.

Schroer, Markus. 2006. Selbstthematisierung. Von der (Er-)Findung des Selbst und der Suche nach Aufmerksamkeit. In *Die Ausweitung der Bekenntniskultur - neue Formen der Selbstthematisierung?*, Hrsg. Günter Burkart, 41–72. Wiesbaden: VS Verlag für Sozialwissenschaften.

Sennett, Richard. 1983. *Verfall und Ende des öffentlichen Lebens. Die Tyrannei der Intimität*. Frankfurt a. M.: Fischer Wissenschaft.

Sofsky, Wolfgang. 2007. *Die Verteidigung des Privaten*. München: Hanser Verlag.

Willems, Herbert, und Sebastian Pranz. 2006. Vom Beichtstuhl zum Chatroom. Strukturwandlungen institutioneller Selbstthematisierung. In *Die Ausweitung der Bekenntniskultur - neue Formen der Selbstthematisierung?*, Hrsg. Günter Burkart, 73–103. Wiesbaden: VS Verlag für Sozialwissenschaften.

Zorn, Isabel. 2012. *Konstruktionstätigkeit mit digitalen Medien. Eine qualitative Studie zur Medienbildung*. Boizenburg: Hülsbusch Verlag.

Prof. Dr. rer. pol. Hannelore Bublitz, seit 1995 Professorin für Soziologie und Sozialphilosophie an der Universität Paderborn, seit 2008 (stellvertretende) Sprecherin des Graduiertenkollegs ‚Automatismen. Strukturentstehung außerhalb geplanter Prozesse (I)‘ und seit 2012 (stellvertretende) Sprecherin des Graduiertenkollegs ‚Automatismen. Kulturtechniken zur Reduzierung von Komplexität (II)‘ an der Fakultät für Kulturwissenschaften der Universität Paderborn. Arbeits- und Forschungsschwerpunkte: Poststrukturalistische Analysen von Gesellschaft und Geschlecht, Praktiken der Subjektivierung und Selbsttechnologien sowie Steuerungs- und Normalisierungsdynamiken in modernen Gesellschaften, Diskurstheorie und Diskursanalyse.

Österreich Z Soziol (2014) (Suppl) 39:23–40
DOI 10.1007/s11614-014-0129-3

ı Ö z S ‿

Öffentlichmachung privater Subjekte im Web 2.0: Eine Genealogie des Schreibens als Selbsttechnik

Theresa Sauter

Zusammenfassung Das Schreiben von Statusmitteilungen und Kommentaren auf sozialen Netzwerkseiten (SNS) im Internet und die Bekanntgabe von Details aus dem persönlichen Leben durch Bilder, „location check-ins" und „Likes", ist eine Praktik der öffentlichen Selbstkonstitution. In wechselseitigen Verhältnissen zwischen sich selbst, anderen und der funktionalen Tönung der Seiten selbst, falten NutzerInnen die äußere Welt – Erfahrungen, Wahrheiten, Normen, Regeln und Vorschriften – nach innen und entfalten sie dann wieder (vgl. Deleuze, Foucault, University of Minnesota Press, Minneapolis, 1988). So konstituieren sich SNS-NutzerInnen im Umgang mit diesen Seiten selbst. Doch das Schreiben über sich selbst als Möglichkeit der Reflexion und „Regierung" der eigenen Sozialität lässt sich historisch zurückverfolgen. In diesem Beitrag erstelle ich eine Genealogie des Über-sich-Selbst-Schreibens als Selbsttechnik, um die existierende Forschung, die sich mit Identität und Identitätsdarstellung im Internet befasst, mit einer theoretischen Auffassung von Entstehungsprozessen der wechselseitigen Subjektkonstitution zu ergänzen. Dieses theoretische Framework ermöglicht differenziertere und auf historische Prozesse aufmerksame Konzeptualisierungen der Nutzung von SNS als „Technologien des Selbst" (Foucault, Technologies of the Self – A Seminar with Michel Foucault, Travistock Publications, London, 1988) und Praxis der „Selbstsorge" (Foucault, Sexualität und Wahrheit III. Die Sorge um Sich, Suhrkamp Verlag, Frankfurt a. M., 1986). Die Untersuchung der Verknüpfung von Herrschaftstechnologien und Technologien des Selbst im Web 2.0 schließt an post-Foucaultsche Gouvernmentalitätsforschung an.

T. Sauter (✉)
Queensland University of Technology,
Ottilienstr. 54d,
81827 München, Deutschland
E-Mail: t.sauter@qut.edu.au

🌲 Springer

Schlüsselwörter Subjektivität · Soziale Netzwerkseiten · Technologien des
Selbst · Schreiben · Selbstsorge

The public display of self in Web 2.0: a genealogy of writing as a technique of self

Abstract Writing status updates and comments, posting photos and revealing intimate details through location check-ins and "Likes" on online social networking sites (SNSs) is a self-forming practice that is performed increasingly in public. In relations of reflexivity between self, others and the affordances of the sites themselves, users fold in the external world—experiences, understandings, norms, rules and expectations—and unfold it again (cf. Deleuze, Foucault. University of Minnesota Press, Minneapolis, 1988). In this way, SNS-users shape and re-shape their subjectivities. Yet writing as a means of self-reflection and governance has historical roots. In this paper I provide a genealogy of writing as a "technology of the self" (Foucault, Technologies of the Self—A Seminar with Michel Foucault, Travistock Publications, London, 1988) to contribute a more nuanced way of understanding the use of SNSs as a means of constituting subjectivity to existing scholarship on identity on/in Web 2.0. This theoretical framework acknowledges the historical backgrounds of present-day self-forming techniques such as self-writing on SNSs and their role in "the care of the self" (cf. Foucault, Sexualität und Wahrheit III. Die Sorge um Sich, Suhrkamp Verlag, Frankfurt a. M., 1986). Thus, this paper is aligned with post-Foucaultian governmentality studies and extends Foucault's conceptualisation of the relations between disciplinary techniques and techniques of self into the realm of Web 2.0.

Keywords Subjectivity · Social networking sites · Techniques of self · Writing · Care of the self

1 Einführung

„What's on your mind?" (Facebook), *„Broadcast yourself"* (YouTube), *„Compose new Tweet..."* (Twitter), *„Share an update"* (LinkedIn), „Was machst du gerade?" (StudiVZ).

So werden NutzerInnen sozialer Netzwerkseiten (SNS) im Internet unablässig dazu aufgefordert, ihre Taten und Gedanken in Worte zu fassen und diese öffentlich mit anderen zu teilen. Durch die Verinnerlichung gewisser Disziplinartechnologien, die mit dem neoliberalen Zeitgeist unserer Gesellschaft verbunden sind, betrachten BürgerInnen ihr Leben als unternehmerisches Projekt, an dem sie immerfort reflexiv arbeiten müssen (vgl. Rose 1998). Eine säkularisierte Form der christlichen Beichtpraxis fordert zusätzlich zu konstantem Über-sich-und-seine-Gefühle-Reden auf. Digitale Tools wie SNS fungieren in diesem Kontext als „Technologien des Selbst" (vgl. Foucault 1988), durch die Subjektivitäten in komplexen, reflexiven Beziehungen zu sich selbst und anderen geformt und gehandhabt werden. Doch die subjektivierende Funktion alltäglicher Praktiken ist nichts Neues; das Schreiben über sich selbst als Möglichkeit der Reflexion und „Regierung" der eigenen Sozialität lässt sich historisch zurückverfolgen.

In diesem Beitrag entfalte ich eine Genealogie des Schreibens[1] über sich selbst als Selbsttechnik. Ich deute auf Kontinuitäten und Abwandlungen zwischen älteren Formen des Schreibens und ihren Parallelen im Web 2.0 hin. Exemplarisch werden verschiedene Zeitabschnitte in den Blick genommen, die veranschaulichen, dass der Umgang mit Technologien wie SNS in historische Herstellungspraktiken eingebettet ist. Ein großer Unterschied zwischen älteren und online Formen des Schreibens über sich selbst ist die verstärkt öffentlich stattfindende Kundgebung heutiger Selbstpraktik.

Zunächst beginne ich mit einer Übersicht der Literatur (hauptsächlich aus dem anglophonen Raum), die sich mit dem Web 2.0 und Identität auseinandersetzt. Ich stelle fest, dass die meisten Forscher eine kausale Verbindung zwischen digitalen Medien und neuen Selbstauffassungen herstellen und nur wenige Subjektivität und Web 2.0 Praktiken in ihrem wechselseitigen Verhältnis verstehen. Durch eine kurze, fragmentarische Genealogie des Über-sich-selbst-Schreibens erwäge ich, wie Foucaults Auffassung über Herstellungspraktiken eine differenziertere Betrachtungsweise öffentlicher Subjektivitäten im Web 2.0 zu verstehen bietet. Somit ist dieser Beitrag eingebettet in Foucaults Erkenntnisse über Subjektivierungsprozesse, besonders durch Technologien des Selbst. Die genealogische Vorgehensweise basiert stark auf Foucaults Methodologie. Ich ergänze existierende Forschung die sich mit Identität und Identitätsdarstellung im Internet befasst, mit einer nuancierteren Auffassung von Entstehungsprozessen der wechselseitigen Subjektkonstruktion.

2 SNS und Selbst – Kontext und Literatur

SNS entstanden im Kontext des Web 2.0[2] – einer aktualisierten Version des ursprünglichen Internets, gekennzeichnet durch gemeinschaftlich gestalteten und von dem/der UserIn gleichermaßen produzierten wie konsumierten Inhalt (bestes Beispiel – Wikipedia) (vgl. Beer und Burrows 2007; Gauntlett 2009; Watson 2008). Stanoevska-Slabeva beschreibt den Wandel „von einer ‚Informations-Plattform' zu einer ‚Mitmach-Plattform'" (Stanoevska-Slabeva 2008, S. 2). Das Web 2.0 wird oftmals als weniger anonym beschrieben und durch die Bereitschaft charakterisiert, das private Leben im öffentlichen Raum zur Schau zu stellen (vgl. Beer und Burrows 2007; boyd 2008; Jump 2005; Schrock 2009; Westlake 2008). Sharing, networking und Mitwirken stehen auch im Umgang mit SNS im Mittelpunkt. Die meisten SNS verfügen über ähnliche Features: Profilseiten, die als Steckbrief dienen und meist ein Foto sowie eine Übersicht von Fakten über den/die UserIn und seine/ihre Interessen bereitstellen; die Möglichkeit, eine Statusnachricht zu veröffentlichen; eine Suchfunktion, mit deren Hilfe Kontakte nachgeschlagen werden können; eine öffentlich einsehbare

---

[1] Sie erhebt keinen strengen Anspruch auf Vollständigkeit.

[2] Der Begriff wurde 2004 von Tim O'Reilly ins Leben gerufen. Er war das Rahmenthema für eine Reihe von Konferenzen, die neue Entwicklungen im Online-Raum thematisierten (vgl. O'Reilly 2005).

Liste aller bereits erstellten Kontakte; die Möglichkeit, die Beiträge anderer zu kommentieren; Optionen der Privatsphärenregulierung (vgl. boyd und Ellison 2008). Das Internet entwickelt sich immer weiter zu einem multidimensionalen, semantischen Netzwerk, in dem Nutzer und Technologien interagieren. Menschliche Anforderung werden von immer aufwendigeren und intelligenteren Algorithmen interpretiert und teilweise dirigiert (vgl. Gillespie 2014)[3].

Die Literatur zu Identität und/im Internet beschreibt SNS überwiegend als neue Mittel der Kommunikation und Selbstdarstellung[4]. Diese Studien erörtern vorrangig, wie neue Online-Technologien sich auf bürgerliches Engagement, soziales Verhalten, Freundschaften, Beziehungen zur Gemeinschaft, Demokratie, Privatheit, Intimsphäre und den öffentlichen Raum auswirken. Sie argumentieren meist aus einer von drei Sichtweisen: Erstens, SNS sind revolutionäre Schauplätze, die es ihren UserInnen ermöglichen, Seiten ihrer Persönlichkeit zu entfalten, die durch Einschränkungen im „echten" Leben (z. B. Aussehen, soziale Benachteiligungen, sprachliche Barrieren und Statushierarchien) unterdrückt werden (vgl. Bargh et al. 2002; boyd 2008; Livingstone 2008; Turkle 1998; Wilson und Peterson 2002; Zhao et al. 2008). Zweitens, die Nutzung von SNS beeinträchtigt das „echte" Leben, da sie Veranlagungen zu Transgression und Narzissmus fördert und somit labile und korrupte Selbstbilder herstellt (vgl. Buffardi und Campbell 2008; Dalsgaard 2008; Hills 2009; Rosen 2007; Turkle 2012). Drittens, SNS-Nutzung kann die Komplexität von Identität weder akkurat widerspiegeln noch Einfluss auf das Selbstverständnis nehmen, da grundlegende kommunikative Mittel wie Blickkontakt, Gestik, Mimik und Tonfall ausbleiben. Somit kann kein wahrheitsgetreues Bild des Selbst auf SNS gestaltet werden (vgl. Brake 2008; Bumgarner 2007).

Während diese Studien herausarbeiten, wie die SNS-UserInnen auf diesen Seiten miteinander kommunizieren und ihre Identität ausdrücken bzw. eine übergeneralisierte Theorie eines durch den Einfluss moderner Technologien vereinheitlichten Selbst entwerfen, bleibt eine differenzierte Interpretation der Verwicklung von SNS in den Selbstverhältnissen und Beziehungen, durch die Subjektivitäten entstehen und sich entwickeln, aus. Im Regelfall setzen die erwähnten ForscherInnen voraus, dass ein „Selbst" als gegebene Entität im „offline-Leben" existiert; und unterscheiden sich lediglich durch die Art, in der sie die Darstellung dieses Selbst im Online-Raum erklären. Sie räumen womöglich ein, dass die Offline-Identität im Umgang mit SNS entweder positiv oder negativ beeinflusst werden kann, doch interpretieren sie SNS generell nicht als Selbstpraktiken.

Eine Foucaultsche Auffassung, die die Existenz eines fassbaren und vereinheitlichenden Selbst in Frage stellt, gewährt eine kritischere Auseinandersetzung mit den komplexen Vorgängen und Verhältnissen, durch die plurale Subjektivitäten entstehen und sich immerzu weiterentwickeln. Subjektivität wird als sich konstant verändernde Form, die durch wechselseitige Beziehungen zu sich selbst und zu anderen geformt und überarbeitet wird und von Kontext zu Kontext variiert, verstanden. Statt zu analysieren, *wer/was* das „moderne Selbst" *ist,* steht das *Wie* im Mittelpunkt einer sol-

---

[3] Erfinder des Internets Tim Berners-Lee sprach bereits 1999 von seiner Vision einer solchen Version des Web (vgl. Berners-Lee und Fischetti 2000).

[4] Hier wird vorwiegend der Diskussionsstand im anglophonen Raum aufgegriffen.

chen Analyse; *Wie* entstehen aus Herstellungspraktiken, durch die Selbst sich mit sich selbst und anderen befasst, Richtlinien und Auffassungen, anhand welcher Menschen ihre Handlungen orientieren und ihre Existenz verstehen?

Nur wenige WissenschaftlerInnen haben sich bisher mit der Möglichkeit auseinandergesetzt, SNS als Technologien des Selbst zu verstehen. Ausnahmen zeichnen sich vorwiegend in der Geschlechterforschung (vgl. Carstensen 2012; Funken 2002; Paulitz 1997), in Internetstudien zur Körperlichkeit (vgl. Krämer 1997) und der Vernetzungsforschung (vgl. Carstensen 2007, 2012; Köhler 2003; Paulitz 2005; Schachtner 2012) ab. Diese ForscherInnen erstellen eine nuanciertere Auffassung der Wechselverhältnisse zwischen SNS und Subjekt. Sie ersinnen SNS als eine von vielen alltäglichen Möglichkeiten, durch die Individuen die Regierung der eigenen Sozialität vollbringen. Dieser Beitrag schließt an die noch überschaubare Literatur an, die Technologien des Selbst als Interpretationsrahmen für die Nutzung von SNS erwägt. Eine solche analytische Perspektive problematisiert die Selbstverständlichkeit, mit der andere die Existenz von SNS hinnehmen. Durch die historisch einordnende genelogische Vorgehensweise lässt sich eine Dichotomisierung von Online- und Offline-Welten, die annimmt, dass „das Selbst" im „echten Leben" existiert und im Internet repräsentiert wird, vermeiden. Somit wird bestehende Literatur, die diese Seiten vorwiegend als neue Kommunikationstools oder Präsentationsplattformen darstellt, ergänzt.

3 Technologien des Selbst und Selbstsorge

Foucaults Lebenswerk befasst sich mit der Analyse menschlicher Subjektivierungsprozesse. Er identifizierte „Technologien der Produktion", „Technologien von Zeichensystemen", „Technologien der Macht" und „Technologien des Selbst", durch die der Mensch als Subjekt und Objekt geformt wird und sich selbst formt (vgl. Foucault 1988). Während alle vier Technologien miteinander in Verbindung stehen und selten einzeln fungieren, bietet Foucaults Theorie der „Technologien des Selbst" ein besonders aufschlussreiches Mittel, um den Gebrauch von SNS zu analysieren. Mit den Technologien des Selbst befasste Foucault sich in der letzten Phase seines Lebenswerkes. Somit baut diese finale Auseinandersetzung mit Subjektivität und Ethik stark auf seine frühere Arbeit zu Wissen und Macht auf. Foucault definierte „Technologien des Selbst" als die Mechanik,

> die es/dem Einzelnen ermöglich[t], aus eigener Kraft oder mit Hilfe anderer eine Reihe von Operationen an seinem Körper oder seiner Seele, seinem Denken, seinem Verhalten und seiner Existenzweise vorzunehmen, mit dem Ziel, sich so zu verändern, dass er einen gewissen Zustand des Glücks, der Reinheit, der Weisheit, der Vollkommenheit oder der Unsterblichkeit erlangt. (Foucault 2007, S. 289)

Laut Foucault stehen Technologien des Selbst in Verbindung mit spezifischen praktischen Aktivitäten, durch die Menschen sich mit sich selbst auseinandersetzen. Foucault erläuterte zum Beispiel, wie die Griechen der Antike sich zu bewusst gewählten

Zeiten und in gezielten Tätigkeiten (z. B. Meditation, Briefverkehr, Verzicht auf bestimmte Dinge) um sich selbst sorgten (vgl. Foucault 2005a). Nur wer sich seines Verhältnisses zu sich selbst bewusst und sicher war, konnte auch für andere sorgen, speziell im politischen Sinne als „guter Anführer". Die Selbstsorge war die Voraussetzung für guten Umgang mit anderen und erfolgreiches politisches Denken und Handeln. Unter dem Motto „Kümmere dich um dich selbst" brachten die alten Griechen ethisches Handeln und das „gute Leben" im Sinne einer „Ästhetik der Existenz" in Einklang (vgl. Foucault 2007). Selbsterkenntnis folgte auf diese Selbstsorge.

Laut Foucault verstehen wir heute unser Leben vorrangig durch das Prinzip: „Erkenne dich selbst". Eine objektive Auffassung von Wahrheit als universell und extern definiert, bestimmt unsere Lebenseinstellung. Das „Kümmere dich um dich selbst" ist überlagert von der Selbsterkenntnis (vgl. Foucault 2005b). Foucault erklärt diesen Wandel durch den Einfluss der christlichen Moraltradition auf heutige westliche Gesellschaften, die die Sorge um sich selbst als etwas Unmoralisches und Egoistisches darstellen[5]. Foucault (2005b) kontrastiert die christliche selbstlose Selbstentsagung mit der heutigen selbstsüchtigen Selbstbefreiung. Beide basieren jedoch auf einer Selbstobjektivierung und Selbstentzifferung, die in der Antike nicht gegeben waren (vgl. Dahlmanns 2008, S. 140) und in Verbindung mit einem aufklärerisches Subjektkonzept stehen.

Die Verknüpfung der Selbstführung mit politischen Angelegenheiten, die bereits in der Antike auftauchte, besteht laut Foucault weiterhin. Jedoch resultieren aus neu auftauchenden Regierungsrationalitäten auch neue Formen der Selbstführung (vgl. Bührmann 2012). Foucaults Ausarbeitung der Technologien des Selbst basieren auf seinen vorhergehenden Theorien über Machtbeziehungen und Herrschaftspraktiken. Im Rahmen seiner späteren Auffassung von Macht als unumgänglicher Bestandteil sozialer Verhältnisse und Produkt wechselseitiger strategischer Spiele, erläutert Foucault (2004), wie Machtverhältnisse im Kontext des Spätkapitalismus durch Technologien der Macht als Mittel der Disziplinierung institutionalisiert werden.

Diesen, auf Foucaults Arbeit beruhenden und von seinen Mitarbeitern und Schülern (z. B. Daniel Defert, Francois Ewald, Jacques Donzelot) weiter entwickelten Strang aufgreifend, befassen sich seit den Neunzigern ForscherInnen der „governmentality studies" mit den Zusammenhängen zwischen Machtverhältnissen, politischer Rationalität und Regierungstechnologien, vor allem im Kontext des Neoliberalismus.

Die Parallele zwischen Herrschaftstechnologien und Technologien des Selbst entsteht in der Funktion der Technologien des Selbst, individuelle Selbstverwirklichung in bestehende Herrschaftszustände einzureihen. Dies verdeutlicht Foucaults These, dass Fremd- und Eigensteuerung immer ineinander verschränkt sind und Subjektivie-

---

[5] Dies bezieht sich auf die populärste Interpretation des Christentums. Verschiedene christliche Kulturen definieren und rechtfertigen moralische Vorschriften auf verschiedene Weise. Alle teilen jedoch den Glauben an Gott als Gebieter, der Maßstäbe setzt, und über das Verhalten und die Aufrichtigkeit des Menschen richtet. Somit wird moralisch korrektes Verhalten nicht durch ein intensives Befassen mit sich Selbst bestimmt und geformt, sondern durch eine „Fremdleitung" vorgegeben und durch verschiedene praktische Aktivitäten (z. B. beten, beichten, fasten) ausgeführt und kontrolliert. So geht es vorrangig darum zu wissen, welches Verhalten gut und richtig ist, und es dann für sich selbst zu praktizieren. In der hellenistischen und römischen Tradition war das Verhältnis umgekehrt: Zuerst beschäftigte man sich mit sich selbst, daraus folgte „rechtschaffenes" Verhalten.

rungsvorgänge Gegenspiel interner und externer Beziehungen sind. Dieser Beitrag schließt an diese Grundthesen der post-Foucaultschen Gouvernmentalitätsforschung an und baut Foucaults Konzeption weiter aus, indem er die Verknüpfung von Herrschaftstechnologien mit Technologien des Selbst im Web 2.0 näher beleuchtet.

4 Das Schreiben als Technologie des Selbst – historische Fragmente

Um die Theorie zu veranschaulichen, werde ich nun das Schreiben auf SNS als Beispiel einer Herstellungspraktik untersuchen. In Übereinstimmung mit einer Foucaultschen Vorgehensweise stelle ich verschiedene Zeitperioden heraus, die als aussagekräftige Beispiele historisch veränderbare Möglichkeitsbedingungen für die Subjektkonstitution bezeugen. Dabei erstelle ich weder eine chronologische Entwicklungsgeschichte des Schreibens noch gehe ich davon aus, dass Veränderungen des Schreibens als Selbsttechnologie von einer Epoche zur nächsten kausal entstanden. Stattdessen liegt der Fokus auf der Herausarbeitung wie diese Praktik zu verschiedenen Zeiten der Selbstkonzeption und Lebensführung diente und eine Möglichkeit darstellte, ethisches Verhalten im Rahmen bestehender Herrschaftszustände zu formen und zu steuern.

Zum Schluss erörtere ich, wie SNS-NutzerInnen tägliche Geschehnisse verarbeiten, Geständnisse ablegen, sich teils normüberschreitend enthüllen und konstant an sich selbst arbeiten. Somit erzeuge ich einen Foucault-inspirierten historischen Abriss des Schreibens als Vergleichsfolie für die analytische Betrachtung gegenwärtiger Nutzung von SNS als Möglichkeit zur diskursiven Formation des Selbst. Außerdem erwäge ich, wie Selbsterkenntnis und Selbstsorge heutzutage im Verhältnis zu einander stehen. Eine solche genealogische Vorgehensweise ergänzt sowohl bestehende Literatur zu SNS und Identitätsformation mit einem analytischen Framework als auch theoretische Foucault-Lektüre zu Ethik, Subjektivität und im Bereich der governmentality studies durch ein neues empirisches Beispiel.

4.1 L'écriture de soi in der griechischen Antike

In der Aufarbeitung der Sexualethik des antiken Griechenlands im zweiten und dritten Band seines Werkes *Sexualität und Wahrheit* erläutert Foucault (2005a) unter anderem, wie *l'écriture de soi* – das Über-sich-selbst-Schreiben – in der griechischen Antike als Selbstpraktik fungierte. Er zeigt, wie vor allem die Stoiker in Einklang mit dem Lebensziel (*telos*) der Selbstbeherrschung und dem Prinzip der Selbstsorge, das Schreiben als Mittel, sich um sich selbst zu kümmern und sich dadurch zu formen und zu beherrschen, anwendeten. Foucault (2005a) erläuterte zwei Prägungen ethopoetischen Schreibens[6] in der hellenistischen Zeit: das *hupomnemata* und die Korrespondenz durch Briefwechsel.

Das *hupomnemata* war eine spezielle Art des Notiz- oder Tagebuchs, welches aus einem „aufgehäuften Schatz" (Foucault 2005b, S. 487) von Gelesenem, Gehörtem oder Gedachtem bestand. Es diente jedoch nicht lediglich dazu, den Schreiber an

---

[6] Schreiben, das Wahrheit/Wissen in einen Code für ethisches Verhalten umwandelte.

seine Erlebnisse und an das Gelesene zu erinnern, sondern dazu, sich reflektiv damit auseinander zu setzen, und „Argumente und Mittel [bereitzustellen], um gegen diese oder jene Schwäche… zu kämpfen oder aber um ein Hemmnis… zu überwinden" (Foucault 2005b, S. 488). Der Schreiber arbeitete das Gelesene und Gesehene somit in das eigene Verhalten ein und verwendete es, um die eigene Existenz in der Welt zu verstehen und Wegweiser für korrektes Verhalten zu erstellen.

Des Weiteren verkehrten die Stoiker in Briefen schriftlich miteinander und erhielten und verteilten dadurch Ratschläge, von/an andere(n), um so ihre Selbstkonzeption und Lebensführung zu gestalten. Es galt Gelüste bewusst anzuerkennen und zu beherrschen, ohne sie zu unterdrücken oder zu verurteilen. Der Briefverkehr zwischen Seneca und Lucilius wird von Foucault (1988) als Beispiel dieser Selbstpraktik aufgeführt. Seneca und Lucilius (wie viele andere Stoiker) schrieben sowohl die banalen als auch außergewöhnlichen Geschehnisse ihres Alltags in Briefen nieder und ließen den anderen daran teilhaben. Dieser Vorgang wirkte sich sowohl auf den Verfasser des Briefes als auch auf seinen Leser aus. Der Verfasser setzte sich mit Gesehenem, Gehörtem und Gelesenem ähnlich wie im *hupomnemata* auseinander, erhielt jedoch durch die Korrespondenz mit einer anderen Person Ratschläge, Anregungen und Hilfestellung, die er in das Bezugssystem für sein ethisches Verhalten einbauen konnte. Gleichermaßen speicherte der Leser und Ratschlaggeber das, was dem anderen geschah, und die erarbeiteten Managementstrategien ab, quasi als Vorsorge für die Möglichkeit, dass ihm einmal etwas Ähnliches geschehen sollte. Die Selbstsorge war somit ein wechselseitiger Vorgang der Interaktion zwischen einem selbst und anderen.

4.2 Schreiben als Selbstentsagung im Christentum

Im frühen Christentum wurde das Über-sich-selbst-Schreiben zur Gewissensprüfung, als Beichtpraktik und als Mittel, Vergebung zu erlangen, genutzt (vgl. Foucault 1988, 2005a). Das Schreiben im Christentum diente dazu, sich mit den eigenen Sünden auseinanderzusetzen und sie Gott zur Vergebung der Schuld und in der Hoffnung auf Absolution und Erlösung darzubieten. Foucault erläuterte:

> Jeder hat die Pflicht, zu erkennen, wer er ist, das heißt, er soll ergründen, was in ihm vorgeht, er muß versuchen, Fehler, Versuchungen und Begierden in sich selbst ausfindig zu machen, und jedermann ist gehalten, diese Dinge entweder vor Gott oder vor den anderen Mitgliedern der Gemeinschaft zu enthüllen, also öffentlich oder privat gegen sich selbst auszusagen. (Foucault 1988, S. 52)

Die Autobiografie des heiligen Augustinus von Hippo, *Confessiones* (dt. *Bekenntnisse*), aus dem 3. Jahrhundert, verdeutlicht das Verlangen nach Vergebung und die Ergebenheit an Gott, die frühchristliches Schreiben ausmachten. St. Augustinus schrieb zum Beispiel:

> Warum erzähle ich dies? Nicht dir, o mein Gott; aber vor deinem Angesichte erzähle ich es meinem Geschlechte, dem Geschlechte der Menschen, wie klein auch der Leserkreis dieser meiner Schrift sein möge. Und zu welchem Zwecke

erzähle ich es? Damit ich und jeder Leser bedenke, aus welchen Tiefen man zu dir rufen muß. (Aurelius Augustinus 1988, Buch II, Kap. 3)

Für Augustinus war das Schreiben ein Protokollieren und Reflektieren. Es diente dazu, Gott zu glorifizieren (vgl. Gutman 1988, S. 193), war jedoch weiterhin eine Strategie, um das eigene Verhalten zu regeln und somit den korrekten Umgang mit sich selbst und anderen zu ermöglichen. Somit ist das Schreiben im christlichen Schuldbekenntnis eine Frage der Selbstoffenbarung, Selbstentsagung und Zurücknahme, während das Schreiben über sich selbst bei den Griechen einer Selbstkultivierung im Rahmen der Sorge um sich selbst diente (vgl. Humphries 1997). Das Schreiben bot eine Möglichkeit das eigene Verhalten im Rahmen existierender politischer, religiöser und kultureller Einrichtungen zu regulieren.

4.3 Die Verbreitung des Schreibens als Beichtpraxis im Puritanismus

Im Puritanismus, der als Teil der christlichen Reformbewegung vornehmlich in England verbreitet war, war das Schreiben Bestandteil des alltäglichen Lebens. Die Puritaner legten großen Wert auf Bildung und Lese- und Schreibfähigkeit. Sie lehnten die Institutionalisierung religiösen Glaubens ab und eliminierten Kirche und Priester als Vermittler zwischen dem Einzelnen und Gott. Puritaner machten es sich selbst zur Aufgabe, ihr Leben in Einklang mit Gottes Moralvorgaben zu meistern (vgl. Schaff 1908, S. 14). Die Ausbreitung des Schreibens unter den Puritanern entstand auch aus dem Bedarf nach einem Ersatz für die traditionell kirchlich gehandhabte Beichte (vgl. McFarlane 1970; Murray 1996, S. xxvii). Ein „konfessionelles" Tagebuch zu führen, diente dem Puritaner als Möglichkeit, seine Verpflichtungen Gott, sich selbst und anderen gegenüber zu handhaben, das eigene Gewissen zu erforschen und zu erleichtern, sich mit Taten und Missetaten auseinander zu setzen, Gott für Seine Gnade zu danken und Ihm die eigene Ergebenheit zu zeigen (vgl. Murray 1996, S. xxvi). Der Puritaner schrieb seine täglichen Aktivitäten nieder, sowohl um das eigene Verhalten zu verstehen als auch zu beeinflussen. Gewissenhaftes, beständiges Schreiben wurde als Erkennungszeichen göttlicher Gnade gesehen und bewies gleichzeitig eine pflichtbewusste Bindung an Gottes Erwartungen (vgl. Kagle 1979; McGiffert 1972). Somit war das Schreiben Mittel zur Reflektion über und Regelung von tagtäglichem Verhalten – eine Selbstpraktik.

4.4 Schreiben in der Romantik: säkularisierte Beichte und Selbsterkundung

In der Zeit unmittelbar nach der Reformation stellten sich eine Säkularisierung der streng religiösen westlichen Gesellschaft und die Individualisierung des bis dato allgemein gehandhabten Volkes ein. Der einzelne Bürger (wenn auch vornehmlich der männliche Aristokrat) wurde als Individuum anerkannt und geschätzt. In der Epoche der Romantik kam dieser Individualismus in der Aufwertung von Gefühlen und Leidenschaft zum Ausdruck (vgl. Gutman 1988). Das Schreiben über sich selbst manifestierte sich als literarische Kunstform, die das Konzept der Selbstentfaltung proklamierte. Jean-Jacques Rousseau's *Les Confessions* ist ein chronologisch aufgeführter Bericht der Taten und Gedanken des Autors. Rousseau präsentierte sich

 Springer

in seiner Unvollkommenheit als Mensch mit Fehlern und Mängeln, schlussendlich jedoch als aufrichtig und anständig. Er verpflichtete sich in seinen Schriften dazu, nichts zu verschweigen und all seine Taten und Missetaten ehrlich zu offenbaren. So beichtete Rousseau einem anonymen Publikum seine Sünden. Im 7. Buch schreibt er: „Der eigentliche Zweck meiner Bekenntnisse ist eine genaue Darlegung meines Innern in allen meinen Lebenslagen" (Rousseau 2010). Das Über-sich-selbst-Schreiben der Romantik kann somit als säkularisierte Form der Beichte verstanden werden.

Cohen (1953) vermerkt, dass Rousseau besonders ausführlich über seine schändlicheren Taten Bericht erstattete und sie teils sogar übertrieben darstellte. Auf diese Weise verdrehte Rousseau christliche Bescheidenheit und Demut. Er gestand masochistische Bedürfnisse, Diebstähle, außereheliche Beziehungen und die Verstoßung seiner Kinder. Er offenbarte all seine Untaten und Fehler dem Urteil seiner Leser, doch glorifizierte sie gleichzeitig in gewisser Weise. Rousseau nutzte das Schreiben, um sich der Last seiner Schuld zu entladen und seine Schwächen zu entblößen.

4.5 Nachaufklärerische Grenzüberschreitung, Perversion und Lasterhaftigkeit

Des Weiteren nahm nach der Aufklärung der Einfluss von Gott und Kirche auf das Verhalten der Menschen ab. Logisches Denken und Erforschen wurden nun eher als Vorgaben für ethisches Handeln eingesetzt als religiöse Verhaltensregeln. Erotikliteratur aus dem achtzehnten Jahrhundert veranschaulicht, wie das Schreiben zu dieser Zeit unter anderem der normüberschreitenden Auseinandersetzung des Autors mit sich selbst diente (vgl. Bloch 2002). Der Marquis de Sade und der anonyme Autor mit dem Pseudonym „Walter" sind beispielhaft für dieses „offenbarende" Schreiben, das sexuelle Triebe und extreme Neigungen öffentlich zur Schau stellte. Beide ließen sich ausführlich über Sex, Lust und Subversion normativen Verhaltens im Namen der Erfüllung animalischer Instinkte aus. Durch das Schreiben experimentierten sie und zelebrierten sündhafte Gelüste und sittliche/moralische Grenzüberschreitung (vgl. During 1992).

Die Konstitution von Subjektivität anhand von Technologien des Selbst geht einher mit der Auseinandersetzung mit sich selbst und mit anderen. Walter und de Sade's *l'écriture de soi* verdeutlichen dieses wechselseitige Verhältnis. Einerseits schrieben beide, um ihre Exzesse für sich selbst schriftlich festzuhalten und sich auch in der Zukunft daran ergötzen zu können. Andererseits waren sie sich ihrer öffentlichen Leserschaft bewusst. Zu wissen, dass andere ihre Enthüllungen lesen würden, schien beide Autoren sowohl anzuspornen als auch zu verunsichern. Obwohl sowohl Walter als auch de Sade offen und ohne jegliche Zurückhaltung von ihren teils gesetzeswidrigen Exzessen berichteten, versuchten sie sich teilweise doch auch von diesen Vorhaben zu distanzieren, um nicht von anderen verurteilt zu werden. Zum Beispiel rechtfertigt sich de Sade in seinem Werk *Vom Missgeschick der Tugend* (1999 [1797]) indem er behauptet: „Yes, I am a libertine, I admit if freely. I have dreamed of doing everything that it is possible to dream of in that line. But I most certainly have not done all the things I dreamt of and never shall. Libertine I may be, but I am not a criminal, I am not a murderer" (*englische Übersetzung* 1999: xvii). Das Wissen, eine öffentliche Leserschaft zu haben, schien Walter und de Sade sowohl zu alarmieren als auch zu animieren.

 Springer

Das grenzüberschreitende Schreiben über sich selbst, das im achtzehnten und neunzehnten Jahrhundert vermehrt auftauchte, war eine Form von Geständnis und zur gleichen Zeit ein sündiges Unterfangen. Es offenbarte die dunkelsten Geheimnisse und Laster des Autors und zelebrierte diese als Form der Selbsterkundung, -entdeckung und -enthüllung. Die aufgeklärte Gesinnung der Zeit spiegelt sich in dieser Form des Schreibens als Technologie des Selbst wider. Autoren wie de Sade und Walter nutzten das Schreiben zur Erforschung und Intensivierung von Extremerfahrungen.

4.6 Therapeutisches Schreiben

Mit der Entwicklung einer wachsenden Bandbreite von Wissenschaften im Verlauf des 20. Jahrhunderts – vornehmlich solche mit dem Präfix „Psy-" (Psychologie, Psychiatrie, Psychoanalyse, usw.; vgl. Rose 1999, S. 3) –, die sich mit der Regulierung menschlichen Verhaltens auseinandersetzen, wurde das Schreiben als Form der Selbstführung institutionalisiert. Foucault (1992, S. 77) wies darauf hin, dass der Mensch zum „Geständnistier" geworden ist und äußerliche Disziplinartechnologien soweit verinnerlicht hat, dass er Körper, Seele und Geist selbstständig analysiert und bearbeitet[7]. Anfang der achtziger Jahre von Pennebaker (vgl. Pennebaker und Beall 1986) entwickelt, und seitdem fortwährend zu therapeutischen Zwecken angewandt (vgl. Horn und Mehl 2004), umfasst das expressive Schreiben ein Paradigma der Psychotherapie. Doch auch der/die AllgemeinbürgerIn wird immer öfter dazu aufgefordert sich den „Stress von der Seele zu schreiben" (stern.de 2003) oder das Schreiben als Form der Selbst-Therapie in Betracht zu ziehen (vgl. Frieling-Verlag Berlin, ohne Datum). Tagebücher und Brieffreundschaften verdeutlichen die bestehende Bedeutung des Schreibens als Herstellungspraktik. Im Kontext des Web 2.0 nimmt diese Schreibpraktik neue Formen an und dient weiterhin der Konstitution von Subjektivitäten.

5 Das Über-sich-selbst-Schreiben auf SNS

Die oben aufgeführte grobe, und keineswegs durchgängige, Historie des Schreibens als Technologie des Selbst, veranschaulicht wie das Schreiben zu verschiedenen Zeitpunkten immer wieder als Möglichkeit, sich mit sich selbst und anderen auseinander zu setzten, genutzt wurde, und somit eine alltägliche Praktik der Selbstkonstitution umfasst. Das Web 2.0 bietet neue Möglichkeiten für das Über-sich-Selbst-Schreiben als Selbsttechnik. Bezeichnend ist vor allem die immer öffentlichere Preisgabe privater Subjektivierungsvorgänge eines jeden „normalen" Bürgers. Während früher nur Politiker, Aristokraten, Schriftsteller und andere (vor allem männliche) Mitglieder der Elite die Möglichkeit hatten, ihre Memoiren zu veröffentlichen, ermöglichen SNS dies einer breiteren Schicht der Bevölkerung. Auch haben SNS die Geschwindigkeit, mit der ein persönlicher Gedanke öffentlich bekundet werden kann, erhöht. Veröffentlichungsmöglichkeiten sind zugänglicher denn je. SNS-Service sind nicht

---

[7] Wie oben erwähnt wurde dieses Argument von Gouvernementalitätsforschern aufgefasst. Auch dieser Artikel schließt an eine solche Auffassung an.

mehr an den PC oder Laptop gebunden, sondern erstrecken sich auf mobile Technologien wie das Handy, oder „Smartphone" und Tablet-Computer wie das iPad. Solange Internetanschluss besteht, lässt sich eine Statusmitteilung blitzschnell verfassen, ausstrahlen und verbreiten. Auf vielen SNS ist es inzwischen möglich, den aktuellen Standort des/der UserIn durch GPS-Signale zu bestimmen und über die SNS bekannt zu geben[8]. Somit werden immer genauere Details aus dem täglichen Leben von SNS-UserInnen mehr oder weniger öffentlich zugänglich. NutzerInnen machen die alltäglichen Praktiken und Aktivitäten, durch die sie sich selbst formen und regulieren, öffentlich einsehbar. So werden Selbstformation und Selbstdarstellung zu simultan ausgeführten Aktivitäten, wie das zu früheren Zeiten nicht möglich war. Die Verknüpfung altbewährter Selbstpraktiken mit technologischen Innovationen eröffnet neue Subjektivierungsvorgänge.

SNS sind gleichzeitig Plattform und Mittel, die Selbstkonstitution im öffentlichen Raum durchzuführen. Durch regelmäßiges Schreiben über sich selbst auf SNS holen sich UserInnen Ratschläge von anderen ein, beichten und enthüllen Geheimnisse, schockieren andere oder geben mit ihren Taten an. Eine analytische Perspektive, die Technologien des Selbst als theoretischen Interpretationsrahmen für das Schreiben auf SNS anwendet, ermöglicht es all diese Ausdrucksformen als Vorgänge der Selbstformation zu verstehen.

Eine genalogische Vorgehensweise erlaubt außerdem sich vor Augen zu halten, dass diese Form der Selbstkonstitution jedoch nicht selbstverständlich oder ahistorisch ist, sondern durch zufällige Umkehrungen entstand und normalisiert wurde.

5.1 Selbst darstellen oder Selbst werden?

Die Funktion der Statusmeldung ist fester Bestandteil vieler SNS. Sie ermöglicht es dem/der UserIn, seine/ihre Gedanken und Gefühle aufzuschreiben und anderen mitzuteilen und sich dadurch selbst zu konstituieren. Bleibt das Feld leer, sprich hat der/die UserIn keine Statusmitteilung eingegeben, erscheint eine Nachricht, die den/die UserIn auffordert, das mitzuteilen, was ihn/sie beschäftigt. Die englischsprachige Ausgabe der beliebten SNS Facebook zum Beispiel fordert: „*What's on your mind?*" (Facebook 2012a). Viele Facebook UserInnen verwenden die Statusmitteilung, um schriftlich über sich selbst, ihre Gedanken, Aktivitäten und Erfahrungen Auskunft zu geben; gleichzeitig reflektieren sie über das, was sie beschäftigt. Die SNS ermöglicht es NutzerInnen, sich mit sich selbst und anderen auseinander zu setzen und so den alltäglichen Umgang im privaten wie im öffentlichen Raum zu handhaben. SNS-UserInnen schreiben so über ihr Verhältnis zu sich selbst und anderen.

---

[8] Diese Funktion wird als standortbezogener Dienst, auch „location-based service", beschrieben. SNS wie FourSquare und Gowalla basieren auf diesem Prinzip, doch viele andere SNS integrieren den Dienst inzwischen in ihrem Design (z. B. die Facebook „Places Application" und der gleichnamige Service von Google).

5.2 Dem Anderen Einblick gewähren

Die Regierung der eigenen Sozialität steht immer auch in Verbindung zu anderen. Das Gegenspiel interner und externer Beziehungen, und die dadurch entstehende Verschränkung von Fremd- und Eigensteuerung, machen Subjektivierungsvorgänge wie das Über-sich-selbst Schreiben aus. Indem SNS-UserInnen ihre Taten und Gedanken in virtuellen Mitteilungen einem öffentlichen Publikum zur Verfügung stellen, holen sie sich Rat und Beistand von anderen ein. Doch dies sollte weder als einfache Informationsziehung, noch als narzisstische Selbstinszenierung verstanden werden. Das Schreiben als Technologie des Selbst stellt Beziehungen zwischen „Selbst und Selbst" und „Selbst und Anderen" her.

Foucault erläutert, wie sowohl die griechische Selbstsorge als auch die christliche Beichtpraxis zu einer „Intensivierung der gesellschaftlichen Beziehungen" führte (1986, S. 74). Walter und de Sade schwankten stets zwischen dem Verlangen, ihre grenzüberschreitenden Geständnisse öffentlich preiszugeben und diese zu kaschieren und als fiktiv auszugeben. SNS-UserInnen erwägen ähnlich, was die Vor- und Nachteile der Öffentlichmachung ihrer persönlichen Erlebnisse und Erfahrungen sind. Sie präsentieren sich einem oft aus hunderten von Kontakten bestehenden Netzwerk aus verschiedenen Bereichen ihres Lebens (Familie, Freunde, Kollegen), die sie teils gut, teils kaum kennen. Somit ist die Leserschaft des Über-sich-Selbst-Schreibens im Web 2.0 weiträumig und nur bedingt definiert. SNS-UserInnen wissen, dass das, was sie auf ihren SNS-Profilseiten schreiben, potentiell eine breite Reichweite haben kann. Dies wirkt sich auf das, was sie schreiben, und somit auch auf ihre Selbstkonstitution aus. Die Offenbarung persönlicher Intimitäten und das wechselseitige Verhältnis zwischen Selbst und anderen sind wichtiger Bestandteil der Selbstkonstitution.

5.3 Ein fortwährendes Vorhaben

Das Schreiben über sich selbst auf SNS wie Facebook ist ein fortwährender Vorgang. Profile werden wie Lebensläufe andauernd aktualisiert und „Updates" häufig und konstant durchgeführt. So halten NutzerInnen ihr „Publikum" auf dem neuesten Stand und befassen sich ausgiebig und regelmäßig mit sich selbst. In der Erklärung der Rechte und Pflichten für Facebook-UserInnen macht Facebook Aktualität zur Bedingung. So lautet ein Punkt der Nutzungsbedingungen: „Deine Kontaktinformationen sind korrekt und du wirst sie auf dem neuesten Stand halten" (Facebook 2012b). Konstantes Mitteilen alltäglicher Dinge (und manchmal gar die Bekanntgabe intimster Details) ist ungeschriebenes Gesetz. Shah erläutert hierzu: „[this] giv[es] the sense of a fluid and changing persona, rather than a static description" (2008, S. 215; vgl. auch Livingstone 2008). Authentizität wird erwartet und vorausgesetzt. Auch die Literatur, die sich mit Identität im Internet befasst, schließt oft an diese Forderung auf Aktualität und Authentizität an, indem sie erwägt, wie wahrheitsgetreu SNS-NutzerInnen sich auf den Seiten darstellen bzw. anhand der technologischen Affordanzen und Einschränkungen der SNS darstellen können.

Doch statt der Frage nach Selbst*darstellung* lässt sich die Öffentlichmachung privater Subjektivierungsprozesse als konstantes Unterfangen als Teil der reflexiven Selbstpraktik verstehen. Das Schreiben auf SNS als Technologie des Selbst

✎ Springer

umfasst eine Praktik, durch die eigene Erfahrungen, Beziehungen zu sich selbst und anderen, Gesehenes, Gelesenes und Gehörtes interpretiert und in die Regierung des Selbst eingebaut werden. Facebook-UserInnen stellt sich nicht die Frage, wie sie ihre Identität ständig aktuell und authentisch darstellen können. Stattdessen ist das Über-sich-selbst-schreiben auf SNS eine Art und Weise die Außenwelt ein zu falten, zu reflektieren und zu ordnen und gleichzeitig im eigenen Verhalten wieder zu entfalten (vgl. Deleuze 1988, S. 100). Somit umfasst das Schreiben als Technologie des Selbst gleichzeitig auch einen Selbstregulierungsmechanismus. Die konstante Praktik erfordert nicht etwa eine authentische Darstellung des Selbst sondern ermöglicht reflexive Selbstformation.

6 SNS als Form der Selbstsorge?

Foucault beschrieb die Selbstsorge der römischen und hellenistischen Zeit als „das Nachdenken über Lebensweisen, die Wahl einer Lebensform, die Regulierung des eigenen Verhaltens, die Selbstzuweisung von Zielen und Mitteln" (Foucault 2007, S. 76). Er postulierte, dass das „Achte auf dich Selbst" im Kontext der westlichen christlichen Moraltradition in den Hintergrund gedrängt wurde (vgl. Foucault 1988). Statt eine Aushöhlung oder Perversion der Selbstsorge als Symptom technologisierter Gesellschaften zu sehen, lässt sich durch die Konzeptualisierung von SNS als Technologien des Selbst das Wiederaufleben der Selbstsorge in neuer Umsetzung erwägen. In beständigen Prozessen des Schreibens von Statusmitteilungen, und des Aufrechterhaltens einer aktuellen und authentischen Profilseite, setzen sich SNS-UserInnen mit sich selbst auseinander, zeigen sich selbst, ergründen ihre Beziehungen zu anderen, reflektieren über ihr Verhalten und formen so ihr Verhältnis zu sich selbst und anderen. Der neoliberale Zeitgeist von heute fördert diese Einstellung, indem das Individuum dazu angetrieben wird, immer besser, produktiver und effizienter zu werden. Forscher der governmentality studies schildern, wie die heutige neoliberale politische Führung die vom Staat erwarteten Verhaltensweisen in die Vorhaben einzelner BürgerInnen umzuwandeln versteht. Das Wechselverhältnis von Herrschaftstechnologien und Selbsttechnologien versichert, dass der/die neo-liberale BürgerIn sich fügsam und aus eigenem Anlauf in die politischen und ökonomischen Ziele des Staates einreiht (vgl. Rose 1998)[9].

Der Umgang mit SNS animiert zur Beschäftigung mit sich selbst und führt zur Integration eines ständigen simultanen Prozesses der Reflektion und Bekanntgabe in das tagtägliche Leben ihrer Nutzer. In ständigen Verdopplungsprozessen, in denen die äußere Welt – Erfahrungen, Wahrheiten, Normen, Regeln und Vorschriften – nach innen gefaltet und dann wieder entfaltet wird, konstituiert sich der Mensch so als Subjekt (vgl. Deleuze 1988, S. 100). Gewiss dient die öffentliche Preisgabe privater Subjektivierungsprozesse auf SNS manchen UserInnen als Gelegenheit anzugeben

---

[9] Dies soll nicht heißen, dass BürgerInnen als Marionetten der Staatsmacht funktionieren. Neoliberale Regierungen müssen auch in Betracht ziehen, dass es dem/der BürgerIn frei steht, Anforderungen an seinen/ihren Staat zu stellen. Rose beschreibt dies als „the reversibility of relations of authority" (Rose 1993, S. 296).

und sich selbst zu verherrlichen – das, was Foucault als „zeitgenössischen Selbstkult" (Foucault 2005b, S. 767) beschreibt. Somit kehren wir sicherlich nicht zur selben Form der Selbstsorge zurück, die die antiken Griechen durchführten – doch das ist auch nicht das Argument, das hier aufgestellt wird. Vielmehr gilt es zu verstehen, wie SNS-UserInnen die Seiten dazu nutzen, sich fortwährend und unter öffentlicher Beobachtung Selbst zu konstituieren. Was die Griechen im privaten untertrieben, um daraufhin erfolgreich in der *polis* aufzutreten, geschieht heute in ein und demselben Vorgang: Einfalten, entfalten, umfalten und neu-entfalten, und alles unter dem wachsamen Auge eines mehr oder weniger öffentlichen Publikums. Das Bewusstsein, dass andere einen Einblick in den Prozess des Selbstwerdens gewinnen, anstatt lediglich ein bereits geformtes Subjekt präsentiert zu bekommen, beeinflusst sicherlich den Vorgang. Das Schreiben auf SNS als Technologie des Selbst macht somit eine von vielen alltäglichen Mitteln aus, sich mit sich selbst auseinanderzusetzen und sich somit zu regulieren.

7 Fazit

Das Schreiben von Statusmitteilungen auf SNS ist eine Technologie des Selbst, die eine lange Vorgeschichte in verschiedenen Formen der Autobiografie hat. Die Öffentlichmachung privater Details aus dem Leben von SNS-UserInnen auf diesen Seiten führt zu einem simultanen Vorgang der Selbstkonstitution und Selbstdarstellung. Das Internet eröffnet neue Möglichkeiten, sich mit sich selbst auseinander zu setzen und diese Vorgänge gleichzeitig öffentlich zu machen. Eine neuerfundene Form der antiken Selbstsorge kristallisiert sich im Kontext neo-liberaler Werte und Erwartungen heraus. Doch ich argumentiere nicht, dass neo-liberale politische Ziele und Handlungsvorgaben oder technologische Entwicklungen für das Entstehen dieser neuen Art der Selbstsorge verantwortlich sind. Vielmehr habe ich durch eine genalogische Untersuchung des Schreibens als Herstellungspraktik das Wechselverhältnis von Herrschaftstechnologien und Selbsttechnologien nachverfolgt, um zu argumentieren, dass das Über-sich-selbst-schreiben im Web 2.0 auch eine Art der öffentlichen Selbstkonstitution ist.

Foucaults einzigartige Auffassung der Konstitution von Subjektivität im Kontext von Machtverhältnissen und diskursiven Formationen dient als nützlicher theoretischer Bezugsrahmen, um die Nutzung von SNS als mehr als nur Kommunikation oder Selbstpräsentation zu verstehen. Statt das „online Selbst" definieren zu wollen oder als bereits existierende Entität vorauszusetzen, ermöglicht Foucaults genealogische und problematisierende Betrachtungsweise den *Vorgang* der Selbstkonstitution in den Vordergrund zu stellen, nicht seinen Ausgang. Eliminiert man die Auffassung des Selbst als reales, existierendes Konzept, rückt die kritische Analyse der Konstruktion von Subjektivität durch Technologien des Selbst, die in engem Verhältnis zu Herrschaftstechniken stehen, in den Mittelpunkt. Somit lässt sich zum Beispiel das Schreiben als Praktik der Regierung des eigenen Selbst im Wechselbezug zu Anderen verstehen und historisch zurückverfolgen.

 Springer

Literatur

Aurelius Augustinus. 1888. Bekenntnisse. Übersetzung von Otto F. Lachmann. Die Bekenntnisse des heiligen Augustinus. Leipzig. Reclam, 1888. http://www.ub.uni-freiburg.de/fileadmin/ub/referate/04/augustinus/bekennt1.htm#0203. Zugegriffen: 21. Feb. 2010.

Bargh, John A., Katelyn Y. A. McKenna, und Grainne M. Fitzsimons. 2002. Can you see the real me? Activation and expression of the „true self" on the internet. *Journal of Social Issues* 58 (1): 33–48.

Beer, David, und Roger Burrows. 2007. Sociology and, of and in web 2.0. Some initial considerations. *Sociological Research Online* 12 (5). http://socresonline.org.uk/12/5/17.html. Zugegriffen: 20. Sept. 2009.

Berners-Lee, Tim, und Mark Fischetti. 2000. *Weaving the web. The past, present and future of the World Wide Web by its inventor*. New York: Harper Collins Publishers Inc.

Bloch, Iwan. 2002. *Marquis de Sade. His life and works*. Amsterdam: Fredonia Books.

boyd, Danah. 2008. Why youth [heart] social network sites. The Role of networked public in teenage social life. In *Youth, identity and digital media*, Hrsg. David Buckingham, 119–142. Cambridge: MIT Press.

boyd, Danah, und Nicole Ellison. 2008. Social network sites. Definition, history and scholarship. *Journal of Computer-Mediated Communication* 13:210–230.

Brake, David. 2008. Shaping the ‚me' in MySpace. The framing of profiles on a social network site. In *Digital storytelling, mediatized stories. Self-representations in new media*, Hrsg. Knut Lundby, 285–300. New York: Peter Lang Publishing.

Buffardi, Laura E., und W. Keith Campbell. 2008. Narcissism and social networking web sites. *Personality and Social Psychology Bulletin*. http://psp.sagepub.com/cgi/content/abstract/34/10/1303. Zugegriffen: 29. Okt. 2009.

Bührmann, Andrea. 2012. Das unternehmerische Selbst. Subjektivierungsform oder Subjektivierungsweise? In *Diskurs – Macht – Subjekt. Theorie und Empirie von Subjektivierung in der Diskursforschung*, Hrsg. Reiner Keller, Werner Schneider, und Willy Viehöver, 145–164. Wiesbaden: VS Verlag für Sozialwissenschaften.

Bumgarner, Brett A. 2007. You have been poked. exploring the uses and gratifications of Facebook among emerging adults. *First Monday* 12 (11). http://firstmonday.org/htbin/cgiwrap/bin/ojs/index.php/fm/article/viewArticle/2026/1897. Zugegriffen: 22. Sept. 2009.

Carstensen, Tanja. 2007. *Die interpretative Herstellung des Internet. Eine empirische Analyse technikbezogener Deutungsmuster am Beispiel gewerkschaftlicher Diskurse*. Bielefeld: Kleine Verlag.

Carstensen, Tanja. 2012. Gendered Web 2.0. Geschlechterverhältnisse und Feminismus in Zeiten von Wikis, Weblogs und Sozialen Netzwerken. *Medien Journal, Neue Kommunikationstechnologien und Gender* 36 (2): 22–34.

Cohen, John. M. 1953. *The confessions of Jean-Jacques Rousseau*. London: Penguin Books.

Dahlmanns, Claus. 2008. *Die Geschichte des modernen Subjekts. Michel Foucault und Norbert Elias im Vergleich*. Münster: Waxman Verlag.

Dalsgaard, Steffen. 2008. Facework on facebook: The presentation of self in virtual life and its role in the US elections. *Anthropology Today* 24 (6): 8–12.

Deleuze, Gilles. 1988. *Foucault*. Minnesota: University of Minnesota Press.

During, Simon. 1992. *Foucault and literature. Towards a genealogy of writing*. London: Routledge.

Facebook. 2012a. www.facebook.com. Zugegriffen: 14. April 2012.

Facebook. 2012b. *Impressum/Nutzungsbedingungen*. http://www.facebook.com/legal/terms?ref=pf. Zugegriffen: 14. April 2012.

Foucault, Michel. 1986. *Sexualität und Wahrheit III. Die Sorge um Sich*. Frankfurt a. M.: Suhrkamp Verlag.

Foucault, Michel. 1988. Technologies of the self. In *Technologies of the self – a seminar with Michel Foucault*, Hrsg. Luther H. Martin, Huck Gutman, und Patrick H. Hutton, 16–49. London: Travistock Publications.

Foucault, Michel. 1992. *Sexualität und Wahrheit 1. Der Wille zum Wissen*. Frankfurt a. M.: Suhrkamp Verlag.

Foucault, Michel. 2004. *Geschichte der Gouvernmentalität. Band II. Geburt der Biopolitik*. Frankfurt a. M.: Suhrkamp Verlag.

Foucault, Michel. 2005a. Über sich selbst schreiben. In *Schriften in vier Bänden. Dits et Ecrits*, Bd. IV. 1980–1988, Hrsg. Daniel Defert, 503–521. Frankfurt a. M.: Suhrkamp. [übers. von Michael Bischoff].

Foucault, Michel. 2005b. Zur Genealogie der Ethik. Ein Überblick über die laufende Arbeit. In *Schriften in vier Bänden. Dits et Ecrits*, Bd. IV. 1980–1988, Hrsg. Daniel Defert, 461–498. Frankfurt a. M.: Suhrkamp bers. [übers. von Michael Bischoff].

Foucault, Michel. 2007. *Ästhetik der Existenz. Schriften zur Lebenskunst*. Frankfurt a. M.: Suhrkamp Verlag.

Frieling-Verlag Berlin. o. J. *Heilen durch Schreiben – Selbstheilung durch Schreibtherapie*. http://www.frieling.de/heilen-durch-schreiben-selbstheilung-durch. Zugegriffen: 10. Okt. 2013.

Funken, Christiane. 2002. Digital doing gender. In *Praxis Internet. Kulturtechniken der vernetzten Welt*, Hrsg. Stefan Münker und Alexander Roesler, 158–181. Frankfurt a. M.: Suhrkamp Verlag.

Gauntlett, David. 2009. Case study. Wikipedia. In *Digital cultures. Understanding new media*, Hrsg. Glen Creeber und Royston Martin, 39–46 Maidenhead: McGraw Hill.

Gillespie, Tarleton. 2014. The Relevance of Algorithms. In *Media Technologies: Essays on Communication, Materiality, and Society*, Hrsg. Tarleton Gillespie, Pablo Boczkowski, und Kirsten Foot, 167–194. Cambridge: MIT Press.

Gutman, Huck. 1988. Rousseau's confessions. A technology of the self. In *Technologies of the self – a seminar with Michel Foucault*, Hrsg. Luther H. Martin, Huck Gutman, und Patrick H. Hutton, 99–120. London: Travistock Publications.

Hills, Matt. 2009. Case study. Social networking and self-identity. In *Digital cultures. Understanding new media*, Hrsg. Glen Creeber und Royston Martin, 117–121. Maidenhead: McGraw Hill.

Horn, Andrea B., und Matthias R. Mehl. 2004. Expressives Schreiben als Copingtechnik: Ein Überblick über den Stand der Forschung. *Verhaltenstherapie* 14 (4): 274–283.

Humphries, Michael L. 1997. Michel Foucault on writing and the self in the meditations of Marcus Aurelius and confessions of St. Augustine. *Arethusa* 30 (1): 125–138.

Jump, Kristen. 2005. A new kind of fame. Columbian Missourian (1. September). http://www.columbia-missourian.com/stories/2005/09/01/a-new-kind-of-fame/. Zugegriffen: 29. Sept. 2009.

Kagle, Steven E. 1979. *American diary literature, 1620–1799*. Boston: Twayne Publishers.

Köhler, Thomas. 2003. *Das Selbst im Netz: Die Konstruktion sozialer Identität in der computervermittelten Kommunikation*. Wiesbaden: Westdeutscher Verlag.

Krämer, Sybille. 1997. Vom Mythos „Künstliche Intelligenz "zum Mythos „Künstliche Kommunikation" oder: Ist eine nicht-anthropomorphe Beschreibung von Internet-Interaktionen möglich? In *Mythos Internet*, Hrsg. Stefan Münker und Alexander Roesler, 83–107. Frankfurt a. M.: Suhrkamp Verlag.

Livingstone, Sonia. 2008. Taking risky opportunities in youthful content creation. teenagers' use of social networking sites for intimacy, privacy and self-expression. *New Media & Society* 10 (3): 393–411.

McFarlane, Alan. 1970. *The family life of Ralph Josselin. A seventeenth-century clergyman*. Cambridge: Cambridge University Press.

McGiffert, Michael Hrsg. 1972. *God's plot. The paradoxes of puritan piety, being the autobiography & journal of Thomas Shepard*. Amherst: The University of Massachusetts Press.

Murray, Germaine. F. 1996. Introduction. In *A critical edition of John Beadle's a jounrall, or diary of a thankfull Christian (The Renaissance Imagination)*, Hrsg. Stephen Orgel, ix–lxxi. New York: Taylor & Francis.

O'Reilly, Tim. 2005. *What is web 2.0. Design patterns and business models for the next generation of software*. http://www.oreillynet.com/pub/a/oreilly/tim/news/2005/09/30/what-is-web-20.html. Zugegriffen: 14. Sept. 2009.

Paulitz, Tanja. 1997. Aneignung oder Ablehnung? Zum feministischen Internetdiskurs. In *Frauen in der Informationsgesellschaft. Fliegen oder Spinnen im Netz?*, Hrsg. Corinna Bath und Barbara Kleinen, 64–74. Mössingen-Talheim: Talheimer.

Paulitz, Tanja. 2005. *Netzsubjektivität/en. Konstruktionen von Vernetzung als Technologien des sozialen Selbst. Eine empirische Untersuchung in Modellprojekten der Informatik*. Münster: Westfälisches Dampfboot.

Pennebaker James, und Sandra K. Beall. 1986. Confronting a traumatic event. Toward an understanding of inhibition and disease. *Journal of Abnormal Psychology* 95:274–281.

Rose, Nikolas. 1993. Government, authority and expertise in advanced liberalism. *Economy and Society* 22 (3): 283–299.

Rose, Nikolas. 1998. *Inventing our selves*. Cambridge: Cambridge University Press.

Rose, Nikolas. 1999. *Governing the Soul*. 2. Ausgabe. London: Free Association Books.

Rosen, Christine. 2007. Virtual friendship and the new narcissism. *The New Atlantis* Summer 2007: 15–31.

Rousseau, Jean-Jacques. 2010. Textausschnitte aus „Die Bekenntnisse". http://wiki.zum.de/Jean-Jacques_Rousseau/Die_Bekenntnisse. Zugegriffen: 14. Nov. 2010.

Schachtner, Christina. 2012. Das Soziale im Kontext digitaler Netzwerke. Auf den Spuren von Bruno Latour. In *Vernetzung als soziales und technisches Paradigma*, Hrsg. Hajo Greif und Matthias Werner, 79–99. Wiesbaden. VS Verlag für Sozialwissenschaften.

Schaff, Philip. 1908–14. *The Schaff-Herzog encyclopedia of religious knowledge Vol IX Petri-Reuchlin.* 4. Aufl. Grand Rapids: Baker Book House. (s.v. Reformation).

Schrock, Andrew. 2009. Examining social media usage. Technology clusters and social network site membership. *First Monday* 14 (1). http://www.uic.edu/htbin/cgiwrap/bin/ojs/index.php/fm/article/viewArticle/2242/2066. Zugegriffen: 12. Feb. 2010.

Shah, Nishant. 2008. Material cyborgs. Asserted boundaries. *European Journal of English Studies* 12 (2): 211–225.

Stanoevska-Slabeva, Katarina. 2008. Web 2.0 – Grundlagen, Auswirkungen und zukünftige Trends. In *Web 2.0. Die nächste Generation Internet*, Hrsg. Miriam Meckel und Katarina Stanoevska-Slabeva, 13–38. Baden-Baden: Nomos Verlagsgesellschaft.

stern.de. 2003. *Sich den Stress von der Seele schreiben* (14. Mai). http://www.stern.de/wissen/gesund_leben/therapie-sich-den-stress-von-der-seele-schreiben-507858.html. Zugegriffen: 10. Okt. 2013.

Turkle, Sherry. 1998. *Leben im Netz. Identität in Zeiten des Internet.* Reinbeck: Rowohlt Verlag.

Turkle, Sherry. 2012. *Verloren Unter 100 Freunden – Wie wir in der digitalen Welt seelisch verkümmern.* München: Riemann Verlag.

Watson, Tom. 2008. *CauseWired. Plugging in, getting involved, changing the world.* Hoboken: John Wiley & Sons Inc.

Westlake, E. J. 2008. Friend me if you facebook. Generation Y and performative surveillance. *TDR. The Drama Review* 52 (4): 21–40.

Wilson, Samuel M., und Leighton C. Peterson. 2002. The anthropology of online communities. *Annual Review of Anthropology* 3 (1): 449–468.

Zhao, Shanyang, Sherri Grasmuck, und Jason Martin. 2008. Identity construction on facebook. Digital empowerment in anchored relationships. *Computers in Human Behaviour* 24: 1816–1836.

Dr Theresa Sauter ist wissenschaftliche Mitarbeiterin im staatlich geförderten Australian Research Council (ARC) Centre of Excellence for Creative Industries and Innovation (http://cci.edu.au/) an der Queensland University of Technology in Brisbane, Australien. Ihre Forschungsschwerpunkte liegen bei Praktiken der Subjektivierung im Kontext digitaler Medien, big data und Gouvernementalität, und der Anwendung soziologischer Theorie zur Interpretation sozialen Wandels.

Österreich Z Soziol (2014) (Suppl) 39:41–60
DOI 10.1007/s11614-014-0130-x

ıÖz^S-

Das pädagogische Portfolio – Die Privatheit der Lehrpersonen in der Öffentlichkeit von Bildungsorganisationen

Michaela Heid

Zusammenfassung Der Wandel des Verhältnisses zwischen Privatheit und Öffentlichkeit zeigt sich nicht nur an der Präsentation des Selbst im Web 2.0, sondern kann auch an sogenannten Selbstlernarchitekturen beobachtet werden. Dazu zählt beispielsweise die Portfolioarbeit an Pädagogischen Hochschulen, in der Studierende und bereits praktizierende Lehrpersonen gegenüber ihrer Berufsgruppe neben ihrer Lerngeschichte, auch Elemente ihrer privaten Biographie präsentieren. Lernprozesse sollen sichtbar gemacht werden, gleichzeitig aber auch das lernende Subjekt selbst. Es zeigt sich, dass mit dieser Portfolio-Variante nicht nur der Mensch in seiner Berufsrolle vermessen und erfasst wird, sondern eben auch als Privatperson. Die Person in ihrer Gesamtheit wird einer (Dauer-)Reflexion unterzogen und zum Thema gemacht, wobei die Frage ist, für wen letztendlich die Selbstbeschreibungen und -darstellungen produziert werden, für sich selbst oder für andere? Und inwiefern lassen sich die von Seiten der pädagogischen Bildungsorganisation an die Portfolio-Autorinnen und Autoren gestellten Reflexionsansprüche mit den Leistungs- und Selbstdarstellungen verbinden und im Portfolio verwirklichen? Diesen Fragen geht der Beitrag anhand der Ergebnisse eines empirischen Forschungsprojektes nach. Diskutiert wird auch, inwiefern die dominante Rolle der Person bei der Portfolioarbeit in die Debatte um Subjektivierung von Arbeit bzw. zur Logik von Subjektivierungsprozessen passt. Das Portfolio legt zumindest nahe, dass die Selbstthematisierung, die Innenorientierung in der Außendarstellung, zu einem normativen Ideal wurde, dem sich nur wenige entziehen können.

Schlüsselwörter Portfolio · Lehrerbildung · Reflexion · Lernen · Leistungsbewertung · Kompetenzen

M. Heid (✉)
Abteilung Forschung, Pädagogische Hochschule Thurgau,
Unterer Schulweg 3,
8280 Kreuzlingen, Schweiz
E-Mail: michaela.heid@phtg.ch

✷ Springer

The educational portfolio: The issue of teachers privacy within educational institutions

Abstract The transformation of the private-/public-relation becomes evident not only in the presentation of the self on Web 2.0, but also in so-called self-learning architectures. These include, for example, portfolio-work at universities of teacher education. In portfolios, students and practitioners present their learning histories by referring to elements of their private biographies. Learning processes as well as the learning subject itself shall be made visible. Engaging with this variant of the portfolio a person is not only recognized and measured as a professional but also as a private person. The entire person is subjected to (permanent) reflection. Based on the results of an empirical research, the paper in hand discusses these questions: Who are the addressees of these self-descriptions and presentations – oneself or others? To what extent are the institutional requirements to self-reflection connected with one's own achievements and self-presentation, and to what extent are they realized in a portfolio? The analysis refers to the debate about the subjectivation of work respectively the logic of subjectivation processes. The results of the portfolio-research suggest, that self-description and turning the inside outside became normative ideals even within the professional public.

Keywords Portfolio · Teacher education · Reflection · Learning · Performance assessment · Competences

1 Einleitung: Die Portfolio-Idee und ihre fragilen Grenzen zwischen Öffentlichem und Privatem

Während es längst eine öffentliche Debatte über die Inszenierung und Zurschaustellung des Privaten in den Medien gibt (vgl. Grimm und Zöllner 2012), scheint das Verhältnis von Privatheit und Öffentlichkeit im beruflichen Kontext wenig Beachtung zu finden und kaum debattiert zu werden. Die Medien waren Vorreiter in dem, was mittlerweile auch im beruflichen Alltag zu beobachten ist: Privatheit wird öffentlich verfüg- und damit verhandelbar. Beispielhaft dafür steht der Einsatz des Portfolio-Konzeptes im pädagogischen Bereich, der Gegenstand der weiteren Ausführungen ist.

Den Beginn soll ein empirisches Fallbeispiel bilden, welches eine gebräuchliche Anleitung zur Selbstbeschreibung im untersuchten Feld der Lehrerinnen- und Lehrerbildung repräsentiert. Besucht man an einer der untersuchten Pädagogischen Hochschulen einen Weiterbildungskurs zum Thema „Persönliches Kompetenzmanagement", so wird man am Ende des Kurses mit folgenden Fragen konfrontiert:

- Wie habe ich die Auseinandersetzung mit den eigenen Kompetenzen erlebt? Was ist mir durch die Erstellung des persönlichen Portfolios bewusst geworden?
- Welche Erkenntnis/welche Einsichten zu meiner Person waren für mich besonders wichtig? Was habe ich gewonnen; wovon muss ich mich verabschieden?
- Welche Schlussfolgerungen ziehe ich? Wie baue ich diese in meinen beruflichen und/oder persönlichen Alltag bzw. in meinen Aktionsplan ein?

 Springer

(Auszug aus einem Dokument des Weiterbildungskurses „Persönliches Kompetenzmanagement")

Bei den genannten Leitfragen geht es demnach erstens um die Bewusstmachung von und die Beschäftigung mit den eigenen Fertigkeiten und Fähigkeiten, zweitens um das Erkennen von Einsichten zu sich selbst als Person, sowie drittens um eine konsequente „Abrechnung" mit sich selbst zur Planung einer Verhaltensänderung (dem „Aktionsplan"). Das geschilderte Vorgehen zur Thematisierung seiner selbst im beruflichen Kontext beinhaltet damit die Vergegenwärtigung, kritische Reflexion und Offenlegung von Vergangenem und Erlebtem sowie den Entwurf eines veränderungswürdigen und zukünftigen beruflichen Selbst. Ein solches Vorgehen taucht im religiösen Kontext unter dem Thema der Gewissensbildung auf. Während im religiösen Bereich die Gewissensbildung jedoch unter Ausschluss der Öffentlichkeit stattfindet, findet sie im pädagogischen Bereich vor einem Publikum und an einem Ort statt, an dem das Verhältnis von Privatheit und Öffentlichkeit diffus erscheint. Das Erzählen geschieht bei der religiösen Beichte immer im Vertrauen darauf, dass das Geäusserte dem Beichtgeheimnis unterliegt. Zentral ist zudem, dass dem (Sünden-) Bekenntnis die Lossprechung folgt, d. h. Absolution gewährt wird. Beim Portfolio ist das Gegenteil der Fall: Hier macht man – und dies gilt insbesondere für die Weiterbildung – die Privatsphäre öffentlich zugänglich; sie wird als beruflich nützlich deklariert. Darüber hinaus beinhalten die pädagogischen Selbstprüfungsinstrumente keine Entlastungsmöglichkeit, vielmehr sehen sich die Portfolio-Ersteller mit der Aufforderung konfrontiert, auch zukünftig ohne Unterlass an sich selbst zu arbeiten und dies im Portfolio darzulegen. Der Beitrag setzt sich im Einzelnen mit folgenden Fragen auseinander:

- Welches Ziel verfolgt die Lehrerinnen- und Lehrerbildung mit dem Portfolio?
- Was ist der Gegenstand der Reflexion und welche Funktion erfüllen die Selbstbeschreibungen?
- Wie sind die Bereiche des Privaten und des Öffentlichen bei der Portfolioarbeit aufeinander bezogen und wo verlaufen ihre Grenzen?

Diesen Fragen wird anhand der Ergebnisse eines empirischen Forschungsprojektes nachgegangen. In unserer Studie erhoben, d. h. beobachteten und dokumentierten wir zwischen 2009 und 2011 den Einsatz des Portfolios in den verschiedenen Phasen der Aus- und Weiterbildung an drei Pädagogischen Hochschulen in Deutschland und der Schweiz. Ziel war es herauszufinden, wie das Portfolio in der Lehrerinnen- und Lehrerbildung institutionalisiert ist bzw. wird. Die eingesetzte Forschungsmethodik umfasste offene, problemzentrierte Interviews, Dokumentenanalyse, Gruppeninterviews sowie Beobachtungen in Seminaren, Kursen und Auswertungsbesprechungen. Einbezogen waren Studierende, Dozierende, Portfolioverantwortliche der Hochschulen, Vertreter von Schulleitungen sowie Expertinnen und Experten des Portfolioinstrumentariums. Nach der Transkription der Interviews wurden diese zusammen mit den Dokumenten und Feldnotizen einer Analyse nach dem Verfahren der ethnographischen Semantik unterzogen. Diese den Sprachwissenschaften entlehnte Analysetechnik zielt im Kern darauf, die Beziehungsnetzwerke von sprachlichen Ausdrücken nachzuzeichnen, die im beobachteten Untersuchungsfeld selbst verwendet werden. Die Sprachgebung spiegelt u. a. auch die organisatorische Differenzierung zwischen

Aus- und Weiterbildung wieder. Während der Begriff „Portfolio" in den Ausbildungsgängen durchgängig verwendet und kaum problematisiert wird, hat sich diese Bezeichnung in den Weiterbildungen nicht durchgesetzt. In der Weiterbildung findet man stattdessen den Begriff des „Persönlichen Kompetenzmanagements". Detaillierte Angaben zum Projekt sowie eine ausführliche Beschreibung der Funktionsbereiche des Portfolios finden sich in Brosziewski et al. (2011).

2 Die Portfolioarbeit in der Lehrerinnen- und Lehrerbildung

Bei der Portfolioarbeit in der Lehrerinnen- und Lehrerbildung handelt es sich um eine Portfolio-Variante, die als Sammlung von Dokumenten und Materialien angelegt ist, welche den eigenen Lernprozess insbesondere die Fortschritte der Lernenden reflektieren und darstellen. „A portfolio is a purposeful collection of student work, that exhibits the student's efforts, progress, and achievements in one or more areas. The collection must include student participation in selecting contents, the criteria for selection, the criteria for judging merit, and evidence of student self-reflection." (Paulson et al. 1991, S. 60) Im deutschsprachigen Raum hat sich vor allem Thomas Häcker (2006, 2011) in seinen Arbeiten mit dem Portfolio befasst. Er beschreibt die Anfänge, indem er das Erscheinen des Portfoliokonzepts in ökonomische Zusammenhänge einordnet: „Das Aufkommen des Portfolioansatzes Mitte der 1980er Jahre geschieht historisch zeitgleich zur Proklamation der Ära des Unternehmertums und der damit in Verbindung gebrachten schnellen Verbreitung neoliberaler Sichtweisen. Es ist nicht zu übersehen, dass sich der Portfolioansatz in besonderer Weise dazu eignet, Lernende in neoliberale Sicht- und Denkweisen einzusozialisieren." (Häcker 2011, S. 53) Im Kontext von Bildung, sei dies an Schulen oder Pädagogischen Hochschulen, ist das Portfolio mit dem Anspruch verbunden, Reflexion zu vermitteln und damit Professionalität im pädagogischen Handeln zu steigern. „Das Portfoliokonzept erweitert konventionelle Vorstellungen über Leistungsfeststellung um den Aspekt der Leistungsdarstellung und zielt damit zugleich auf eine Demokratisierung der Leistungsbewertung." (Häcker 2006, S. 1) Häcker zufolge ist die Portfolioarbeit „notwendig auf eine Kommunikation über Leistungen verwiesen und erzeugt damit eine hohe Transparenz hinsichtlich der Leistungsanforderungen und der Beurteilungskriterien" (Häcker 2011, S. 165).[1] Mit der Reflexion und Darstellung eigenen Lernens ermöglicht das Portfolio für Lehrende also nicht nur Einblicke in die Lernprozesse der Lernenden, sondern auch die Möglichkeit eines Austauschs und einer Kommunikation über die Qualität von Lernergebnissen. Gleichzeitig ist für die Portfolio-Autoren und -Autorinnen die Vergegenwärtigung und Darlegung des Erlebens eigenen Lernens zentral. Damit steht auch und vor allem die Selbstreflexion und Selbstbeschreibung im Mittelpunkt der Portfolioarbeit. Sie soll eine Veränderung des Lernens ermöglichen bzw. eine gezielte Verbesserung der eigenen Praktiken und Strategien des Lernens von ausbildungsbezogenem oder beruflichem Handeln. Die Portfolioarbeit verfolgt demnach mehrere Zielsetzungen: Über sich selbst und das

---

[1] Häcker hat zur Charakterisierung der unterschiedlichen Formen von Portfolioarbeit ein differenziertes Rahmenmodell entwickelt (vgl. Häcker 2011, S. 168).

eigene Lernen nachzudenken, sich und sein Handeln zu beobachten und das eigene Lernen kontinuierlich zu thematisieren. Doch welche Rolle spielen die pädagogischen Institutionen, in deren Rahmen die Portfolioarbeit eingebettet ist?

An den Schweizer Pädagogischen Hochschulen ist das Portfolio als pädagogisches Instrument schon vor einigen Jahren eingeführt worden und in der Ausbildung inzwischen weitgehend institutionell verankert. Bezogen auf die Weiterbildung stellt sich die Situation so dar, dass hier marktwirtschaftliche Überlegungen stärker zum Tragen kommen. Die Pädagogischen Hochschulen bieten Weiterbildungskurse zu unterschiedlichen Themen an, die in Konkurrenz zueinander stehen; somit geht es auch um die Frage, wie attraktiv die bestehenden Angebote für praktizierende Lehrerinnen und Lehrer sind. Während unseres Untersuchungszeitraums kam es vor, dass die Kurse zum Thema „Persönliches Kompetenzmanagement" wegen mangelnder Nachfrage nicht stattfinden konnten. Auch in inhaltlicher Sicht unterscheidet sich die Portfolioarbeit in den Weiterbildungskursen von der in der Ausbildung: Kompetenzentwicklung und Lernen werden in den Weiterbildungskursen zum Portfolio direkt mit Veränderungen der Person in Zusammenhang gebracht. Zum einen geht es darum, dass eine lehrende Person ihre Sichtweise verändern kann und sich dadurch für sie neue Perspektiven eröffnen, zum anderen sind Erfahrungen angesprochen, welche die Person selbst verändern. Hier beinhaltet die Portfolioarbeit nicht mehr wie in der Ausbildung die Darstellung der eigenen Lernentwicklung, des eigenen Könnens und der eigenen Leistungen, sondern die Arbeit am Selbst, die sich vor einem Publikum aus Berufskolleginnen und -kollegen vollzieht und in institutionelle Rahmenbedingungen eingebettet ist.

Im Folgenden soll anhand beispielhafter Ausschnitte aus Interviews aufgezeigt werden, wie Portfolioarbeit konkret aussieht und zwar dadurch, dass die Erwartungen vorgestellt werden, welche die Portfolio-Verantwortlichen an die angehenden und praktizierenden Lehrpersonen haben. Zunächst die Beschreibung einer Kursleitungsperson zu den Inhalten der angebotenen Kurse:

> Bei uns ist es wirklich einfach persönliches Kompetenzmanagement, wo wir im Sinne von einem Ordner die persönlichen Kompetenzen aufarbeiten und ablegen. Im Kurs selber gehen wir den wirklich von A bis Z durch. Und dann ist es einfach nur noch die Frage von in-die-Tiefe-gehen, in-die-Breite-gehen, vom eigenen Leben aufarbeiten, wo sie dann noch neben dem Kurs weiter machen könnten oder zwischen den Kurstagen zwischendrin. Typisch ist eben, dass man fokussiert auf das Thema Lernen und Lernprozesse im eigenen Leben. Ebenfalls typisch, denke ich, ist, dass die Leute angeleitet werden zum eigenen Tun. (Kursleitung, EI T04)

Beim Portfolio geht es demnach um die schriftliche Aufarbeitung der Kompetenzen in Bezug auf das ganze Leben einer Person. Dies geschieht nach Vorgaben eines Ordners, der in den Weiterbildungskursen angeboten wird. Man ordnet dort sozusagen sein Leben von A bis Z ein. Biographie erscheint dabei als etwas, woran man als Lehrperson unter pädagogischen Vorzeichen arbeiten sollte und zwar fortwährend. Damit stellt „das" Portfolio im Kern eine Möglichkeit dar, die eigene Biografie und berufliche Laufbahn im Hinblick auf vorhandene und/oder auszubauende Fertigkeiten und Fähigkeiten aufzuarbeiten. Zum einen geht es um die Erfahrungen, die jede

Lehrperson im Prozess des Lehrens und Lernens macht, zum anderen geht es um die Fähigkeit, Reflexionsprozesse über das eigene Lernen schriftlich darzulegen (d. h. sich selbst als lernendes Subjekt darzustellen). Das Portfolio verweist demnach auf zwei Ebenen: auf die Ebene des Erlebens und die Ebene der Darstellung. Die Frage, die sich daraus ergibt, ist: Was soll da eigentlich erzählt bzw. mit der Portfolioarbeit erfasst werden?

> Eigentlich, die Anteile im Leben von unseren Lehrpersonen, die nicht durch offizielle Zertifikate oder Diplome oder Papiere sowieso belegbar sind. Also Kompetenzen, die sie sich im nicht-formalen Bereich angeeignet haben, im Rahmen vom Leben, in allen Lebensbereichen, wo sie tätig sind, also nicht nur die berufliche Schiene oder die Weiterbildungs-Schiene, sondern ganz stark auch das öffentliche Engagement, das sie haben, oder der private Bereich, dort sind sehr viel Kompetenzen gewachsen, werden angewendet, die den Leuten nicht bewusst sind, die sie auch nicht so aufbereitet haben, dass sie sie präsentieren könnten, auf eine glaubwürdige Art, nachvollziehbar auch belegen, dass sie diese Kompetenzen haben. (Kursleitung EI, T04)

Die Kursleitenden halten die Lehrpersonen dazu an, eine Deutung ihrer Erfahrungen und Lebensgeschichte vorzunehmen, die darauf ausgerichtet ist, biographische Ressourcen zu erkennen und zur Herausbildung pädagogisch verwertbarer Kompetenzen heranzuziehen und in ihr professionelles Handeln einzubinden. Private Erfahrungen und Erlebnisse werden somit unter dem Aspekt ihrer Verwertbarkeit für den pädagogischen Berufsalltag betrachtet und analysiert.[2] Das Portfolio versucht einen Zusammenhang herzustellen, der zuvor noch nicht bestand, und zwar den zwischen privaten Lebensereignissen und beruflichem Alltag. Darüber hinaus soll dieser Zusammenhang als sinn- und bedeutungsstrukturierende Einheit wahrgenommen werden. Am Ende ist zwischen Privat-Person und professionellem Akteur bzw. professioneller Akteurin nicht mehr zu unterscheiden. Das Portfolio dient dazu, inoffizielle private Lebenserfahrungen und die entsprechenden Kompetenzen aufzuzeigen und diese auf eine glaubwürdige Art und Weise, für Außenstehende nachvollziehbar zu dokumentieren. Sicherlich stellt Biographiearbeit als reflexive Auseinandersetzung mit sich selbst eine Form der Identitätskonstruktion dar. Offen bleibt, inwiefern die Portfolioarbeit frei sein kann von jeglichem Anpassungsdruck, denn das An-sich-selbst-und-an-den-eigenen-Kompetenzen-Arbeiten wird vor anderen Kursteilnehmern und Kursteilnehmerinnen präsentiert, mit ihnen diskutiert und danach von den Kursleitenden beurteilt und zertifiziert. Eine Kursleitungsperson sagt zu den Verwendungsweisen des Portfolios Folgendes:

> Entweder in Bewerbungen, Neuorientierungen, dass man so seine Kompetenzen wirklich im Überblick hat und auch kann anwenden z. B. für eine Bewerbungssituation oder in einem Aufnahmeselektionsgespräch, und dann im Rahmen von Mitarbeitergesprächen mit der vorgesetzten Stelle. Also es ist

---

[2] Illouz kommt in Bezug auf die therapeutische Erzählung zu dem Schluss, sie sei inszenatorisch bzw. performativ und „in diesem Sinn mehr als eine Geschichte, weil sie Erfahrung umstrukturiert, während sie sie erzählt" (Illouz 2009, S. 309). Zu Prozessen der (biographischen) Umdeutung bei der Portfolioarbeit siehe Heid (2011).

dann zwar immer noch persönlich, aber ist, ist im Hinblick auf ein Außenziel, nicht einfach für mich selber ordnen und klären und so, sondern es geht jetzt um z. B. Weichenstellungen im Leben, wo nach außen Wirkungen haben. Das Zertifikat ist einfach ein Ausweis darüber, dass du so selbstreflexiv arbeitest, an deiner Berufs- in Klammer Biographie, oder? Und an deinen Kompetenzen. Also du zeigst, ich arbeite so reflexiv an meiner Karriere und auch an meinem Leben mit dieser Art und Weise. (Kursleitung EI, T04)

Mit Außenziel und Karriere spricht die Kursleitung hier zukünftige Verwendungsmöglichkeiten des Portfolios für den weiteren beruflichen Lebensweg an. So können Portfolio-Dokumente z. B. als Instrumente für die Personalentwicklung an Schulen eingesetzt werden. Die eigene Vita wird somit nicht nur zum Objekt ständiger Thematisierung und Beobachtung, sondern gleichzeitig auch zum Gegenstand der Kontrolle und Beurteilung. Hierzu die Aussage einer Schulleitung, die zeigt, dass betreffend Zweckbestimmung der Portfolioarbeit von Seiten der Schulleitungen Fragen aufgeworfen werden.

> Aber wir mussten davon abkommen, dass wir sagen, das kann man eigentlich einführen und dann Daten daraus ziehen, das ist auch noch, (…) noch die Frage, wie macht man das, also wie kann man sinnvoll aus dem persönlichen, diesem persönlichen Kompetenzmanagement heraus Daten generieren für die Schulleitung, für uns, die wir nachher davon Entwicklungsbedarf ableiten können. Das ist, mein ich noch, auch für uns eine nicht ganz geklärte Frage. (Schulleitung, EI T06)

Lehrpersonen werden in den Kursen also nicht nur angeleitet und geschult, die eigenen Fertigkeiten und Fähigkeiten zu erkennen, sondern diese auch zur Diskussion zu stellen. Das bedeutet, dass hier narrative und performative Aspekte zusammenkommen. Dadurch, dass die Lehrpersonen die Portfolioarbeit nicht für sich alleine machen, sondern im Wissen um Beobachtung, Beurteilung und Zertifizierung, wird das Geschehen zu einer Darstellung, bei der die Beobachtung und die Wirkung konstitutiv sind. Ein Schulleiter beschreibt es so:

> Eben, wenn eine Lehrperson gefordert ist: Mach einen Werbespot, sag, was du alles gut kannst, dann ist das für sie in der Regel eher schwierig. (…) Wir haben das gemerkt, wir sind eher so sozialisiert, man sagt nicht, was man kann. Das sollen die Anderen merken. Und das ist natürlich nicht Portfolio. (...)
> Also, eine gute Selbstwahrnehmung, ein gutes Selbstbewusstsein, in diesem Sinn ist wahrscheinlich eine wichtige Voraussetzung. Das haben wir auch gesehen, also dieses Wort Selbstbewusstsein bekam eine ganz andere Bedeutung mit dem Portfolio. (…) dass man sich eben wirklich bewusst ist, was man darstellt, also, was man kann. (Schulleitung, EI T06)

Wenn die Schulleitungsperson die Portfolioarbeit sogar als Werbung in eigener Sache beschreibt, die ein gutes Selbstbewusstsein voraussetze bzw. erfordere, dann stellt sich doch die Frage, wie es gelingen kann, den individuellen Erfahrungshintergrund reflexiv zu durchleuchten und gleichzeitig für sich selbst zu werben.

Wichtig scheint aus Sicht der Institution zu sein, dass Portfolio-Verfasser und -Verfasserinnen zeigen und ausweisen, dass sie überlegt und dauerhaft an der eigenen Bildungsbiographie arbeiten. Dass die Auseinandersetzung mit sich selbst problematisch, womöglich sogar schmerzhaft sein kann, zeigt exemplarisch folgende Aussage einer Kursleitungsperson; sie macht zudem auch deutlich, dass „Biographiearbeit" sorgfältig, d. h. professionell angeleitet und begleitet werden muss.

> Es brechen manchmal auch Sachen auf, also nicht jetzt arg, aber es brechen Sachen auf. Ich meine, wir machen immerhin Biographie-Arbeit und da kann einiges passieren. (...)
> Professionalität vom Wie-man-es-macht ist mir sehr wichtig. Ich finde, das sind Prozesse, die ausgelöst werden, wo sehr stark im Bereich psychologisch ähm tiefgreifend Sachen auslöst in den Leuten und darum ist es sehr sorgfältig zu machen. (Kursleitung EI, T04)

Dass es bei der Portfolioarbeit aufgrund des Selbstdarstellungscharakters und der formal geforderten Preisgabe von Persönlichem, Privaten auch zu Widerständen auf Seiten der Lehrpersonen kommen kann, zeigen die Aussagen einer Schulleitungsperson.

> Aber es war uns schon klar, dass es nicht so einfach ist, so etwas einfach zu verordnen und ein Stück weit geht's auch in die Persönlichkeit, das greift so auf die persönliche Entwicklung zurück. Und das ist klar, dass das (…) bei gewissen Lehrpersonen weckt das Widerstand.
> Also, wie gesagt, das waren Leute, die wussten eigentlich auf was sie sich einlassen. Die konnten das freiwillig entscheiden, die waren interessiert daran, sich mit sich auseinanderzusetzen. (…) aber die Selbstdarstellung ist ein Stück weit Selbstoffenbarung, da könnte natürlich, ist so die Frage: Was präsentiere ich von mir? Was nachher gar nicht für mich, positiv, (…) zu Positivem führt? Muss ich da nicht Dinge von mir preisgeben, die dann negativ für mich verwendet werden, oder so? Das ist sicher eine Problematik. Also, es ist, ich sage, Portfolio einzuführen in einem System, das nur Beurteilung kennt, Fremdbeurteilung, ist an und für sich sicher eine grosse Hürde. (…) Das ist unser Problem, wenn wir eigentlich sagen: Wir möchten wissen, wie jemand steht, weil wir ganz bestimmte Absichten haben damit, dann kann es da ganz gut sein, dass einfach ein Portfolio präsentiert wird auf einen bestimmten Zweck hin. (…) Das ist eine ungelöste Frage, Problemstellung. (Schulleitung, EI T06)

Mit der Aussage, dass ein Portfolio auf einen bestimmten Zweck hin präsentiert werde, spricht die Schulleitung das Heranziehen der Portfolioarbeiten als Leistungsvorlagen für Schulleitungen an. Es liegt nahe, dass dies in der Folge ein strategisches Verhalten der Lehrpersonen provozieren kann.

Obschon das Portfolio auch unter dem Titel Lerntagebuch geführt wird, geht es nicht wie beim traditionellen Tagebucheintrag um die Selbstthematisierung für sich alleine. Im Gegenteil: Das Portfolio ist ausgerichtet auf die institutionelle Leserschaft, die vorgibt, wie diese Selbstthematisierung zu erfolgen hat. Entsprechend ist in Bezug auf die Portfolioarbeit aus institutioneller Sicht die Beurteilung der „richtigen" oder „falschen" Darlegungspraxis der Lehrpersonen eine wichtige Aufgabe bzw. aus Sicht der Portfolioautorinnen und -autoren das Bestehen dieser institutionellen Prüfung ihres „Bekenntnisses". Diese autobiographische Äußerung darf nicht beschönigend sein, sondern soll idealerweise einen aufrichtigen und authentischen Blick auf das Leben werfen. Die Begriffe der Glaubwürdigkeit und der Authentizität spielen dementsprechend als Bewertungskriterien der Darstellungen eine wesentliche Rolle. Beim Portfolio bedeutet authentisch sein, nicht nur *sein, wie man ist*, sondern *sich den anderen auch so zu zeigen*. Das Aufrichtigkeitsgebot heißt: Zeige (uns), wer Du wirklich bist. Wer nun gegenüber der professionellen Öffentlichkeit gegen dieses Gebot verstößt, wird im Rahmen der institutionellen *Darstellungs*kontrolle identifiziert und – dies gilt für die Ausbildung – durch schlechte Noten oder nicht bestandene Prüfungen sanktioniert.

In einem Gruppeninterview beschreiben Studierende die Prüfungsanforderungen aus ihrer Sicht:

S1:   Man muss sich gut verkaufen können.
S2:   Wer ein guter Rhetoriker ist, mit Worten gut umgehen kann, (…) hat die gute Note dann. (Gruppeninterview AB, T15)

Hier klingt an, dass der überzeugenden Darstellung eine wichtige Rolle zukommt. Das Performative und das Narrative sind nicht zwei voneinander getrennte Kategorien, sondern Aspekte eines Prozesses, bei dem es um die Frage geht: Wer stellt sich wem mit welcher Erwartung und in welcher Rolle wie dar? Und in einem weiteren Schritt ist zu fragen: Was wird beurteilt? Lernerfahrungen, d. h. was in Bezug auf das eigene Lernen erlebt wurde oder die Form und Qualität, wie das Erlebte dargestellt wird?

Für die Portfolio-Verantwortlichen im Ausbildungskontext scheint wichtig zu sein, dass das im Portfoliobeitrag Geschriebene „aus der eigenen Feder" stammt und sich auf selbst Erlebte, d. h. eigene Praxiserfahrungen, bezieht. „Bekenntnisse", so formuliert es Sabine Reh, „dienen der Formulierung von Individualität; konstitutives Merkmal der Bekenntnisse ist die Aufrichtigkeitstopik" (2004, S. 178). Für beide Bereiche, die Ausbildung wie die Weiterbildung gilt, dass etwas genuin Unsichtbares (das Lernen als Aktivität) sichtbar gemacht und authentisch dargestellt werden soll. Dabei findet quasi „unter der Hand" eine Verschiebung statt vom Sachverhalt des Lernens hin zur Persönlichkeit des Lernenden. Das Individuum wird dadurch in die Lage versetzt, sich als authentisch zu inszenieren oder aber – gelingt ihm dies nicht – als unaufrichtig zu gelten. Bei der Portfolioarbeit tritt das (lernende) Subjekt in den Fokus, wobei die ablaufenden autobiographischen Prozesse nicht (wie bei der Beichte) im Verborgenen, sondern in der Öffentlichkeit stattfinden. Die Frage stellt sich, welche Funktion diese Selbstauskunft unter pädagogischen Vorzeichen erfüllt.

3 Funktion der Selbstbeschreibung

Die Selbstauslegung hat in der Lehrerinnen- und Lehrer-Ausbildung wie auch in der Weiterbildung eine ähnliche Funktion. Sie dient dem Nachweis von Qualifikation. In der Ausbildung ist das Selbstbekenntnis als Aufnahme- oder Initiationsritual konzipiert. Besteht man die Prüfung, ist man in den Kreis derjenigen aufgenommen, die qualifiziert sind, Lernprozesse anzuleiten bzw. zu gestalten. Mit dem Bekenntnis in der Portfolioarbeit und der Anerkennung dieser Leistung erbringt man den sichtbaren Qualifikationsnachweis, dass man würdig ist, in den Kreis der Professionellen aufgenommen zu werden.

Der geschilderte Qualifizierungsaspekt gilt für die Lehrpersonen in der Weiterbildung umso mehr. Hier dient das Bekenntnis noch eindeutiger dazu, Unsichtbares in die Sichtbarkeit zu überführen, d. h. sich nicht nur als Berufsmensch sondern gerade auch als Person – also möglichst umfassend – in der Gesamtheit gegenüber dem Kollegium sowie später im Anschluss an die Kurse gegenüber der Schulleitung zu präsentieren. Es wird dabei nicht nur ein angestrebter Erkenntnisgewinn über die eigenen beruflichen Fähigkeiten und Kenntnisse dokumentiert, sondern auch vorher Privates veröffentlicht und einer Zertifizierung unterzogen, wie z. B. Elternschaft, Freizeitbeschäftigungen oder andere Bereiche des privaten Lebens. Beim Kompetenzmanagement in der Weiterbildung spielt die Selbstauslegung insofern eine Rolle, als man sich schon als praktizierender „Profi" ausweist und nachweist, dass man bereit ist, kontinuierlich, gezielt und dauerhaft „an sich selbst zu arbeiten". Hier ist die Portfolioarbeit eine Aufforderung zum professionellen Dauerbekenntnis, bei dem man sich und seine eigenen Kompetenzen zeigt und dadurch soziale Anerkennung gewinnt: Man dokumentiert, dass man eine professionelle Lehrperson *ist*.

Die geforderte Selbstdarstellung ähnelt einer Bewerbungssituation, das legen sowohl die Aussagen der Kursverantwortlichen wie auch die Beobachtungen der Kurse nahe. Kursteilnehmer und -teilnehmerinnen beschreiben die mit dem Weiterbildungs-Portfolio verbundene Aufgabenstellung wie folgt:

LP1:   Es war ein P ein Porträt.
LP2:   Ja, ein Porträt.
LP1:   Ja, auf die Stärken bezogen quasi. Si.. ein sich Anpreisen, ja.
LP2:   Ja, mhm. (Gruppeninterview mit Lehrpersonen, T13)

Beim Weiterbildungs-Portfolio handelt es sich nicht direkt um eine Inszenierung des Privaten, als vielmehr um eine Inszenierung von sich selbst als Lehrperson unter der Heranziehung der privaten Sphäre, d. h. unter Einbezug der privaten Lebensführung. Gerade die Selbstdarstellung bzw. die Frage der Souveränität im Umgang mit Inszenierung und Darstellung können die von den Portfolioverantwortlichen geforderte Praxis der Reflexivität jedoch erschweren und blockieren. Hahn stellt in diesem Zusammenhang fest: „Der Hang, sich selbst zum Thema zu machen, entspringt keinesfalls einem „natürlichen" Instinkt, sondern beruht auf institutionellen Veranlassungen." (Hahn 1995, S. 127) So sei das Reden über sich selbst an spezielle Voraussetzungen geknüpft, „weil wir ja Zuhörer, Leser, Zuschauer brauchen, um uns zu offenbaren." (ebd.).

Peter Alheit (1995, 2011) arbeitet mit dem Begriff der Biografizität und beschreibt damit die Chance und den Zwang, das Leben selbst zu gestalten. Die Möglichkeit sich biografisch zu artikulieren, ist Alheit zufolge in der Postmoderne inflationär geworden. „Über sich zu reden oder zu schreiben, vor sich und anderen sein Innerstes preiszugeben, seine Schuld zu gestehen, sich öffentlich zu schämen, sein Leben privat oder sogar vor einem Millionenpublikum zu erbaulichen oder unterhaltsamen, therapeutischen, juristischen, religiösen oder ästhetischen Zwecken darzustellen, gehört zum aktuellen Medien-Alltag." (Alheit 2011, S. 7) Auch im Portfolio werden persönliche Erfahrungen, Begebenheiten und Pläne, d. h. eine Fülle von auf das Privatleben bezogenen Informationen preisgegeben, die Kursteilnehmerinnen und -teilnehmer stellen Privates „freiwillig" öffentlich zur Schau.[3] Geht es im Portfolio womöglich nur um den performativen Modus des Sich-Darstellens und darum, sein Selbst zum öffentlichen Gegenstand zu machen, auf sich aufmerksam zu machen und sich gut zu präsentieren?

Selbstdarstellung sieht Michaela Pfadenhauer als ein Wesensmerkmal professionellen Handelns schlechthin; sie begreift Professionalität daher wesentlich als ein Inszenierungsproblem. Wahrnehmbar sei nicht Leistung als solche, sondern immer und prinzipiell nur der Ausdruck, d. h. die Darstellung – man könnte auch sagen Inszenierung – von Leistung. Aus dieser inszenierungstheoretischen Sicht ist Professionalität als eine soziale Etikettierung zu begreifen, denn Professionalität ist, wie Pfadenhauer darlegt, eben keine unmittelbar sichtbare Qualität eines Akteurs, sondern ein über Darstellungen rekonstruierbarer Anspruch. „Der Erfolg von Kompetenzdarstellungen hängt davon ab, ob sie erkannt und anerkannt werden. Er hängt nicht davon ab, ob der, der als kompetent dargestellt wird, tatsächlich kompetent ist (…)." so Pfadenhauer (2003, S. 116). Portfolio wäre aus dieser Perspektive weniger ein Instrument der Kompetenzdiagnostik und Professionalisierung als vielmehr ein Kompetenz- und damit Professions-Darstellungsinstrument (vgl. Heid 2011).

Kommen wir nochmals auf die Beichte zurück. Hier dient das Bekenntnis dazu, nicht nur die Wahrheit über sich selbst zu suchen und diese auszusprechen, sondern auch Belastendes (eigene Verfehlungen und Schuld) loszuwerden, sich durch die wahrheitsgemäße Äußerung Entlastung zu verschaffen. Das Erzählen geschieht dabei immer in dem Vertrauen darauf, dass das Geäußerte dem Beichtgeheimnis unterliegt und einem festen religiösen Ritus folgt. Die Architektur des Portfolios ist im Gegensatz dazu so gebaut, dass es für die Akteure keine blickgeschützten Räume gibt. Die Thematik von privat und öffentlich ist darin im Dreiecksverhältnis von Autor(Innen), Text und Leserschaft angesiedelt.

4 Verhältnis von privater und öffentlicher Sphäre – Das Publikum als Teil der Inszenierung

Indem die Portfolio-Verfasserinnen und Verfasser ihre Darstellung von Privatem an Berufskolleginnen und -kollegen adressieren, können letztendlich sie als Akteure und Akteurinnen bestimmen, was privat bleiben und was öffentlich werden soll. Die Frage ist allerdings, wie frei diese Wahl tatsächlich ist. Indem das Publikum beobachtet, kontrolliert und in Person der Kursleitenden am Ende auch bewertet, ist es immer schon Teil der Selbstdarstellung von sich selbst als „professionelle" Lehrperson. Berufskolleginnen und -kollegen, auch wenn man nicht mit jedem täglich interagiert, können bedeutsame Personen sein und durchaus relevant für das Konzept, das man vor ihnen von sich selbst entwirft. Ein Sich-Darstellen ist stets Selbstdarstellung in

---

[3] Der Schutz der Privatsphäre war für die von uns interviewten Personen kein diskussionswürdiges Thema, auch wenn für die Erstellerinnen und Ersteller der Portfolios mit der öffentlichen Präsentation von privaten Lebensbereichen immer wieder Fragen nach der Außenwirkung auftraten.

sozialen Situationen, in denen auch die Erwartungen von Seiten des Publikums eine große Rolle spielen. Seit Goffmans (1959) „The presentation of self in everyday life" kennen wir die Regeln und Techniken der Selbstdarstellung, mit denen Akteure sich gegenüber anderen präsentieren und darstellen.

Die Adressaten und Adressatinnen von (Selbst-)Darstellungen fasst man gerne mit einem so ungenauen Begriff wie Öffentlichkeit, weil es sich i.d. R um eine „anonyme" Gruppe handelt, deren Struktur nicht weiter bekannt ist. Bei der Präsentation im Rahmen des Ausbildungs- und Weiterbildungs-Portfolios sind die Adressaten und Adressatinnen bekannt. Dennoch handelt es sich um eine Situation, die als öffentlich bezeichnet werden kann, und zwar deshalb, weil das Erleben der Akteure entscheidend ist und wie sie die „institutionelle" Handlungssphäre einschätzen, in der sich die Selbst-Darstellungen vollziehen. Hier zeigt sich die Diskrepanz des Portfolios: Die Reflexionen, die man für sich macht und anstellt, sind noch privat; die Darstellung der Ergebnisse dieser Reflexionstätigkeit ist bereits öffentlich. Die Auswirkungen dieser „Privat-Öffentlich-Diskrepanz" kommen in Interviewaussagen insofern zum Ausdruck, als Portfolio-Verantwortliche z. B. von Halböffentlichkeit sprechen:

> Also das sind zum Teil also das sind ähm wirklich zum Teil sehr persönliche Dokumente. Und die (…) Da gehe ich vertraulich um damit. Das ist klar. Also das machen wir alle. (…) Es ist ein… Das Portfolio ist eigentlich ein halböffentliches Dokument.
> Nachfrage der Interviewerin: *Halböffentlich?*
> Halböffentlich, genau. Also es… Es wird von der Mentoratsperson oder von… Es wird von den Prüfenden gelesen. (…) Also es darf nichts kopiert werden, auch von diesen Beispielen, die wir haben. Die sind verschlossen. Da haben die Mentoratspersonen Zugang. (…) Also wir gehen… ich finde, wir müssen sehr sorgsam damit umgehen, weil das wirklich… Und der dann Studierende mit, die ganz persönliche Sachen drin haben und finden, ich möchte jetzt mein Portfolio nicht zur Verfügung stellen, dann ist das auch klar. Also da fragen wir. Das sind jeweils pro Jahr sind das etwa acht oder so, die wir fragen, ob wir eine Kopie machen dürften, eben genau für diesen Zweck, für intern. (Portfolio-Verantwortliche Ausbildung, EI T05)

Hier deutet sich an, dass es durchaus Unsicherheiten im Umgang mit „persönlichen Dokumenten" der Studierenden gibt. Auf der Seite der Portfolio-Verfasserinnen und Verfasser bestehen im gleichen Maße Unsicherheiten, wie sich im folgenden Beispiel einer bereits praktizierenden Lehrperson zeigt, die ihre Erfahrung aus einem Weiterbildungskurs beschreibt. Die Kursteilnehmer und -teilnehmerinnen waren darin aufgefordert worden, sich Personen zu suchen, die ihnen eine schriftliche Rückmeldung zu ihrer Person geben.

> Also wir hatten ja auch schon so Austausche und Beurteilungen und Videoaufzeichnung, aber so so in dem Sinn so schriftlich von verschiedenen Seiten, musste ich es noch nie machen. Und als wir den Auftrag bekommen haben, habe ich auch schon ein bisschen gemerkt, es ist ein bisschen eine Hemmschwelle da. Und das einmal jetzt zu machen, fand ich noch gut. Vielleicht kann

man sie auch [das] nächste Mal wieder leichter dann überwinden von sich aus. (Gruppeninterview mit Lehrpersonen, T13)

Um sich mit der Meinung bzw. Einschätzung der eigenen Person durch Außenstehende, seien dies Bekannte, Kollegen und Kolleginnen oder Vorgesetzte, zu konfrontieren, gilt es also aus Sicht der beteiligten Akteure und Akteurinnen eine Hemmschwelle zu überwinden. Private und öffentliche Sphäre überschneiden sich hier deutlich und sind bei dieser Portfolio-Form nicht mehr zu trennen. Die Differenz zwischen öffentlich und privat zu fassen, ist generell schwierig, weil es sich um ungenaue Begriffe handelt, die Differenzmarkierung jedoch Genauigkeit unterstellt. Es kommt immer darauf an, aus welcher Perspektive man die Frage nach der Strukturierung von öffentlicher und privater Sphäre stellt. Während in politikwissenschaftlichen Diskursen der sich als Öffentlichkeit formierende Staat und seine Institutionen im Vordergrund stehen, betonen soziologische Analysen dagegen eher die Perspektive sozialer Handlungsräume und institutioneller Wandlungsprozesse. Gemeinsam ist beiden Herangehensweisen, dass Theorien der Öffentlichkeit dominieren, während Privatheit demgegenüber eine Kategorie ist, die stärker in der feministischen Theorie eine Rolle spielt (Stichwort: Das Private ist politisch). Grimm und Neef zeichnen den Wandel des Privatheitskonzeptes ideengeschichtlich und medienhistorisch nach und sehen im Fernsehen ein wichtiges Medium, das „zur Kultivierung eines dynamischen Konzepts von Privatheit und Öffentlichkeit beigetragen und eine Kultur des medialen Selbst-Exponierens begünstigt" hat. „Sich im öffentlichen Raum privat zu zeigen, erscheint nicht nur legitim, sondern für viele No-Names erstrebenswert" (Grimm und Neef 2012, S. 45).[4] Lässt sich so auch erklären, weshalb Lehrpersonen kaum Widerstände gegen eine öffentliche Präsentation ihrer Vita vor einem Publikum aus Berufskolleginnen und -kollegen zeigten?

Die Unterteilung in eine private und öffentliche Sphäre erfüllt die Funktion eines Wahrnehmungsmusters von Realität, mit dem soziale Beziehungen erlaubt oder verboten, d. h. reguliert werden. In Bezug auf das Portfolio wird den Akteuren und Akteurinnen dann Legitimität zugesprochen, wenn sie bereit sind, Offenheit gegenüber den institutionellen Erwartungen zu zeigen und individuelle private Aspekte in übergeordnete Bezüge einzuordnen, d. h. ein Zusammenhang zu beruflichen Zielsetzungen herzustellen. Demzufolge erscheinen Privatheit und Öffentlichkeit letztendlich als Perspektiven des Subjekts (vgl. Hitzler 1985). Dirk Baecker spricht von Öffentlichkeit als einer Operation, bei der Subjektivierung und Objektivierung, Handlung und Adressierung, Zurichtungen dieser Operation sind, sozusagen als ein Bereich der Beobachtung und Kommunikation (vgl. Baecker 1996, 2005, 2007). In Anlehnung daran können Privatheit und Öffentlichkeit im Kontext der institutionell geforderten Selbstauslegung beim Portfolio nicht als fixe Orte, sondern als relationale Räume bzw. diskursive Begriffe gefasst werden, die Aushandlungen über die Verschränkungen der beiden Dimensionen ermöglichen. Das Medium Portfolio verschränkt in diesem Sinne nicht nur zwei Reflexionen miteinander, die der Portfolio-Autorinnen und Autoren mit denen der Bildungsorganisation (ausführlich dazu in Brosziewski et al. 2011), sondern auch die private und öffentliche Sphäre.

---

[4] Zum Privatheitskonzept siehe auch Weiss und Groebel (2002).

5 Selbstkontrolle – Institutionelle Kontrolle – Kontrollverlust: Widerspruchslagen beim pädagogischen Portfolio

Die bisherigen Ausführungen verbanden eine Daten darstellende mit einer interpretierenden Dimension. Zum Schluss möchte ich daher nochmals eine stärker theoriegeleitete Betrachtung hinsichtlich der institutionellen Portfolio-Praktiken anstellen.

Die Portfolio-Architektur dient dazu, offen zu legen, was sonst verborgen bliebe und bietet für die Pädagogischen Hochschulen die Möglichkeit, zielgerichtet und in einer gewissen hierarchischen institutionellen Logik dieses neu gewonnene (Herrschafts-) Wissen zu nützen. Wer seine privaten Daten im Portfolio entäußert, entlässt sie damit aus der eigenen Verfügungsgewalt und Kontrolle. Deleuze zufolge haben die Kontrollgesellschaften die von Foucault dem 18. und 19. Jahrhundert zugeordneten Disziplinargesellschaften abgelöst (vgl. Deleuze 1993). Deleuze prognostizierte zu Beginn der 1990er Jahre, dass wir am Beginn von etwas Neuem stehen. Für das Schul-Regime zeichnete sein Blick auf die Zukunft folgendes Bild: „Die Formen kontinuierlicher Kontrolle und die Einwirkung der permanenten Weiterbildung auf die Schule, dementsprechend die Preisgabe jeglicher Forschung an der Universität, die Einführung des „Unternehmens" auf allen Ebenen des Bildungs- und Ausbildungswesens" (Deleuze 1993, S. 261).

Unter dem Aspekt der Qualitätssicherung und der Forderung nach Eigenverantwortlichkeit liegt mit dem Portfolio nicht nur ein Konzept der Selbstauskunft vor, bei dem das Verhältnis von Freiwilligkeit und Zwang, von Beobachten und Beobachtet-Werden höchst ambivalent ist, sondern ein System der institutionellen Kontrolle. Was die Selbstauskunft beim Portfolio betrifft, so erinnert sie an ein Merkmal, das Voß und Pongratz (1998) zur Kennzeichnung des „verbetrieblichten Arbeitskraftunternehmers" beschreiben. Sie beschreiben neben einer verstärkten Selbstökonomisierung seiner Arbeitsfähigkeiten sowie einer erweiterten Selbstrationalisierung als drittes Merkmal die erweiterte Selbstkontrolle über die Bedingungen seiner Arbeit. Ablesbar sind die beiden letzten Merkmale an einer Verbetrieblichung der gesamten Lebensführung. Die pädagogische Tätigkeit umfasst und erfordert die ganze Person, dennoch entzog sich bisher gerade die Persönlichkeit einer methodisch-reflexiven Kontrolle; das Persönliche blieb als eine nicht weiter explizierbare Restgröße stehen. Demgegenüber setzt das Portfolio an der Person, ihrer Biographie, d. h. letztendlich an der „Personalen Kompetenz" an. Sie rangiert in der Weiterbildung deutlich über einer Fach- oder Methodenkompetenz. Die starke Orientierung an der Person – indem das gesamte Leben und nicht nur berufliche Aspekte im Blick stehen – korrespondiert mit Veränderungen in der Arbeitswelt, die unter dem Begriff der Entgrenzung von Arbeit zusammengefasst werden (vgl. Gottschall und Voß 2003). Beschrieben wird damit die Beziehung bzw. die Grenzziehungen zwischen Erwerbsarbeit und anderen Lebensbereichen, die sich aufgelöst haben.

Es sollte deutlich geworden sein, dass die Veröffentlichung des Privaten bei der Portfolioarbeit in organisatorischen Zusammenhängen stattfindet und die skizzierten Erwartungen von reflexiver Aufarbeitung, narrativer Ausarbeitung sowie von performativer Präsentation des Lernens vor einem öffentlichen Publikum grundlegende Fragen aufwerfen. Diese Erwartungen, die in der Personalführung, Ressourcenplanung und Qualitätssicherung immer relevanter werden, sind Teil eines organisato-

rischen Rahmens, und zwar der Lehreraus- und -weiterbildung. Es wurde versucht darzulegen, was man beim Portfolio beobachten kann: Inwiefern derartige Praktiken der Selbstdefinition und Selbstbeschreibung die Verhältnisse von Privatheit und Öffentlichkeit verschieben und neu definieren. Im Hinblick auf das Verhältnis der Person zu ihren beruflichen Rollenzusammenhängen kann abschließend gefolgert werden, dass die Portfolioarbeit eine Funktionalisierung des Privaten bedeutet.

An dieser Stelle sei auf die Arbeiten von Michel Foucault verwiesen, der versucht hat, eine Verbindung herzustellen zwischen den Technologien der Beherrschung anderer und den Technologien des Selbst. Er geht in seinem Text „Technologien des Selbst" (vgl. Foucault 1993) auf verschiedene Traditionen von Selbsttechniken ein, u. a. auf die christliche Tradition der Wahrheitsverpflichtung. Zur Wahrheit zu gelangen sei eine Folge der Selbsterkenntnis, verbunden mit Selbstenthüllung und der Verpflichtung zur *exomologesis*. „*Exomologesis* war ein Ritual, das die Anerkennung seiner selbst als Sünder und Büßer gebot." (Foucault 1993, S. 53) „Der Büßer ist das Aggregat des manifestierten Bußverhaltens, der Selbstbestrafung ebenso wie der Selbstoffenbarung. Die Akte, durch die er sich selbst bestraft, sind nicht zu unterscheiden von den Akten, durch die er sich selbst offenbart. Selbstbestrafung und freiwillige Selbstenthüllung sind miteinander verknüpft." (Foucault 1993, S. 54) Dieser Aspekt, dass die Selbstenthüllung nicht nur die Funktion erfüllte, sich von Sünden zu befreien, sondern „das wahre sündige Wesen des Sünders aufzudecken" (Foucault 1993, S. 55), scheint in diesem Zusammenhang interessant. „Es ging nicht darum, dass der Sünder seine Sünden erklärte, sondern darum, dass er sich als Sünder präsentierte" (ebd.). Die Aufdeckung, zu zeigen, wer man ist, und die Tatsache der öffentlichen Selbstdarstellung sind von zentraler Bedeutung; dies kann auch für die Portfolioarbeit an Pädagogischen Hochschulen Geltung beanspruchen. Das Portfolio-Konzept könnte man daher als eine Selbsttechnik fassen, bei der primär nicht Selbsterforschung und Selbsterkenntnis im Fokus stehen, sondern vielmehr Selbst-Darstellung und Selbst-Präsentation.

Der Soziologe Alois Hahn hat Foucaults Techniken des Selbst durch den Begriff der Biographiegeneratoren ergänzt (vgl. Hahn 1982). Er fasst mit dem Begriff Institutionen und Praktiken, die Menschen dazu veranlassen, über ihr Leben nachzudenken und biographisch geordnet darüber Auskunft zu geben. Unter den Biographiegeneratoren nimmt die Beichte einen prominenten Platz ein. In der Beichte dienen die Selbstauskunft und das Bekenntnis dazu, nicht nur eigene Verfehlungen und Schuld einzugestehen, sondern sich zudem durch die wahrheitsgemäße Äußerung Entlastung zu verschaffen. „Die klassischen Institutionen der Selbstthematisierung – Beichte, Psychoanalyse und Interview – hatten sich als aus dem Alltag herausgehobene Formen entwickelt, in denen die Selbstthematisierung unter Anleitung von Experten oder zumindest mit professioneller Teilnahme geschieht." (Burkart 2006, S. 13) Beim Portfolio leiten Vertreterinnen und Vertreter der Pädagogischen Hochschulen dazu an, das Leben in einer ganz bestimmten Art und Weise anzusehen und zu reflektieren.

Andreas Reckwitz (2006) analysiert in seiner Arbeit „Das hybride Subjekt" die Selbsttechnologien unter subjektgeschichtlicher Perspektive und rekonstruiert drei hegemoniale Subjektkulturen: Das „moralisch-souveräne Subjekt" der bürgerlichen Moderne, das „nachbürgerliche Angestelltensubjekt" der organisierten Moderne und das „konsumtorische Kreativsubjekt" der Postmoderne. Das Kreativsubjekt ist ent-

standen durch den ständigen Wettbewerb zwischen „eigeninteressierten und selbstverantwortlichen Individuen" (vgl. Reckwitz 2006, S. 506 ff.).[5] Der ästhetischen und darstellenden Überformung kommt im kreativen Prozess eine zentrale Rolle zu (vgl. Reckwitz 2006, S. 516 ff.). Auch die Portfolioarbeit erfordert ein ausgeprägtes Darstellungsvermögen der Akteure und Akteurinnen: Es werden diejenigen belohnt, die sich am besten „verkaufen" können. Die Interviewbeispiele haben gezeigt, dass bei der Portfolioarbeit eine Wettbewerbssituation unter den Lehrpersonen erzeugt wird, in der sie aufgefordert sind, sich möglichst vorteilhaft – eben wie in einem Werbespot – zu präsentieren.

Die Entwicklung moderner Selbsttechniken ist ohne die Existenz heutiger Informationstechnologien nicht zu denken. Reichert weist darauf hin, dass erst durch die exponentielle Verbreitung moderner Informationstechnologien und neuen Vernetzungsstrukturen im Internet kollektive Beziehungen entstanden seien, die vorher unmöglich waren. „Damit einhergehend ist eine spezifische Medienkultur der Selbstpraktiken entstanden, die vielfach die Form der Selbstführung und Bekenntnis, von Buchführung und akribischen Leistungsvergleich, von experimentellem Selbstverständnis und Selbstinszenierung als ästhetische Praxis, annimmt." (Reichert 2008, S. 7) Reichert zufolge sind die „neuen Ausdifferenzierungen der digitalen Kommunikation (…) von einem emphatischen Individualitätskonzept geprägt: Weblogs, Wikis und soziale Netzwerkseiten fungieren als subjektzentrierte Praktiken und Machtverhältnisse, die von den Internetnutzern die Bereitwilligkeit abverlangen, immer mehr Informationen und Daten über die Person und ihr Leben zu veröffentlichen (…)." (ebd.). Man könnte einwenden, dass der Einzelne dennoch immer frei entscheiden kann, was er im Netz von sich preisgeben will bzw. ob er überhaupt im Netz existieren möchte oder nicht. Reichert weist in diesem Zusammenhang darauf hin, dass die „Vorstellung von einem autonomen Individuum, das in seiner angeblichen Mächtigkeit entscheidet, aus dem Netz auszusteigen" ebenso illusorisch erscheint „wie das apokalyptische Szenario von seinem Ausgeliefertsein. Zwischen diesen Polen situieren sich die Selbstpraktiken der Amateure im Netz." (2008, S. 13) Reichert ist der Meinung, dass „an die Stelle hierarchischer Befehls- und Kontrollstrukturen" Strukturen getreten seien, „in denen die Subjekte miteinander konkurrieren sollen" (ebd.). Durch das miteinander konkurrieren ist eine sog. Bewerbungskultur entstanden „die neue mediale Formen der Selbstthematisierung generiert und vielfach die Form von Identitätsmanagement und Selbstcoaching annimmt" (Reichert 2008, S. 112). E-Portfolios sind z. B. eine Form dieser neuen Technologien, die heute in Bildungsprozessen eingesetzt werden. Zu dieser digitalen Variante des Portfolios merkt Reichert an: „Die im Netz boomenden sozialen Netzwerkseiten haben ein neues Subjektivierungsregime hervorgebracht: in ihm herrscht der Typus des aktiven Selbstoptimierers. Von ihm wird erwartet, dass er die Kunst der smarten Selbstführung beherrscht und sich auch unter Flexibilisierungszwängen zu behaupten weiß. Seine permanente Mobilmachung muss er mit einem digitalen Vorzeigeportfolio (Showcase Portfolio) unter Beweis stellen, welches er regelmäßig zu aktualisieren hat und

---

[5] Reckwitz zufolge werden in der Postmoderne Arbeit, Konsum insb. Medienkonsum und Intimität zu Mitteln expressiver Subjektivität und Selbstverwirklichung (vgl. Reckwitz 2006, S. 527 ff., 555 ff., 564 ff.).

stets für Feedback offen halten soll" (Reichert 2008, S. 113).[6] Dieser Selbstoptimierungsdruck und die (der Unabgeschlossenheit heutiger Bildungsbiographien geschuldete) implizite Forderung nach lebenslangem Lernen stecken auch in den analogen Portfolio-Varianten, deren pädagogische Ausformung hier vorgestellt wurde. „Portfolio und E-Portfolio vereinen zwei zentrale Sozialtechniken: die Selbstdarstellung zur Fremdbeurteilung und die Erhöhung der Selbstreflexivität zur Selbststeuerung" (Reichert 2008, S. 117).[7]

Ich habe versucht anhand des analogen Portfolio-Einsatzes in der Lehrerbildung die Widerspruchslagen in der subjektorientierten Bildung aufzuzeigen. Auf der einen Seite steht die Bildungsinstitution, die zum einen auf die Autonomie des lernenden Subjekts verweist und auf Selbstbeobachtung und Selbstkontrolle setzt, auf der anderen Seite steht die dem Subjekt aufgezwungene und von Nützlichkeitskriterien geleitete Selbststeuerung in Form von Selbstauskunft und Bereitschaft zu ständiger Selbstoptimierung. Selbststeuerung und (Fremd-) Kontrolle gehen dabei Hand in Hand. Realisiert wird Kontrolle über neutral formulierte und argumentativ sachlich verpackte Qualitätsstandards. Für Bröckling bilden die Feedback-Systeme hierbei die Schnittstelle zwischen Sozial- und Selbsttechnologien. „Um mithalten zu können, ist es nötig, seine Ressourcen zu erkennen, zu nutzen und auszubauen, sich strategische Ziele zu setzen, diese zu operationalisieren und das Erreichte zu überprüfen, initiativ zu werden, statt nur zu reagieren, sich überzeugend zu präsentieren, sich flexibel auf immer neue Anforderungen einzustellen und sich entsprechend zu qualifizieren – kurzum: seinen gesamten Lebenszusammenhang im Sinne betriebswirtschaftlicher Effizienz zu rationalisieren" (Bröckling 2000, S. 154).

Von Seiten der Institution wird das Portfolio als eine Art Buchführung über sein Lernen und sich selbst und eher „harmlose" Technik der Selbstbeobachtung angeboten und dargestellt, die vorwiegend der Reflexion und Selbsterkenntnis dienen soll. Da dem Akteur und der Akteurin jedoch kein Spielraum zur Verfügung steht, der ein Sich-entziehen ermöglicht, handelt es sich doch vielmehr um eine Form eines „erzwungenen" Bekenntnisses, das viel mehr dem Zweck der Fremdkontrolle als der Selbstkontrolle dient. Aus Sicht der Institution können sich Lehrpersonen mit dem Portfolio in diese integrieren u. a. mit der Bereitschaft, ihr Privatleben öffentlich zu machen und damit den Ansprüchen der Institution nach (noch) mehr Kontrolle nachzukommen. Nochmals auf die Aussagen Hahns und Foucaults zurückkommend möchte ich festhalten, dass die Portfolio-Praktiken im pädagogischen Bereich sich nur in einer Zeit und Kultur entfalten können, in der jeder auf seine eigene Individualität fixiert ist (vgl. Foucault 1976) und ein zunehmender Rückgriff auf subjektive

---

[6] Zur Konstruktion vernetzter Subjektivität/en siehe Paulitz (2005)

[7] Reichert argumentiert in seinem Aufsatz zum E-Portfolio dafür, „Portfolios nicht als sozial determinierende respektive repressive Subjektivierungsapparate aufzufassen", sondern das E-Portfolio „im grundsätzlich ambivalenten Spannungsfeld von *Subjektivierung* und *Entsubjektivierung* zu verorten" (Reichert 2011, S. 106). „Einerseits steht es für eine sich neu formierende Medialisierung des Subjekts und damit einhergehend für bestimmte Technologien der Subjektivierung, andererseits ermöglicht es eine permanente Absetzbewegung und eine Praxis der Entsubjektivierung (…)" (ebd.). Sein Fazit in Bezug auf das E-Portfolio: „Es oszilliert im Spannungsfeld zwischen Selbst- und Fremdführung, zwischen Unterordnung und Ermächtigung und zwischen Freiheit und Regulierung" (ebd.).

Prozesse zu beobachten ist[8]. Der Begriff der Subjektivierung (vgl. Moldaschl und Voß 2002) verweist in diesem Zusammenhang darauf, dass Subjekte nicht als feste Entitäten zu betrachten sind, sondern sich in einem stetigen Prozess permanent transformieren. In der Portfolioarbeit wird jedoch eine Selbst-Beschreibung erwartet, in der sich Lehrpersonen als souveräne handlungsfähige Subjekte entwerfen. Die Weiterbildungskurse erweisen sich dabei nicht als Orte zur Problematisierung pädagogischen Denkens, sondern vielmehr als Darstellungsbühnen, auf denen man von sich das Bild einer kohärenten Lehrpersönlichkeit entwerfen kann. Mit der Praxis des Bekenntnisses kommen die Akteure und Akteurinnen der Aufforderung nach, ihre private Lebensführung unter pädagogischen Vorzeichen zu betrachten, zu verstehen und sich darin selbst zu erkennen. Das eigene Leben wird damit in einen konsistenten Zusammenhang mit ihrer Berufsrolle gebracht.

Die Portfolioarbeit ist ein Beispiel für die zunehmende Brüchigkeit und partielle Auflösung von bisher sicheren Grenzziehungen zwischen unterschiedlichen Sphären. Das Portfolio zeigt, dass die Grenze zwischen Privatsphäre und Berufswelt durchlässiger und flüssiger geworden ist. Die Sphären Beruf/Arbeit und Leben/Privatsphäre sind nicht mehr klar konturiert und voneinander abgegrenzt, sondern verwischen sich. Es wird ganz bewusst der (bisher geschützte) Privatbereich in den Berufsalltag hineingezogen. Die Grenzen zwischen Berufspraxis und privater Lebensführung werden diffus. Private Erfahrungen werden unter einem funktionalen Gesichtspunkt betrachtet und nach Themenbereichen durchleuchtet, welche für die Erschließung beruflicher Erfahrungsräume eingesetzt werden können.

Die Rekonstruktion von Portfolio-Praxen an Pädagogischen Hochschulen macht Veränderungen sichtbar, die sich auf dem Gebiet der Aus- und Weiterbildung von Lehrpersonen bemerkbar gemacht bzw. bereits vollzogen haben. Mit der Forderung nach mehr Reflexion und Selbstauskunft sind Anforderungen nach Selbstökonomisierung und Selbstrationalisierung der Person verbunden und zwar in einem institutionellen Kontext, in dem ehemals private Aspekte des Lebens nun öffentlich sichtbar und damit kontrollierbar gemacht werden. Das Spannungsverhältnis von privater und öffentlicher Sphäre kann am Portfolio-Konzept jedoch nicht nur beobachtet, diagnostiziert und nachgezeichnet werden; die Verflüssigung der Grenzen sollte als Anlass genommen werden, um über den Wert des Privaten und die eigene Kontrolle über den privaten Raum (als Voraussetzung für Autonomie und Freiheit des Subjekts) erneut nachzudenken.[9]

Literatur

Alheit, Peter. 1995. „Biographizität" als Lernpotential. Konzeptionelle Überlegungen zum biographischen Ansatz in der Erwachsenenbildung. In: *Erziehungswissenschaftliche Biographieforschung*, Hrsg. Heinz-Hermann Krüger und Winfried Marotzki, 276–307. Opladen: Leske + Budrich.
Alheit, Peter. 2011. *„Biografizität" als Schlüsselkompetenz in der Moderne.* http://www.abl-uni-goettingen.de/aktuell/Alheit_Biographizitaet_Schluessel_Flensburg-2006.pdf. Zugegriffen: 15. März 2014.

---

[8] Deshalb wird dieser Entgrenzungsprozess auch als Subjektivierung von Arbeit beschrieben (vgl. Moldaschl und Voß 2002).

[9] Zur Kritik an der Qualitätsentwicklung im Bildungsbereich siehe Würker (2009) und Bierbaum und Kehren (2009) sowie zum Wert des Privaten Rössler (2001).

Baecker, Dirk. 1996. Oszillierende Öffentlichkeit. In: *Medien und Öffentlichkeit. Positionierungen, Symptome, Simulationsbrüche*, Hrsg. Rudolf Maresch, 89–107. München: Boer Verlag.

Baecker, Dirk. 2005. *Form und Formen der Kommunikation*. Frankfurt a. M.: Suhrkamp Verlag.

Baecker, Dirk. 2007. *Studien zur nächsten Gesellschaft*. Frankfurt a. M.: Suhrkamp Verlag.

Bierbaum, Harald, und Yvonne Kehren. 2009. Außer Kontrolle. Zum Anarchismus (der Bildung) in der Kontrollgesellschaft. In: *Bildung der Kontrollgesellschaft. Analyse und Kritik pädagogischer Vereinnahmungen. Festschrift für Ludwig A. Pongratz*, Hrsg. Carsten Bünger, Ralf Mayer, Astrid Messerschmidt, und Olga Zitzelsberger, 171–183. Paderborn: Ferdinand Schöningh.

Brosziewski, Achim, Michaela Heid, und Kathrin Keller. 2011. *Portfolioarbeit als Reflexionsmedium der Lehrerinnen- und Lehrerbildung – Befunde einer qualitativen Studie und eine reflexionstheoretische Verortung*. Forschungsbericht Nr. 11. Kreuzlingen: Pädagogische Hochschule Thurgau.

Bröckling, Ulrich. 2000. Totale Mobilmachung. In: *Gouvernementalität der Gegenwart*, Hrsg. Ulrich Bröckling, Susanne Krasmann, und Thomas Lemke, 131–167. Frankfurt a. M.: Suhrkamp Verlag.

Burkart, Günter, Hrsg. 2006. *Die Ausweitung der Bekenntniskultur – neue Formen der Selbstthematisierung?* Wiesbaden: VS Verlag für Sozialwissenschaften.

Deleuze, Gilles.1993. Postskriptum über die Kontrollgesellschaft. In: *Unterhandlungen 1972–1990*, Hrsg. Gilles Deleuze, 254–262. Frankfurt a. M.: Edition Suhrkamp.

Foucault, Michel. 1976. *Überwachen und Strafen: Die Geburt des Gefängnisses*. Frankfurt a. M.: Suhrkamp Verlag.

Foucault, Michel. 1993. Technologien des Selbst. In: *Technologien des Selbst*, Hrsg. Luther H. Martin, Huck Gutman, und Patrick H. Hutton, 24–62. Frankfurt a. M.: Suhrkamp Verlag.

Goffman, Erving. 1959. *The presentation of self in everyday life*. New York: Doubleday.

Gottschall, Karin, und Günther G. Voß, Hrsg. 2003. Entgrenzung von Arbeit und Leben – Zur Einleitung. In: *Entgrenzung von Arbeit und Leben. Zum Wandel der Beziehung von Erwerbstätigkeit und Privatsphäre im Alltag*, Hrsg. Karin Gottschall und Günther G. Voß, 11–33. München: Rainer Hampp Verlag.

Grimm, Petra, und Karla Neef. 2012. Privatsphäre 2.0. In: *Schöne neue Kommunikationswelt oder Ende der Privatheit? Die Veröffentlichung des Privaten in Social Media und populären Medienformaten*, Hrsg. Petra Grimm und Oliver Zöllner, 41–81. Stuttgart: Franz Steiner Verlag.

Grimm, Petra, und Oliver Zöllner, Hrsg. 2012. *Schöne neue Kommunikationswelt oder Ende der Privatheit? Die Veröffentlichung des Privaten in Social Media und populären Medienformaten*. Stuttgart: Franz Steiner Verlag.

Häcker, Thomas. 2006. *Portfolio: ein Entwicklungsinstrument für selbstbestimmtes Lernen. Eine explorative Studie zur Arbeit mit Portfolios in der Sekundarstufe I. Schul- und Unterrichtsforschung*. Bd. 3, Hrsg. Hans-Ulrich Grunder und Thorsten Bohl. Baltmannsweiler: Schneider Verlag.

Häcker, Thomas. 2011. Portfolio revisited – über Grenzen und Möglichkeiten eines viel versprechenden Konzepts. In: *Kontrolle und Selbstkontrolle. Zur Ambivalenz von E-Portfolios in Bildungsprozessen*, Hrsg. Torsten Meyer, Kerstin Mayrberger, Stephan Münte-Goussar, und Christina Schwalbe, 161–183. Wiesbaden: Springer VS.

Hahn, Alois. 1982. Zur Soziologie der Beichte und anderer Formen institutionalisierter Bekenntnisse: Selbstthematisierung und Zivilisationsprozess. *Kölner Zeitschrift für Soziologie und Sozialpsychologie* 34:408–434.

Hahn, Alois. 1995. Identität und Biographie. In: *Biographie und Religion: Zwischen Ritual und Selbstsuche*, Hrsg. Monika Wohlrab-Sahr, 127–151. Frankfurt a. M.: Campus Verlag.

Heid, Michaela. 2011. Arbeit am pädagogischen Selbst – das Portfolio-Konzept in der Lehrerinnen- und Lehrerbildung. In: *BIOS* 24 (1): 98–118.

Hitzler, Ronald. 1985. *Und Adam versteckte sich: Privatheit und Öffentlichkeit als subjektive Erfahrung*. Soziale Welt 36 (4): 503–518.

Illouz, Eva. 2009. *Die Errettung der modernen Seele. Therapien, Gefühle und die Kultur der Selbsthilfe*. Frankfurt a. M.: Suhrkamp Verlag.

Moldaschl, Manfred, und Günter G. Voß, Hrsg. 2002. *Subjektivierung von Arbeit*. München: Rainer Hampp Verlag.

Paulitz, Tanja. 2005. *Netzsubjektivität/en. Konstruktionen von Vernetzung als Technologien des sozialen Selbst. Eine empirische Untersuchung in Modellprojekten der Informatik*. Münster: Verlag Westfälisches Dampfboot.

Paulson, Leon F., Pearl R. Paulson und Carol A. Meyer. 1991. What makes a portfolio a portfolio? Eight thoughtful guidelines will help educators encourage self-directed learning. *Educational Leadership* (48) 5: 60–63.

🖉 Springer

Pfadenhauer, Michaela. 2003. *Professionalität. Eine wissenssoziologische Rekonstruktion institutionalisierter Kompetenzdarstellungskompetenz*. Opladen: Leske + Budrich.

Reckwitz, Andreas. 2006. *Das hybride Subjekt. Eine Theorie der Subjektkulturen von der bürgerlichen Moderne zur Postmoderne*. Weilerswist: Velbrück Wissenschaft.

Reh, Sabine. 2004. Die Produktion von Bekenntnissen: Biographisierung als Professionalisierung. Zu Interpretationsmustern der Lehrerinnenforschung. In: *Nach Foucault. Diskurs- und machtanalytische Perspektiven der Pädagogik*, Hrsg. Pongratz et al., 176–194. Wiesbaden: VS Verlag für Sozialwissenschaften.

Reichert, Ramon. 2008. *Amateure im Netz. Selbstmanagement und Wissenstechnik im Web 2.0*. Bielefeld: transcript Verlag.

Reichert, Ramon. 2011. Das E-Portfolio. In: *Kontrolle und Selbstkontrolle. Zur Ambivalenz von E-Portfolios in Bildungsprozessen*, Hrsg. Torsten Meyer, Kerstin Mayrberger, Stephan Münte-Goussar, und Christina Schwalbe, 89–108. Wiesbaden: VS Verlag für Sozialwissenschaften.

Rössler, Beate. 2001. *Der Wert des Privaten*. Frankfurt a. M.: Suhrkamp Wissenschaft.

Voß, Günther G., und Hans J. Pongratz. 1998. Der Arbeitskraftunternehmer. Eine neue Grundform der „Ware Arbeitskraft"? *Kölner Zeitschrift für Soziologie und Sozialpsychologie* (50) 1: 131–158.

Weiss, Ralph, und Jo Groebel, Hrsg. 2002. *Privatheit im öffentlichen Raum. Medienhandeln zwischen Individualisierung und Entgrenzung*. Opladen: Leske + Budrich.

Würker, Achim. 2009. Das Unbehagen bei der Qualitätsentwicklung. Einige psychoanalytische Anmerkungen zu aktuellen Trends im Bildungsbereich am Beispiel von Schulentwicklung. In: *Bildung der Kontrollgesellschaft. Analyse und Kritik pädagogischer Vereinnahmungen. Festschrift für Ludwig A. Pongratz*, Hrsg. Carsten Bünger, Ralf Mayer, Astrid Messerschmidt, und Olga Zitzelsberger, 33–50. Paderborn: Ferdinand Schöningh.

Österreich Z Soziol (2014) (Suppl) 39:61–81
DOI 10.1007/s11614-014-0131-9

ı ÖZS ـ

Praktiken des Managements von Privatheit und Öffentlichkeit im Cyberspace: Performative Akte im Kontext des Zeigens und Nicht-Zeigens

Christina Schachtner · Nicole Duller

Zusammenfassung In den Sozial- und Medienwissenschaften hat das Verhältnis von Öffentlichkeit und Privatheit angesichts gesellschaftlicher und medialer Phänomene wie der Entgrenzung von Arbeits- und Freizeit, der öffentlichen Erörterung bislang privater Themen oder der Entstehung medialer Formate, die zur Veröffentlichung von Intimität drängen, neue Aufmerksamkeit erhalten. Diese gilt nicht nur den Veränderungen auf der Makroebene, sondern auch den Subjekten, die sich mit diesen Veränderungen auseinandersetzen müssen, um im Alltag handlungsfähig zu sein.

Das Forschungsinteresse richtet sich in diesem Beitrag auf die Praktiken des Managements von Privatheit und Öffentlichkeit in dem durch digitale Medien konstituierten virtuellen Raum. Die Analyse orientiert sich an den Ergebnissen der Studie „Kommunikative Öffentlichkeiten im Cyberspace", die als Teilprojekt der Studie „Subjektkonstruktionen und digitale Kultur" an der Universität Klagenfurt durchgeführt wurde. Die identifizierten Praktiken lassen sich den drei Kategorien Selektion, Differenzierung und Gestaltung zuordnen, die sich zwischen den Polen Zeigen und Nicht-Zeigen entfalten. Die Subjekte gestalten mit ihren Online-Praktiken nicht nur das Verhältnis von Öffentlichkeit und Privatheit; sie bringen mit ihren Praktiken auch sich selbst hervor. Sie kreieren sich – so das Ergebnis unserer Studie – als erfolgreich und anerkannt, als humorvoll, vielfältig und fragmentiert, schutzbedürftig und besorgt, umsichtig, achtsam und balancierend. Die Praktiken des Managements zwischen Privatheit und Öffentlichkeit sind als eigenständige Leistungen des Subjekts, jedoch im Kontext gesellschaftlicher Normen zu erbringen, d. h. sie changieren zwischen Freiheit und Unterwerfung.

C. Schachtner (✉) · N. Duller
Institut für Medien- und Kommunikationswissenschaft,
Alpen-Adria Universität Klagenfurt,
Universitätsstr. 65–67, 9020 Klagenfurt, Deutschland
E-Mail: Christina.Schachtner@aau.at

N. Duller
E-Mail: Nicole.Duller@aau.at

🖄 Springer

Schlüsselwörter Privatheit · Öffentlichkeit · Cyberspace · Subjektkonstruktion

Managing the practices of private and the public spheres in cyberspace: performative acts within the context of showing and not-showing

Abstract The relation between the public and the private spheres has attracted renewed attention within social and media sciences. This is due to phenomena like the blurring of boundaries between work and leisure, the public discussion of issues previously considered private or the emergence of media formats pressing for intimate revelations. The transformations are not only of particular interest at the macro level; but also subjects themselves have to face these changes in order to remain able to perform their everyday activities.

In this paper our research interest focuses on the practices of management of both privacy and publicity in virtual spaces constituted by digital media. The analysis is based on results coming from the sub-project "Communicative Publics in Cyberspace", which is located within the research project "Subject Formations and Digital Culture" and conducted at the University of Klagenfurt. The identified practices can be assigned to the three categories of selection, differentiation and design, while extending along the poles of showing (visibility) and not-showing (non-visibility). With these practices, subjects do not only enact the relation between public and private in cyberspace, but also create their own being. According to the results of our project the subjects construct themselves as successful and appreciated, humorous, multifaceted and fragmented, needy and worried, considerate, cautious and balancing. The practices of managing are performed autonomously by the subject, but within the context of social norms, which means, that they oscillate between freedom and submission.

Keywords Privacy · Public sphere · Cyberspace · Subject formation

1 Theoretische Diskurse zum Verhältnis von Öffentlichkeit und Privatheit unter dem Eindruck des gesellschaftlichen und medialen Wandels

Das Thema dieses Beitrags ist in einem theoretisch-empirischen Spannungsfeld angesiedelt, das es zu explizieren gilt, weil die Praktiken des Managements von Privatheit und Öffentlichkeit im Cyberspace, die wir in diesem Beitrag auf der Ebene des Subjekts untersuchen, erst im Kontext dieses Spannungsfeldes als Erfordernis erkennbar und in ihrer Brisanz begründbar werden. Im Mittelpunkt des aktuellen Diskurses über Öffentlichkeit und Privatheit steht das Verhältnis zwischen den beiden Sphären. Die Kontroverse steht unter dem Einfluss der Habermas'schen Thesen zum Verhältnis von Öffentlichkeit und Privatheit, die dieser in seiner Schrift „Strukturwandel der Öffentlichkeit" in den 60er Jahren als normatives Modell entwickelt hat. Öffentlichkeit ist nach Habermas der Raum, in dem die Bürger sich über ihre gemeinsamen Angelegenheiten beraten; sie ist ihm zufolge eine institutionalisierte Arena diskursiver Interaktion (vgl. Habermas 1990, S. 56). Sie soll das Gegenstück zur

 Springer

öffentlichen Gewalt bilden (vgl. Habermas 1990, S. 82) und zwischen Gesellschaft und Staat durch das Medium der öffentlichen Meinung vermitteln (vgl. Habermas 1990, S. 87). Die Trennung von Staat und Gesellschaft ist nach Habermas konstitutiv für die bürgerliche Öffentlichkeit (vgl. Habermas 1990, S. 225).

Habermas plädiert darüber hinaus für eine strikte Trennung zwischen Privatheit und Öffentlichkeit. Er schreibt: „Das Modell der bürgerlichen Öffentlichkeit rechnet mit der strikten Trennung des öffentlichen vom privaten Bereich" (Habermas 1990, S. 268). In die Rezeption des Habermas'schen Öffentlichkeitsbegriffs ist vor allem dieses Trennungspostulat eingeflossen. Die Chance einer von der Öffentlichkeit abgetrennten Privatsphäre wurde von Habermas darin gesehen, dass sich dort das bürgerliche Individuum geschützt vor staatlichen Eingriffen in seiner Autonomie entfalten kann (vgl. Jurczyk und Oechsle 2008, S. 9). Die politische Philosophie feierte nach Karin Jurczyk und Mechthild Oechsle die Herausbildung zweier unterschiedlicher Sphären als Zugewinn an Freiheit und Autonomie für das Individuum (ebd.).

Aus feministischer Perspektive wurde die strikte Trennung von öffentlich und privat mit dem Argument kritisiert, dass es keine a priori Grenzen geben dürfe, was als Angelegenheit des öffentlichen Interesses gilt und was nicht (vgl. Fraser 1996, S. 269). Eine Demokratie müsse vielmehr auch Minderheiten und benachteiligten Gruppen wie Frauen garantieren, „andere davon zu überzeugen, dass Dinge, die in der Vergangenheit nicht öffentlich waren, dies in Zukunft sein sollen" (ebd.; vgl. hierzu Jurczyk und Oechsle 2008, S. 17). Das feministische Interesse an der Aufhebung starrer Trennlinien ist darin begründet, dass als privat definierte Fragen und Themen keinerlei öffentliche Aufmerksamkeit genießen und dadurch einer Veränderung nicht zugänglich werden, wie der gesellschaftliche Status der als privat deklarierten Reproduktionsarbeit.

Die Frage des Verhältnisses zwischen Öffentlichkeit und Privatheit hat sich rund zwanzig Jahre nach der Veröffentlichung des Habermas'schen Modells neu entzündet (vgl. Soziologiekongress „Neuer Strukturwandel der Öffentlichkeit?" 2011; Medien Journal H. 1 2007 zum Schwerpunkt „Öffentlichkeit. Begriff und Theorie") und macht sich an empirischen Phänomenen wie an der Verflüssigung der Grenzen zwischen Erwerbsarbeit und Freizeit[1] fest, die insofern zu beobachten ist, als dass es in vielen Berufen immer selbstverständlicher wird, auch in der Freizeit für den Arbeitgeber erreichbar zu sein, dass Intimität in TV Sendungen wie Big Brother öffentlich präsentiert wird (vgl. Hahn und Koppetsch 2011, S. 12) oder dass der Umgang mit Kindern im Kontext der in den letzten Jahren bekannt gewordenen Missbrauchsfälle zunehmende öffentliche Aufmerksamkeit genießt (vgl. Jurczyk und Oechsle 2008, S. 8).

Im theoretischen Diskurs kursieren zu den beobachteten empirischen Veränderungen im Verhältnis von Öffentlichkeit und Privatheit unterschiedliche, teils widersprüchliche Interpretationen. Kornelia Hahn und Cornelia Koppetsch geben zu bedenken, dass es schon immer eine „Verschränkung zwischen beiden Bereichen" (Hahn und Koppetsch 2011, S. 12) gegeben habe, formulieren aber auch die Frage:

---

[1] Die Dichotomien Erwerbsarbeit und Freizeit sowie Öffentlichkeit und Privatheit sind nicht deckungsgleich; vielmehr spielt sich Freizeit teils im öffentlichen, teils im privaten Raum ab, genauso wie die Erwerbsarbeit ein Gemisch an öffentlichen und privaten Aspekten darstellt, worin aber gerade die diskursive Herausforderung steckt.

„Ist die ‚große Erzählung' von der Notwendigkeit der Trennung von Privatheit und Öffentlichkeit an ihr Ende gekommen?" (Hahn und Koppetsch 2011, S. 15) Chris Berry plädiert dafür, mit Blick auf unterschiedliche Ausprägungen des öffentlichen Lebens in verschiedenen Kulturen den Begriff Öffentlichkeit aufgrund seiner westlich geprägten ideologischen Implikationen ganz aufzugeben (vgl. Berry 2011, S. 5 f.). Für Karin Jurczyk und Mechthild Oechsle wiederum ist es offen, ob es sich bei den Verschiebungen im Verhältnis von privat und öffentlich „um ein Auflösen von Grenzen, um Grenzverwischungen oder -verflüssigungen handelt und wo sich neue Grenzziehungen bilden" (2008, S. 26).

Ungeachtet der unterschiedlichen Interpretationen der empirischen Wirklichkeit müssen die Subjekte in dieser Wirklichkeit handeln, denn es gibt keine andere. Angesichts mangelnder gesellschaftlicher Regulative sind sie dabei auf sich selbst geworfen; das Abgrenzen, Entgrenzen, Neue-Grenzen-Ziehen sind als eigenständige Leistungen des Subjekts gefordert (vgl. Jurczyk und Oechsle 2008, S. 27). Für Karin Jurczyk und Mechthild Oechsle reproduzieren sich diese Anforderungen an das einzelne Subjekt bereits in der Forschung; sie verweisen auf die US-amerikanische Arbeits- und Managementforschung, in der „Boundary Work" und „Doing Boundaries" als „neue Leistung der Gestaltung des Verhältnisses zwischen Privatleben und Erwerbsarbeit" geschildert wird (2008, S. 20). Aus einer eigenen mehrjährigen Untersuchung zum Thema „Kommunikative Öffentlichkeiten im Cyberspace" (die Untersuchung wird im nächsten Abschnitt vorgestellt) liegen uns aus einem medienwissenschaftlichen Forschungsfeld Befunde vor, wonach Menschen in digitalen Netzwerken ebenfalls intensiv mit dem Management von öffentlichem und privatem Leben beschäftigt sind.

Medien spielen von jeher für die Konstitution von Öffentlichkeit eine zentrale Rolle (vgl. Hermanns et al. 2002, S. 563). Öffentlichkeit hat sich nach Habermas mit dem Entstehen der ersten Zeitungen (im letzten Drittel des 17. Jahrhunderts) in der ersten Hälfte des 18. Jahrhunderts herausgebildet (vgl. Habermas 1990, S. 79). Die Bildung von Öffentlichkeit steht im Zusammenhang mit der Aufforderung des preußischen Königs an die Professoren, regelmäßig Artikel zu schreiben, die „dem Publico verwendungsfähige Wahrheiten" mitteilen sollten. Diese erledigten den Auftrag, fingen aber alsbald an, ihre Gedanken gegen die Obrigkeit zu richten, um diese zur öffentlichen Legitimation ihres Handelns zu zwingen (Habermas 1990, S. 84).

In den modernen Medien, wie etwa im Fernsehen, zeigt sich die Tendenz, nicht nur politische Fragen als öffentliche Fragen zu thematisieren, sondern auch bislang als privat geltende Themen wie Kindererziehung, Partnerschaft und Sexualität öffentlich zu diskutieren. Im aktuellen medienwissenschaftlichen Diskurs stehen folglich die Grenzen dessen, was öffentlich gezeigt und verhandelt werden soll und kann, im Mittelpunkt (vgl. Jurczyk und Oechsle 2008, S. 24; vgl. Hermanns et al. 2002). Der Schwerpunkt der medienwissenschaftlichen Aufmerksamkeit richtet sich dabei auf die medialen Angebote von Rundfunk- und Fernsehanstalten und Internet-Providern. Im medienwissenschaftlichen Diskurs wird der Begriff Öffentlichkeit insofern erweitert, als dieser – wie Uwe Hasebrink in einer Runde deutscher MedienwissenschaftlerInnen erklärte – nicht nur „im empathischen Sinn einer politischen Öffentlichkeit" (Hasebrink nach Hermanns et al. 2002, S. 556) verwendet wird, sondern auch „im Sinne einer Sphäre, die potenziell öffentlich, nicht verborgen, nicht geheim ist" (ebd.; vgl. hierzu auch Hahn und Koppetsch 2011, S. 11).

 Springer

In den digitalen Medien treten nicht nur die professionellen bzw. kommerziellen Anbieter als AkteurInnen auf, sondern auch diejenigen, die bisher als AdressatInnen, KonsumentInnen und RezipientInnen galten. Die Interaktivität des Mediums ermöglicht es diesen Gruppen, das mediale Geschehen mitzugestalten. Der Umgang mit Öffentlichkeit und Privatheit spielt im Kontext der Aktivitäten der AkteurInnen im Cyberspace eine zentrale Rolle, was nicht zuletzt auch damit zusammenhängt, dass Öffentlichkeit und Privatheit bei der Nutzung digitaler Medien fast permanent ineinander greifen (vgl. Jurczyk und Oechsle 2008, S. 24). NetzakteurInnen befinden sich beispielsweise physisch in ihrer privaten Umgebung und agieren zugleich in einer virtuellen Welt, die global geöffnet ist, oder sie stellen Bilder, die sie auf einer privaten Geburtstagsfeier zeigen, auf eine digitale Plattform, auf die weltweit zugegriffen werden kann. Wie die beiden Sphären miteinander vermittelt werden, bleibt den NetzakteurInnen – abgesehen von ersten gesetzlichen Regelungen oder Vorgaben der Netzbetreiber – selbst überlassen. Im medienwissenschaftlichen Diskurs haben die auf das Management von Öffentlichkeit und Privatheit gerichteten Aktivitäten der NetzakteurInnen noch wenig Aufmerksamkeit gefunden.

Die empirischen Ergebnisse unserer Untersuchung erlauben es uns, einen Beitrag zur Verminderung dieser Forschungslücke zu liefern. Wir orientieren uns an einem Öffentlichkeitbegriff, der sowohl an der politischen Öffentlichkeit im Habermas'schen Sinn anschließt als auch an der von Hasebrink betonten Vorstellung einer öffentlichen Sphäre, die frei zugänglich und nicht verborgen ist. Für die Interpretation der empirischen Ergebnisse des Projekts „Kommunikative Öffentlichkeiten im Cyberspace" müssen wir auf beide Dimensionen von Öffentlichkeit rekurrieren, je nachdem, ob der politische Charakter betont werden soll oder das Zeigen und Verbergen persönlicher Daten, Vorlieben, Aktivitäten.[2] Zunächst stellen wir im Folgenden Praktiken vor, die den NetzakteurInnen laut unserer Untersuchung dem Aushandeln der Grenzen zwischen öffentlich und privat und der Gestaltung des virtuellen Raums als öffentlichen Raum dienen. Anschließend fragen wir – der Annahme von Michel Foucault folgend, dass sich das Subjekt in analysierbaren Praktiken bildet (vgl. Foucault nach Dreyfus und Rabinow 1994, S. 289) – nach den Subjektentwürfen, die sich in den identifizierten Netzpraktiken abzeichnen. Zuerst aber werden wir das Erkenntnisinteresse sowie das Forschungsdesign der Untersuchung „Kommunikative Öffentlichkeiten im Cyberspace" darstellen, auf die sich unsere Ausführungen stützen.

2 Skizzierung der empirischen Basis: Kommunikative Öffentlichkeiten im Cyberspace

Das Projekt „Kommunikative Öffentlichkeiten im Cyberspace"[3] an der Alpen-Adria-Universität Klagenfurt ist Teilprojekt des bilateralen, von der VW Stiftung und dem

---

[2] Jan Schmidt spricht von einer „persönlichen Öffentlichkeit" (2009, S. 106), wenn „Informationen, Inhalte und Themen (…) vorrangig nach Kriterien der subjektiven Relevanz ausgewählt (werden)" (ebd.).

[3] Forschungsteam des Klagenfurter Teilprojekts: Univ. Prof. DDr. Christina Schachtner, Mag. Nicole Duller, Dipl. Kommunikationswissenschaftlerin Katja Ošljak, Mag. Heidrun Stückler (Laufzeit 2009–2013).

 Springer

FWF[4] geförderten Forschungsprojekts „Subjektkonstruktionen und digitale Kultur". Weitere Teilprojekte sind an den Universitäten Bremen, Hamburg-Harburg und Münster angesiedelt.[5] Im Folgenden wird das methodische Vorgehen skizziert, um für die LeserInnen nachvollziehbar zu machen, wie die verschiedenen Methoden aufeinander aufbauen. Für diesen Beitrag werden aber nur Ergebnisse aus den Interviews und aus den Visualisierungen einbezogen.

Für die Erhebung und Auswertung der empirischen Daten wurden unterschiedliche methodische Werkzeuge miteinander kombiniert. Untersucht wurden in einem ersten Schritt folgende 8 deutsch- und englischsprachige Netzwerke, auf denen mehrheitlich Kinder, Jugendliche und junge Erwachsene aktiv sind: Facebook, Global Modules, Mideast Youth, Netlog, SWR Kindernetz, Knuddels, StudiVZ, TakingIt-Global. In einer Häufigkeitsauszählung wurden zunächst die am häufigsten in diesen Netzwerken diskutierten Themen ermittelt. Orientiert an den methodologischen Prinzipien der Grounded Theory (entwickelt von Glaser und Strauss 1967, 1998) wurden zu diesen Themen 24 fokussierte Netzanalysen durchgeführt. Auf Grundlage dieser Analysen wurden 33 thematisch strukturierte Interviews mit UserInnen aus Deutschland, Österreich, der Schweiz, den USA, Slowenien, Bahrain, Saudi Arabien, Jemen, den Vereinigten Arabischen Emiraten, der Ukraine und Italien durchgeführt. Das Alter der InterviewpartnerInnen lag zwischen 11 und 32 Jahren, das Durchschnittsalter betrug 22 Jahre; es wurden 18 weibliche Netzakteure und 15 männliche befragt. Die InterviewpartnerInnen fertigten 51 Visualisierungen an, die eine Antwort auf Fragen geben, wie „Wer bin ich online?" oder „Ich bin auf verschiedenen Online-Plattformen präsent. Wie sieht das aus?", die ihr Online-Dasein bzw. ihre Online-Aktivitäten betreffen und die das verbale Datenmaterial kontrastierend ergänzen. Im Quervergleich der Interviews konnten folgende Schlüsselkategorien ermittelt werden, die in verschiedenen Facetten vorliegen und die auch Überschneidungen aufweisen: Beziehung, Boundary Management, Grenzziehungen zwischen Privatheit und Öffentlichkeit, Entwicklung, Politik, Selbstinszenierung, Teilhabe ohne Teilnahme und digitale/r VerkäuferIn/HändlerIn. Die Argumentation stützt sich in diesem Beitrag auf die Schlüsselkategorien Grenzziehungen zwischen Öffentlichkeit und Privatheit, Politik sowie auf Selbstinszenierung.

3 Praktiken des Managements von Privatheit und Öffentlichkeit

Wenn wir im Folgenden Praktiken im Cyberspace vorstellen, so sind es Praktiken im Sinne von Michel Foucault, für den der Begriff bedeutet, dass man an etwas arbeitet oder mit etwas befasst ist. Praktiken verweisen auf eine Handlungspraxis, die Aufmerksamkeit und Wissen einschließt (vgl. Foucault nach Dreyfus und Rabinow 1994, S. 281). NetzakteurInnen agieren in einem Raum, der relativ neu ist, noch nicht

---

[4] FWF = Fonds zur Förderung wissenschaftlicher Forschung

[5] Das Teilprojekt unter dem Titel „Lernen mit technischen Artefakten" wurde an der Universität Bremen unter der Leitung von Prof. Dr. Heidi Schelhowe durchgeführt. Unter der Leitung von Prof. Dr. Gabriele Winker und Dr. Tanja Carstensen fand an der TU Hamburg-Harburg das Teilprojekt „Webbasierte Erwerbsarbeit" statt. Das Teilprojekt „Formen und Inhalte des Subjekts" wurde von PD Dr. Raphael Beer an der Westfälischen Wilhelms-Universität Münster durchgeführt (Laufzeit 2009–2012).

vollständig von gesellschaftlichen Benennungsprozessen erfasst ist und Ungewissheit birgt. Dies gilt insbesondere im Hinblick auf das Verhältnis von Privatheit und Öffentlichkeit. Der virtuelle Raum präsentiert sich als Bühne für experimentierendes Handeln. Es geht den NetzakteurInnen darum, ganz im Sinne von John Dewey, handelnd diesen Raum zu erkunden, auszuprobieren, Gewohnheiten zu variieren und zu verändern (vgl. Dewey 1949, S. 354). NetzakteurInnen machen Gebrauch von den verschiedenen medialen Anwendungen, z. B. von der Möglichkeit zu Kommentaren, Statusmeldungen, Selbstdarstellungen und sie lernen aus den Konsequenzen ihres Handelns die Besonderheiten dieses Raumes kennen und erfahren, auf welche Art und Weise sie ihn am besten gebrauchen.

Wir haben im Hinblick auf die Auseinandersetzung mit dem Verhältnis von Öffentlichkeit und Privatheit im Rahmen der Schlüsselkategorien Grenzziehungen zwischen Privatheit und Öffentlichkeit, Politik und Selbstinszenierung Online-Praktiken identifiziert, die sich folgenden drei Kategorien zuordnen lassen: Selektion, Differenzierung, Um- und Neugestaltung. Im Vordergrund steht in diesem Beitrag nicht die Frage nach den Inhalten und nach dem Charakter der Online-Öffentlichkeiten, sondern wie Online-Öffentlichkeiten hergestellt werden und wie sich das Management zwischen Privatheit und Öffentlichkeit gestaltet. Die drei genannten Online-Praktiken schließen sich nicht wechselseitig aus, lassen sich aber auch nicht aufeinander reduzieren.

3.1 Selektion

Entgegen der weit verbreiteten Annahme, dass Jugendliche persönliche Daten zu naiv veröffentlichen (vgl. Hugger 2010, S. 13), haben wir in unserer eigenen Untersuchung sowohl bei Kindern und Jugendlichen (11 bis 19 Jahre) als auch bei jungen Erwachsenen (20 bis 32 Jahre) eine intensive Auseinandersetzung mit der Frage der Veröffentlichung von Daten festgestellt. Schon eine 12-Jährige, die regelmäßig ein Kindernetz nutzt, erklärte: „Ich passe auf, mit wem ich schreibe und ich passe auf, was ich sage." Die Selektion bezieht sich bei ihr, wie auch bei anderen NetzakteurInnen, sowohl auf die dargestellten Inhalte als auch auf die AdressatInnen dieser Inhalte. Verschwiegen werden häufig die Wohnadresse (in bestimmten Netzen wie dem SWR-Kindernetz ist das ohnehin verboten) und der tatsächliche Name. Arabische NetzakteurInnen, die in Ländern leben, in denen es kein Recht auf freie Meinungsäußerung gibt, geben zuweilen an, dass sie ihre politische Meinung nicht veröffentlichen, wie diese 27-Jährige aus Saudi Arabien: „But my views, my personal views and my emotions toward some issues (…) I like to keep that private." Andere arabische NetzakteurInnen wiederum sprechen bewusst politische Themen online an, weil sie trotz möglicher Repressalien zu diesen Themen eine Öffentlichkeit herstellen wollen wie diese 24-jährige Netzakteurin aus Bahrain: „I like to discuss about ethnic and religious minorities and how without their human rights no one else can have human rights." Die Grenzen zwischen öffentlich und privat werden unterschiedlich gezogen, was in den beschriebenen Fällen an der Funktion liegen mag, welche die Online-Präsenz für die NetzakteurInnen hat. Die befragten arabischen NetzakteurInnen verfolgten das Ziel, eine politische Öffentlichkeit jenseits der eigenen Persönlichkeit und ihrer Emotionen herzustellen, im europäischen Raum stießen

wir durch eine Zufallsauswahl eher auf NetzakteurInnen, deren Ziel eine öffentliche Selbstinszenierung war, die ohne Emotionen unvollständig bliebe.

Das Management von privat und öffentlich vollzieht sich im Spannungsfeld zwischen Zeigen und Verbergen (vgl. Schwietring 2009, S. 266). Die Grenzen, die gezogen werden, sind keine unverrückbaren Unterscheidungen, sondern darauf angewiesen, markiert und inszeniert zu werden (ebd.), was erklären dürfte, dass die NetzakteurInnen explizit darüber sprechen.

Die Strategien der Selektion sind sowohl von den eigenen Intentionen beeinflusst, als auch von den Reaktionen der anderen. Diese können ihrerseits Grenzen inszenieren, wie dies eine arabische Bloggerin erlebte, die über Rassismus in ihrer Heimatstadt schrieb, was auf Kritik bei ihren LeserInnen stieß, die darin einen Verstoß gegen ein Tabu sahen. Mindestens genauso stark wie die Reaktionen der konkreten Anderen wirkt im virtuellen Raum der imaginierte Blick der Anderen. Die Anderen können im Cyberspace sehen, ohne gesehen zu werden. Dieses Phänomen wird von den NetzakteurInnen immer wieder angesprochen, z. B. von dieser 21-jährigen arabischen Netzakteurin: „You don't know who sees and who's monitoring you." So einflussreich der imaginierte Blick des Anderen auf die befragten NetzakteurInnen ist, dieser Blick war ihnen nicht immer bewusst. Die aktuellen Selektionsleistungen sind ein Ergebnis von Lernprozessen. Mit Sorge blicken sie oft auf ihre früheren Netzaktivitäten zurück. „Ob ich das eigentlich hätte preisgeben sollen?", fragt sich eine 19-Jährige aus dem deutschen Sprachraum. „Es macht mir ein bisschen Angst", erklärt sie; ja, sie beneidet die Generation, die „keine durch das Internet festgeschriebene Vergangenheit" hat.

Zusammenfassend lässt sich als Hauptthese dieses Abschnitts formulieren: Im virtuellen Raum zeichnet sich, ähnlich wie in der Welt jenseits digitaler Netze (vgl. Jurczyk und Oechsle 2008, S. 17), die Tendenz ab, dass es keine allgemeingültigen Grenzen zwischen Öffentlichkeit und Privatheit gibt und dass die beiden Begriffe von den NetzakteurInnen unterschiedlich interpretiert werden. Jurczyk/Oechsle charakterisieren dieses Phänomen als eine „Subjektivierung der Begriffe" (ebd.).

3.2 Differenzierung

Die Praktiken der Differenzierung lassen sich nicht trennscharf von den Praktiken der Selektion abgrenzen; geht es aber bei der Selektion primär um eine situative Auswahl von Inhalten und AdressatInnen im Kontext politischer Interessen, Selbstdarstellungswünschen, Sicherheitsüberlegungen, so zielen die Praktiken der Differenzierung vor allem auf eine Eindeutigkeit der Grenzen zwischen privat und öffentlich ab, die nicht ständig neu verhandelt werden. Darüber hinaus geht es um Differenzierungen verschiedener Arten von Öffentlichkeiten im virtuellen Raum.

3.2.1 Trennlinie zwischen privat und öffentlich

Entgegen der im wissenschaftlichen Diskurs verbreiteten Annahme, dass sich die Grenzen zwischen Öffentlichkeit und Privatheit verflüssigen, zeigt sich in den Praktiken der NetzakteurInnen ein starkes Bedürfnis nach eindeutigen Grenzen. Die Grenzen werden individuell unterschiedlich gezogen, wie im vorangegangenen Abschnitt dargestellt, aber sie sollen klar sein. Relativ einig sind sich die NetzakteurInnen darin, dass sie Positives veröffentlichen wollen, z. B. ihre Kompetenzen und ihre Vorlieben (s. dazu auch Abschn. 4). Eine 26-jährige arabische Bloggerin drückt das so aus: „What I enjoy doing – that one, yes, I would share that". Das könnte als Strategie sozialer Erwünschtheit gedeutet werden, die das Subjekt entsprechend gesellschaftlicher Normen präsentiert: optimistisch, leistungsstark, erfolgreich. Vielleicht dient das „schöne Bild" aber gleichzeitig dazu, das dahinterliegende Terrain möglicher Ängste, Zweifel, Verunsicherung als Privatsphäre zu sichern.

Eine Übereinstimmung zeigt sich bei den NetzakteurInnen unterschiedlicher kultureller Herkunft auch in der Tendenz, ihren Körper aus der Netzöffentlichkeit herauszuhalten und selbst wenn sie Fotos von sich ins Netz stellen, ihren Körper nur in Ausschnitten zu zeigen (vgl. Hermanns et al. 2002, S. 562). Der tatsächliche Körper bleibt verborgen, was teils dem immateriellen Medium geschuldet ist, teils aber auch den Praktiken der NetzakteurInnen z. B. der Tatsache, dass sie ihren Namen oder ihre Adresse nicht nennen und dass sie genaue Zeitangaben vermeiden. So sagt beispielsweise eine 21-jährige Netzakteurin: „I mention that I'm out but I won't mention the times particularly." Eine in Saudi Arabien lebende 27-jährige Netzakteurin, die einen Podcast führt und zuweilen im Supermarkt oder im Restaurant an ihrer Stimme erkannt wird, verleugnet sich in diesem Fall: „I say ‚No, no it's not me'." Aus diesen Praktiken spricht die Strategie, nicht nur die eigene Körperlichkeit, sondern die körperliche Existenz, d. h. den Körper in seiner sozialen und geografischen Verankerung der (Online-)Öffentlichkeit zu entziehen. Das kann mit dem Bedürfnis nach Sicherheit zu tun haben, da die zitierte Netzakteurin schon einmal wegen Äußerungen zum Rassismus in ihrer Heimatstadt attackiert worden war, aber auch mit dem Wunsch nach Intimität. Der Begriff Intimität bezeichnet nach Schwietring die dicht um das eigene Ich gelagerten Erfahrungsbereiche (vgl. Schwietring 2009, S. 259). Praktiken, die den Zugriff auf die körperliche Existenz verhindern sollen, könnten darauf hindeuten, dass in einer mediatisierten Welt, die unserer immateriellen Präsenz ungeahnt viele Veröffentlichungschancen beschert, unsere physische Existenz einen neuen Stellenwert als Garant von Intimität und Privatheit bekommt.

3.2.2 Differenzierung der Online-Räume

Eine andere Strategie der Differenzierung äußert sich darin, unterschiedlichen Online-Plattformen einen unterschiedlichen öffentlichen Status zuzuordnen. Facebook ist für eine 21-jährige Netzakteurin eine freundes- und familienorientierte Plattform, Twitter dagegen repräsentiert für sie eine anonyme Öffentlichkeit. An dieser Kategorisierung orientiert sie ihr Handeln. Sie hat keine Bedenken, Fotos von sich auf Facebook zu präsentieren, dagegen veröffentlicht sie nur wenige Fotos von sich auf Twitter oder sie stellt sie dort nur kurzfristig zur Verfügung. Besonders eindrucksvoll zeigt sich die Differenzierung von Online-Räumen bei einer Bloggerin, die drei Blogs führt, die unterschiedliche Grade von Öffentlichkeit repräsentieren. „Diana Writes" ist der Blog, der sich an die Familie und Freunde richtet, mit „Diana Speaks" will sie die lokale Öffentlichkeit und mit „Diana Actual" die Weltöffentlichkeit erreichen. Der Versuch der NetzakteurInnen, die verschiedenen Online-Räume für verschiedene

Arten von Öffentlichkeiten zu nutzen, erinnert an das Plädoyer von Nancy Fraser, eine Vielfalt von Öffentlichkeiten in einer pluralen und multikulturellen Gesellschaft zu akzeptieren (vgl. Fraser 1996, S. 165).

Unter dem Gesichtspunkt der Differenzierung zeigen sich, so lässt sich abschließend sagen, Versuche, in bestimmten Bereichen die Grenzen zwischen öffentlich und privat eindeutig und nachhaltig zu ziehen. Das muss nicht als Gegenbeleg zur Entgrenzungsthese gelesen werden. Vielmehr könnten diese Versuche ein Gegenhandeln darstellen, wenn Entgrenzungen auf gesellschaftlicher Ebene als verunsichernd oder bedrohlich erlebt werden.

3.3 Um- und Neugestaltung

Praktiken der Gestaltung zielen nicht auf das Trennen, Unterscheiden, Auseinanderhalten von Privatheit und Öffentlichkeit ab, sondern auf ein intentionales Um- oder Neugestalten der digitalen Öffentlichkeit.

3.3.1 Integration des Privaten in den digitalen Raum

So sehr die NetzakteurInnen einerseits bemüht sind, bestimmte Aspekte ihrer Privatheit aus der digitalen Öffentlichkeit herauszuhalten, zeigen sie andere Aspekte aus ihrem privaten Leben für alle sichtbar z. B. in Form von Statusmeldungen. Sie teilen mit, wann sie ins Schwimmbad oder ins Kino gehen, an einem Event teilnehmen oder was sie gerne essen. Solche postings mögen auf den ersten Blick banal erscheinen, sind es aber nicht, wenn man der Erklärung einer 21-jährigen Netzakteurin folgt, die deutlich macht, dass der Sinn solcher postings nicht darin besteht, *was* mitgeteilt wird, sondern *dass* es mitgeteilt wird. Das Alltägliche ist aus ihrer Sicht das, was uns von einer Maschine unterscheidet und als menschliche Wesen sichtbar macht: „You don't see him like a robot, it's sort of gives you a more approachable face online", erklärt sie.

3.3.2 Getting a voice, making a case

Die Strategie „Getting a voice, making a case" ist uns vor allem in arabischen Netzwerken begegnet. Sie zielt darauf ab, als junge Generation in der Netzöffentlichkeit eine Stimme zu bekommen, die von möglichst vielen gehört wird. „We have the voice and we want it to be heard", erklärt eine arabische Netzakteurin. Diese Stimme will zu einer öffentlichen Stimme werden, sie soll öffentliches Interesse für Themen wecken, die bislang aus der öffentlichen Kommunikation ausgeschlossen waren, sie will diese Themen zum „topic trend" machen, wie sie sagt.

Solche Strategien erzeugen diskursive Räume, die Nancy Fraser als subalterne Öffentlichkeiten, als Gegenöffentlichkeiten oder auch als schwache Öffentlichkeiten bezeichnet (vgl. Fraser 1996, S. 163 und 2009, S. 150). Schwach sind diese Öffentlichkeiten insofern, als sie im Unterschied zu starken Öffentlichkeiten, die hoheitliche Entscheidungen fällen, kein bindendes Recht hervorbringen (ebd.). Allerdings sind nach Fraser die Grenzen zwischen schwachen und starken Öffentlichkeiten nicht unverrückbar.

 Springer

3.3.3 Umdefinitionen

Was uns als westliche Forscherinnen mit Blick auf die arabischen Netzdiskurse als politische Öffentlichkeit erschienen ist, wurde von unseren arabischen InterviewpartnerInnen oftmals anders gesehen. Sie sagten beispielsweise, ihr Blog sei „more cultural than political", weil er wenig auf Religion Bezug nehme und ein Diskurs ohne diesen Bezug nicht als politischer Diskurs bezeichnet werden könne oder auch, ihr Blog sei mehr sozial als politisch orientiert, weil er sich mit Frauenrechten beschäftige.

Zunächst muss man von einer Diskrepanz der Politikvorstellungen bei den ForscherInnen und den arabischen InterviewpartnerInnen ausgehen. Denkbar ist aber auch, dass es sich um Umdefinitionen handelt, um die öffentliche Diskussion von Themen, die von der Konvention nicht gedeckt ist, wieder innerhalb der konventionellen Grenzen zu verankern und damit diskutierbar zu machen.

3.3.4 Überregionalität und Internationalität

Auch geografische und kulturelle Grenzen überschreitende Praktiken zeigen sich am deutlichsten in den arabischen Netzwerken. Sie zielen auf die Konstitution einer überregionalen und internationalen Öffentlichkeit ab.

Die Plattform Mideast Youth war von Anfang an als überregionale Plattform geplant, wie die Gründerin im Interview erklärte: „I was going to invite Iranians and Arabs and people who are diverse, you know Israelis, Kurds, everyone; migrants in the region." Der überregionale Austausch sollte dazu dienen, wie es im Selbstverständnis von Mideast Youth heißt, Gemeinsamkeiten zu identifizieren, ohne die kulturellen Differenzen zu tilgen.

Parallel zu überregionalen Perspektiven wird eine internationale Öffnung angestrebt. Die Äußerungen hierzu verweisen aber weniger auf ein Interesse am internationalen Austausch als vielmehr auf ein Interesse an der Korrektur des durch die staatlich kontrollierten Medien geschaffenen Bildes vom eigenen Land. „We are not only a region about conflict", erklärt eine Netzakteurin aus den Vereinigten Arabischen Emiraten. Ein Netzakteur aus Saudi Arabien präzisiert: „I'm trying to allow people to look into things especially in Saudi Arabia and especially when they look back to Saudi Arabia through Mideast Youth or through my blog, to see the social and intellectual fabric of what makes Saudi Arabia Saudi Arabia."

Transterritoriale Öffentlichkeiten sind im Habermas'schen Öffentlichkeitsbegriff noch nicht vorgesehen. Digitale Medien fördern darauf abzielende Praktiken nicht nur, sie forcieren auch neue Chancen der Gestaltung dieser Öffentlichkeiten in Richtung eines „konjunktivischen Seins", wie es Charles Peirce genannt hat (Peirce nach Dewey 2001, S. 195). Im Konjunktiv erschließen wir nach Peirce neue Möglichkeiten (ebd.), die im Kontext der hier referierten Studie von der Suche nach einem neuen Umgang mit Differenzen und nach Gemeinsamkeiten über die Differenzen hinweg geprägt sind.

Praktiken der Gestaltung äußern sich, so lautet die abschließende These, als Praktiken der thematischen und strukturellen Um- oder Neugestaltung von Öffentlichkeiten. Thematisches Gestalten zeigt sich in der Platzierung von Privatheit im öffentlichen Raum, ohne dass diese dadurch ihren Status verlieren soll. Mit einem strukturellen Gestalten haben wir es angesichts partizipativer Bestrebungen zu tun, die der jungen Generation die Teilhabe an Öffentlichkeit sichern soll, sowie bei den Versuchen, die lokale Öffentlichkeit in den globalen Raum hinein zu öffnen im Sinne einer transterritorialen Öffentlichkeit.

3.4 Fazit

Die NetzakteurInnen konstituieren Öffentlichkeit und Privatheit zwischen Zeigen und Verbergen, anders gesagt, zwischen Sichtbarmachen und Unsichtbarmachen. Ähnlich wie im sogenannten real life fehlen auch im Netz einheitliche Definitionen von Öffentlichkeit und Privatheit. Die Herstellung von Öffentlichkeit und Privatheit ist zu einer eigenständigen Leistung der Subjekte geworden (vgl. Jurczyk und Oechsle 2008, S. 27).

Im empirischen Material zeigen sich einerseits Praktiken, die auf situative Grenzziehungen und flexible Grenzen setzen und andererseits Praktiken, die eindeutige und nachhaltige Grenzen anstreben. Diese Praktiken können auf unterschiedliche Subjekte verteilt sein; denkbar ist aber auch, dass die jeweiligen Typen von Praktiken von einem Subjekt in unterschiedlichen Bereichen angewendet werden. Darüber hinaus konnten wir mit den Praktiken der Um- und Neugestaltung Öffentlichkeits-Praktiken identifizieren, die auf eine thematische und strukturelle Veränderung tradierter Öffentlichkeiten im Netz und außerhalb des Netzes abzielen. Diese Praktiken haben wir insbesondere bei arabischen NetzakteurInnen festgestellt, die in politisch-kulturellen Systemen leben, in denen das Recht auf freie Meinungsäußerung nicht existiert und die nach außen geschlossene Systeme darstellen. Die arabischen NetzakteurInnen sind es auch primär, die politische Öffentlichkeiten im Sinne von Jürgen Habermas als Gegenöffentlichkeiten generieren.

Indem die NetzakteurInnen Grenzen ziehen und verschieben, Emotionen zeigen und verbergen, durch ihre Eingriffe erkennen und lernen, gestalten sie nicht nur das Verhältnis zwischen Öffentlichkeit und Privatheit, sie bringen sich dadurch auch selbst hervor. Das Handeln und Erkennen wird zur Basis der Selbstkonstruktion. Die NetzakteurInnen entfalten ihre Praktiken im Sinne von Foucault als Technologien des Selbst (vgl. Foucault 1993, S. 26 ff.).

4 Öffentlichkeitspraktiken als Praktiken der Selbstkonstruktion

Technologien des Selbst ermöglichen es dem Einzelnen „aus eigener Kraft oder mit Hilfe anderer eine Reihe von Operationen an seinem Körper oder seiner Seele, seinem Denken, seinem Verhalten und seiner Existenzweise vorzunehmen mit dem Ziel, sich so zu verändern, dass er einen gewissen Zustand des Glücks, der Reinheit, der Weisheit, der Vollkommenheit oder der Unsterblichkeit erlangt" (Foucault 1993, S. 26). Als Praktiken der aktiven und tätigen Selbstsorge in der griechisch-römischen Philosophie und in der christlichen Tradition der Antike nennt Foucault das Sich-Zurückziehen und das Schreiben und Sprechen über sich selbst und seinen Alltag (vgl. 1993, S. 37 ff.). Ein Rückgriff auf Foucaults Technologien des Selbst im Zusammenhang mit Subjektentwürfen im Cyberspace findet sich auch bei Tanja Paulitz. In ihrer empirischen Studie „Netzsubjektivität/en" untersucht Paulitz „die wechselseitige Produktivität von Netz und Subjektivitäten im Hinblick auf ihre Machtimplikationen" (2005, S. 15). Subjektivität und Netz sieht Paulitz in ihrer Untersuchung „in einem wechselseitig produktiven Verhältnis" (2005, S. 14), „in dem sich technische und soziale Konstruktionsprozesse überlagern" (ebd.). Die von Tanja Paulitz identifizierten Netzsubjektivität/en veranschaulichen eine „Vervielfältigung von Subjektivität in heterogene Dimensionen und ihre flexible Verknüpfung in verschiedene Schnittmengen" (2005, S. 265). Diese Verfasstheit zwischen Vervielfältigung und Fragmentierung spiegelt sich auch in den Subjektentwürfen wider, die aus unserem empirischen Material hervorgehen. Schon 1997 sprach Helga Bilden vom Individuum als ein „dynamisches System vielfältiger Teil-Selbste" (Bilden 1997). Der gegenwärtige Subjektdiskurs kreist um Begrifflichkeiten wie das „hybride Subjekt" (vgl. Reckwitz 2006), das „unternehmerische Selbst" (vgl. Bröckling 2007) oder gar das „erschöpfte Selbst" (vgl. Ehrenberg 2004). In „Amateure im Netz" untersucht Ramón Reichert „die medienspezifischen Prozeduren sozialer Formalisierung und Subjektkonstitution im Spannungsfeld zwischen ‚begeisterter' Selbstdarstellung und ‚verinnerlichten' Kontrolldiskursen" (2008, S. 29). Reichert stellt fest, dass die dabei auf sich selbst geworfenen Subjekte als kreative Amateure agieren (vgl. 2008, S. 215 ff.) und kommt zu dem Schluss, dass Amateure und Amateurinnen im Netz „jenseits der Gleichsetzung von Herrschafts- und Selbsttechniken soziale Spielregeln einer neuen Repräsentationspolitik entstehen lassen, die Widersprüchliches, Ungleichzeitiges und die Überdeterminationen in den Selbst- und Weltverhältnissen hervorgebracht haben" (2008, S. 220).

Wie entwerfen sich die jungen NetzakteurInnen laut unserer Studie? In den der Sorge um sich selbst zuordenbaren Tätigkeiten des Schreibens, Erinnerns, Erzählens und Imaginierens konstruieren sich Kinder, Jugendliche und junge Erwachsene erfolgreich und anerkannt, humorvoll, schutzbedürftig und besorgt, umsichtig und achtsam und balancierend.

Kinder und Jugendliche legen Wert darauf, sich online positiv, beispielsweise als *erfolgreich und anerkannt*, darzustellen. Eine 12-jährige Schülerin ist aus ihrer Sicht eine gute Zeichnerin. Sie eröffnet einen eigenen Club, in dem sie davon erzählen kann, dass sie ein Bild gemalt hat, das sie „ganz toll" findet. Auch die Visualisierung, welche das junge Mädchen im Rahmen unseres Interviews auf die Frage „Wer bin ich im SWR Kindernetz?" anfertigt, illustriert in Abb. 1, wie wichtig ihr das Zeichnen ist.

Sie kommentiert: „Das Fragezeichen soll bedeuten, dass man nicht viel, also dass die Leute nichts über mich so genau wissen. Und das Einzige, was sie wissen ist das, was ich gerne mache, das hab ich in der Hand: Zeichnen." Das junge Mädchen weiß, was sie gut kann und kreiert einen Ort, ihren eigenen Zeichenclub, in dem ihr Anerkennung sicher ist. So wie alle anderen NetzakteurInnen, die sich erfolgreich und anerkannt darstellen, realisiert sie diese Intention mit Hilfe von Praktiken der Selektion, denn sie wählt gezielt aus, was sie von sich zeigen will.

Eine 24-jährige Bloggerin aus unserer Studie inszeniert sich online als Star, als bunter Paradiesvogel. Wie sie in ihrer Visualisierung in Abb. 2 darstellt, wirft sie sich online in Pose. Gleich der 12-jährigen Netzakteurin ist auch der Bloggerin das

Abb. 1 Eine anerkannte Zeichnerin sein, Netzakteurin 12 Jahre, Deutschland©

Abb. 2 Sich als erfolgreicher Online-Star inszenieren, Netzakteurin 24 Jahre, Deutschland©

Zeichnen ein wichtiges Hobby, das sie teilweise schon zum Beruf machen konnte. Künstlerischen Erfolg und Selbständigkeit empfindet die junge Frau als wichtig.

Mithilfe von Selektionspraktiken inszenieren sich diese Userinnen online als erfolgreiche Subjekte. Sie machen ihr kreatives Talent sichtbar, was ihnen Anerkennung verschafft, aber auch auf zukünftige berufliche Erfolge abzielt. Am Beispiel der Visualisierung eines 29-jährigen Interviewpartners, der sich in Abb. 3 vom Fenster aus beobachten lässt, kann abgelesen werden, dass der Selbstentwurf als erfolgreiches und anerkanntes Subjekt auf die Generierung bewundernder Blicke von außen abzielen kann. Der User kommentiert seine Visualisierung zur Frage „Wer bin ich auf Facebook": „Im Prinzip bin das ich. Das ganze Zeug, was ich habe… Da ist noch viel mehr, aber da ist kein Platz da und da ist das Fenster, durch das die ganze Welt und meine Freunde alle reinschauen können und mich dann beneiden können und, und das cool finden, was ich da alles habe und ich bin überhaupt der Coolste."

Eine sich in allen von uns analysierten Protokollen von Online-Diskussionen, Interviews und Visualisierungen wiederzufindende Querschnittsperspektive ist Humor. Mit ihren *humorvollen* Selbstentwürfen verfolgen die InterviewpartnerInnen unterschiedliche Ziele. „There has to be some humour (…) if you take yourself too seriously then no one would find you interesting", erklärt uns eine 21-jährige Bloggerin. Die junge Frau versucht sich selbst nicht so wichtig zu nehmen – so kann sie, wie sie erklärt, Kritik annehmen und die Meinung anderer verstehen. Wenn man das Internet benutzt, muss man weltoffen sein, so lautet ihre Devise. Die humorvolle Relativierung der eigenen Wichtigkeit wird bei ihr nicht nur als Selbstentwurf, sondern auch als Strategie der Gestaltung von Öffentlichkeit erkennbar. Den Aussagen anderer NetzakteurInnen konnten wir entnehmen, dass Humor und Witz auch als Strategie zur Zerstreuung oder als Schutzmantel dienen. Verpackt in lus-

Abb. 3 Facebook als narzisstische Bühne verwenden, Netzakteur 29 Jahre, Österreich©

tige Geschichten, kann Schweres in Leichteres transformiert werden. In arabischen Netzwerken konnten wir beobachten, dass Humor in Ländern, in welchen politische Repressionen und kulturelle Restriktionen herrschen, eine wichtige Kritikfunktion hat. In humorvollen Bildgeschichten werden beispielsweise Diskriminierungen und dominierende Machtverhältnisse kritisiert. Das Veröffentlichen von Kritik in Form von Comicstrips stellt sich als kreative Strategie von „Getting a voice, making a case" dar, die auf die Um- oder Neugestaltung der digitalen Öffentlichkeit abzielt.

Aus welchen Gründen sich InterviewpartnerInnen als *schutzbedürftig und besorgt* entwerfen, soll anhand folgender Visualisierung diskutiert werden:

Die Zeichnung einer 19-jährigen Netzakteurin zur Frage „Ich bin auf verschiedenen Plattformen präsent" illustriert in Abb. 4 die Sorge, die sie mit ihrer Online-Präsenz auf unterschiedlichen Plattformen verbindet. Die Netzakteurin zeichnet sich in Form einer Puppe mit geschlossenen Augen, umgeben von überdimensional großen fremden Händen. Sie sorgt sich darum, dass unbekannte Andere zu viel über sie und ihr Leben erfahren könnten. Die vielen Hände symbolisieren diese Anderen, die von allen Richtungen kommend, auf die Netzakteurin zugreifen. Ein bedrohliches Gefühl entsteht. Das Fehlen von Gliedmaßen und das Nichtdarstellen der Körperlichkeit der Figur in der Mitte, sowie deren geschlossene Augen unterstreichen die Passivität der Netzakteurin. Es scheint, als würde sie sich in sich zurückziehen und sich quasi verpuppen. Das Mädchen selbst kommentiert, dass es ihr Angst machte, als sie bemerkte, dass ihre virtuellen Freunde immer mehr wurden und sie nicht mehr wusste, wer ihre Postings liest.

In der Auseinandersetzung mit der Frage, was öffentlich werden oder privat bleiben soll, was erwähnt werden darf und was nicht, entwerfen sich vor allem junge

Abb. 4 Dem Zugriff der Anderen ausgeliefert sein, Netzakteurin 19 Jahre Österreich©

Menschen aus dem arabischen Raum als *umsichtig und achtsam*. So googelt sich eine 21-jährige Netzakteurin aus den Vereinigten Arabischen Emiraten regelmäßig selbst, um zu kontrollieren, was von ihr online sichtbar ist. Sie möchte sich und das Leben der Leute um sie herum nicht in Gefahr bringen. Mit ihren Worten: „Man weiß nie, wer einen überwacht." Die Praktik der Selektion, welche die Netzakteurin beim Veröffentlichen anwendet, wird in einem zweiten Schritt durch das Abrufen der auf Google verfügbaren Informationen zur eigenen Person abermals kontrolliert.

Das Spannungsfeld, in das die InterviewpartnerInnen bei dem Versuch geraten, zwischen Öffentlichkeit und Privatheit zu unterscheiden, zeigt sich in Abb. 5a und b in den Visualisierungen einer Interviewpartnerin aus Bahrain, die sich online anhand von Praktiken der Selektion, der Differenzierung und der Gestaltung als *balancierendes Subjekt* entwirft:

Die öffentliche Selbstpräsentation im Internet (Abb. 5b) unterscheidet sich von der Selbstpräsentation auf der von ihr selbst gegründeten politischen Online-Plattform Mideast Youth (Abb. 5a), die sich an junge Menschen in Ländern des Nahen Ostens und zugleich an die Weltöffentlichkeit richtet. Somit gestaltet die junge Userin mit ihrem eigenen Netzwerk nicht nur eine überregionale und internationale Gegenöffentlichkeit, sondern differenziert in ihrem Selbstentwurf auch zwischen den Bereichen privat und öffentlich. Einerseits ist sie auf der von ihr selbst gegründeten politischen Plattform, Kopf, ja, Gehirn der Organisation und äußert ihre Meinung: „Everything that I write on Mideast Youth is very public." Andererseits entwirft sie sich in ihrer graphischen Antwort auf die Frage „Wer bin ich online?" mit dem Niqab, dem traditionellen Gesichtsschleier muslimischer Frauen, der illustrieren soll, online den Schutzmantel der Anonymität zu tragen. Ihre Meinung macht die junge Frau online öffentlich, ihr Körper und vor allem ihr Gesicht bleiben zu ihrem Schutz und zum Schutze anderer privat.

Was sich in allen genannten Selbstentwürfen von erfolgreich und anerkannt, humorvoll, umsichtig und achtsam, schutzbedürftig und besorgt und balancierend ablesen lässt, ist das Spannungsfeld, in welchem das Verhältnis von Öffentlichkeit und Privatheit steht und verändert wird sowie die Verfasstheit der Subjekte zwischen *Vervielfältigung und Fragmentierung*.

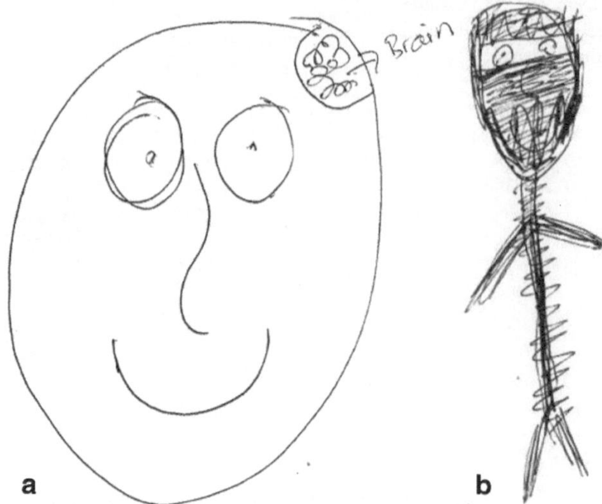

Abb. 5 a, **b** Zwischen Zeigen und Verbergen balancieren, Netzakteurin 24 Jahre, Bahrain©

Eine 19-jährige Userin hat als Antwort auf die Frage „Ich wechsle zwischen den Plattformen. Wie sieht das aus?" ihr Portrait aus Puzzleteilen zusammengesetzt gezeichnet, wie in Abb. 6 zu erkennen ist. Ein Puzzle wird zum Bild, indem man unterschiedliche Konstellationen ausprobiert und Puzzlestücke verschiebt. Im Einklang mit zeitgenössischen Subjekttheorien, die das Subjekt als flexibles, dynamisches Gebilde (vgl. Bilden 1997; Reckwitz 2006; Welsch 1991), welches sich aus unterschiedlichen Facetten zusammensetzt, behaupten, kann diese Visualisierung als Ausdruck einer jungen Frau gesehen werden, die sich als vielfältig und facettenreich entwirft und empfindet. Die Visualisierung vermittelt die Botschaft, dass die junge Frau sich aus unterschiedlichen einzelnen Teilen zusammensetzt. Sie betont, dass man online Seiten von sich zeigt, die man offline noch verbirgt und erklärt: „Das (Bild, d. V.) zeigt verschiedene Facetten von einer Person in Form von Puzzleteilchen dargestellt, die halt alle in einem eigentlich ein Bild, also dasselbe Bild zeigen."

Die im Vorangegangenen vorgestellten Subjektentwürfe sind nur einige Beispiele für Subjektfacetten, die sich in den Forschungsergebnissen abzeichnen und die nicht selten von ein und derselben Person repräsentiert werden. Mithilfe von Selektions-, Differenzierungs- und Um- und Neugestaltungspraktiken managen die NetzakteurInnen aktiv, was sie von sich zeigen und wo die individuellen Grenzen gezogen werden. Die Visualisierung des Selbst als Puzzle illustriert, dass die Zeiten, in denen diesem Selbst ein fester, überdauernder Kern und starke Bindungen zugeschrieben wurden, passé sind (vgl. Hall 1999, S. 393). Es geht nicht mehr um ein Subjekt, das uns seit der Aufklärung als das „starke" Subjekt bekannt ist und das versucht, seine Pluralität zu bändigen (vgl. Welsch 1991, S. 359), sondern, wie Wolfgang Welsch formuliert, um ein „schwaches" Subjekt, das versucht, „ihr (der Pluralität, d. V.) gerecht zu werden, mit ihr zu leben" (ebd.). Es ist ein Subjekt, das in den durch die Praktiken des Managements von Öffentlichkeit und Privatheit performativ hervorgebrachten Selbstentwürfen von erfolgreich und anerkannt, humorvoll, schutzbedürftig und besorgt, umsichtig und achtsam sowie balancierend, im Sinne Foucaults Sorge um

 Springer

Abb. 6 Online aus vielen
Puzzleteilen bestehendes
Subjekt, Netzakteurin 19 Jahre,
Österreich©

sich selbst „äußerste Sorgfalt auf seine Begabungen und seine Gesundheit" (Foucault
1993, S. 34) verwendet und in seiner Sorge weitgehend auf sich selbst geworfen ist.

5 Resümee

Das Verhältnis zwischen Öffentlichkeit und Privatheit ist in unserer Gesellschaft in
Bewegung geraten. Indizien dafür sind u. a. die verschwimmenden Grenzen zwischen
Arbeits- und Freizeit, die Einbeziehung bislang privater Themen wie Wohlbefinden,
Fragen von Partnerschaft und Ehe in öffentliche Diskurse, die Zunahme medialer
Formate, die zur Veröffentlichung von Intimität drängen und virtuelle Räume im
Zuge der Entwicklung neuer Informations- und Kommunikationstechnologien, die
neue Gestaltungsmöglichkeiten auch im Umgang mit Öffentlichkeit und Privatheit
eröffnen.

Ungeachtet der eingangs skizzierten konkurrierenden wissenschaftlichen Diskurse über das gegenwärtige gesellschaftliche Verhältnis von Öffentlichkeit und Privatheit und diagnostizierten Entgrenzungstendenzen sind die Subjekte gefordert, sich
gegenüber den in Bewegung geratenen Grenzen und Verständnissen von Öffentlichkeit und Privatheit zu positionieren. Die NetzakteurInnen setzen sich – das zeigt sich
deutlich – intensiv mit dem Verhältnis von Öffentlichkeit und Privatheit auseinander
und entwickeln Strategien, die teilweise an Traditionen anknüpfen, diese teils modifi-
zieren oder neue Öffentlichkeiten und Privatheiten kreieren. Angesichts mangelnder
gesellschaftlicher Konsense ist das Abgrenzen, Entgrenzen, Neue-Grenzen-Ziehen
als eigenständige Leistung der NetzakteurInnen gefordert und wird auch als solche
erbracht. Die Praktiken zur Konstitution von Öffentlichkeit und Privatheit treten als
performative Akte in Erscheinung, denn die Grenzen müssen ausdrücklich markiert
und inszeniert werden. In ihren performativen Akten konstituieren die NetzakteurInnen sowohl das Verhältnis zwischen Öffentlichkeit und Privatheit als auch sich selbst.

Angesichts der gesellschaftlichen Umwälzungen, welche die performativen Akte erzwingen, stellt sich die Frage, wie frei die NetzakteurInnen in ihrem Handeln sind. Diese Frage kann an dieser Stelle aufgrund ihrer Komplexität nicht erschöpfend beantwortet werden. Es können lediglich einige Ideen ins Spiel gebracht werden, welche die weitere Diskussion stimulieren. Diese Ideen rekurrieren auf den „späten" Foucault, der sich nach Butler mit den Autonomiechancen des Subjekts, das seine Praktiken inmitten gesellschaftlicher Vorgaben erbringen muss, beschäftigt hat (vgl. Butler 2003, S. 9). Foucault hatte zwar nicht die Praktiken im digitalen Raum in Blick; gleichwohl lassen sich seine Thesen auf diese Praktiken übertragen.

Mögliche Freiheit ergibt sich für das Subjekt nach Foucault nicht durch die Loslösung von gesellschaftlichen Normen, sondern vielmehr im Prozess der Adaption gesellschaftlicher Normen, weil „gesellschaftliche Normen nicht wirksam das Subjekt hervorbringen können, ohne dass das Subjekt diese Normen reflexiv in Form einer Ethik artikuliert" (Butler 2003, S. 10). „Was soll ich tun?" sei die entscheidende Frage, die auf das Erfordernis einer reflexiven Ethik verweist, eine in den Äußerungen der NetzakteurInnen wiederholt implizit oder explizit gestellte Frage. Sie kann von den NetzakteurInnen nicht unabhängig von den gesellschaftlichen Vorgaben und Erfordernissen beantwortet werden. Man muss sich darüber hinaus die Suche nach Antworten, die verlangt, Widersprüche auszubalancieren, eigene Wünsche und gesellschaftliche Zwänge aufeinander zu beziehen, situativ zu kommunizieren, permanent Entscheidungen zu treffen, als anstrengenden Prozess vorstellen. Alain Ehrenberg hat darauf hingewiesen, dass solche Anforderungen an das Subjekt auch zu dessen Überforderung führen können (vgl. Ehrenberg 2004, S. 166). Das „erschöpfte Selbst" (ebd.) ist ein mögliches Produkt der ständigen Aufforderung zur reflexiven Positionierung. Ungeachtet dessen steckt in dieser Aufforderung das Potential, existierende Wirklichkeiten aufzubrechen bzw. neue Wirklichkeiten jenseits existierender Konventionen zu gestalten. Wenn eine 21-jährige arabische Netzakteurin erklärt „We have the voice and we want it to be heard" dann ist das ein Hinweis darauf, dass dieses Potenzial erkannt wurde.

Literatur

Berry, Chris. 2011. *From the masses to the public: The changing role of the media in China*. London: Unveröffentlichtes Manuskript.

Bilden, Helga. 1997. Das Individuum – ein dynamisches System vielfältiger Teil-Selbste. In *Identitätsarbeit heute*, Hrsg. Heiner Keupp, 227–249. Frankfurt a. M.: Suhrkamp Verlag.

Bröckling, Ulrich. 2007. *Das unternehmerische Selbst. Soziologie einer Subjektivierungsform*. Frankfurt a. M.: Suhrkamp Verlag.

Butler, Judith. 2003. *Kritik der ethischen Gewalt*. Frankfurt a. M.: Suhrkamp Verlag.

Dewey, John. 1949. *Demokratie und Erziehung, Eine Einleitung in die philosophische Pädagogik*. Braunschweig: Georg Westermann Verlag.

Dewey, John. 2001. *Die Öffentlichkeit und ihre Probleme*. Berlin: Philo Verlagsgesellschaft. Englische Ausgabe: Dewey, John. 1927. *The public and it's problems*. New York: Holt Publishers.

Dreyfus, Hubert L., und Paul Rabinow. 1994. *Michel Foucault. Jenseits von Strukturalismus und Hermeneutik*. 2. Aufl. Weinheim: Beltz Athenäum.

Ehrenberg, Alain. 2004. *Das erschöpfte Selbst. Depression und Gesellschaft in der Gegenwart*. Frankfurt a. M.: Campus Verlag.

Foucault, Michel. 1993. Technologie des Selbst. In: *Technologien des Selbst*, Hrsg. Michel Foucault, Martin Rux, Martin H. Luther, William E. Paden, Kenneth. S. Rothwell, Huck, Gutmann, und Patrick H. Hutton, 24–62. Frankfurt a. M.: Fischer Verlag.

Fraser, Nancy. 1996. Öffentlichkeiten neu denken. Ein Beitrag zur Kritik real existierender Demokratie. In: *Feministische Wissenschafts- und Gesellschaftstheorie*, Hrsg. Elvira Scheich, 151–182. Hamburg: Hamburger Edition.

Fraser, Nancy. 2009. Theorie der Öffentlichkeit – Strukturwandel der Öffentlichkeit (1961). In: *Habermas Handbuch*, Hrsg. Hauke Brunkhorst, Regina Kreide, und Cristina Lafont, 148–154. Stuttgart: Metzler Verlag.

Glaser, Barney G., und Anselm Strauss. 1998/1967. *Grounded Theory*. Bern: Verlag Hans Huber.

Habermas, Jürgen. 1990. *Strukturwandel der Öffentlichkeit*. Frankfurt a. M.: Suhrkamp Verlag.

Hall, Stuart. 1999. Kulturelle Identität und Globalisierung. In: *Widerspenstige Kulturen. Cultural Studies als Herausforderung*, Hrsg. Karl H. Hörning, und Rainer Winter, 393–441. Frankfurt a. M.: Suhrkamp Verlag.

Hahn, Kornelia, und Cornelia Koppetsch. 2011. Zur Soziologie des Privaten. In: *Soziologie des Privaten*, Hrsg. Kornelia Hahn und Cornelia Koppetsch, 7–16. Wiesbaden: VS Verlag für Sozialwissenschaften.

Hermanns, Dirk, Andrea Koenen, Bertram Konert, und René Michaelski. 2002. Werkstattbericht: Interdisziplinärer Diskurs über den Wandel der Privatheit und die Rolle der Medien. In: *Privatheit im öffentlichen Raum, Medienhandeln zwischen Individualisierung und Entgrenzung*, Hrsg. Ralph Weiß und Jo Groebel, 549–609. Opladen: Leske + Budrich.

Hugger, Kai-Uwe. 2010. Digitale Jugendkulturen: Einleitung, In: *Digitale Jugendkulturen*, Hrsg. Kai-Uwe Hugger, 7–22. Wiesbaden: VS Verlag für Sozialwissenschaften.

Jurczyk, Karin, und Mechthild Oechsle. 2008. *Das Private neu denken, Erosionen, Ambivalenzen, Leistungen*. Münster: Westfälisches Dampfboot.

Paulitz, Tanja. 2005. *Netzsubjektivität/en. Konstruktion von Vernetzung als Technologien des sozialen Selbst*. Münster: Westfälisches Dampfboot.

Reckwitz, Andreas. 2006. *Das hybride Subjekt. Eine Theorie der Subjektkulturen von der bürgerlichen Moderne zur Postmoderne*. Weilerswist: Velbrück Wissenschaft.

Reichert, Ramón. 2008. *Amateure im Netz. Selbstmanagement und Wissenstechnik im Web 2.0*. Bielefeld: transcript Verlag.

Schmidt, Jan. 2009. *Das neue Netz, Merkmale, Praktiken und Folgen des Web 2.0*. Konstanz: UVK.

Schwietring, Thomas. 2009. Zeigen und Verbergen. In: *Theatralisierung der Gesellschaft*, Hrsg. Herbert Willems, 259–277. Wiesbaden: VS Verlag für Sozialwissenschaften.

Welsch, Wolfgang. 1991. Subjektsein heute. Überlegungen zur Transformation des Subjekts. *Deutsche Zeitschrift für Philosophie* 4:347–365.

Österreich Z Soziol (2014) (Suppl) 39:83–100
DOI 10.1007/s11614-014-0132-8

Öffentliche Selbstdarstellung im Internet als Aufwand

Digitale Subjektwerdung am Beispiel von jungen Menschen in Internetberufen

Tanja Carstensen

Zusammenfassung Mit dem Internet und besonders mit dem Web 2.0 ist öffentliche Selbstdarstellung zur alltäglichen Praktik geworden. Der Artikel untersucht dieses Phänomen im Kontext von (Erwerbs-)Arbeit. Hierfür werden zunächst die Parallelen zwischen aktuellen arbeitssoziologischen Erkenntnissen und Ergebnissen der sozial- und kulturwissenschaftlichen Medien- und Technikforschung herausgearbeitet. In Anlehnung an das Konzept der sexuellen Arbeit werden die Praktiken öffentlicher Selbstdarstellung als Aufwand zum Subjekt zu werden betrachtet. Anhand der Ergebnisse einer empirischen Studie über junge Menschen in Internetberufen wird anschließend untersucht, welche Praktiken Subjekte inmitten der gesellschaftlichen und technologischen Anforderungen an öffentliche Selbstdarstellung entwickeln. Dabei werden diese als Arbeit der Akteure verstanden, als Subjekte sichtbar und anerkannt zu werden.

Schlüsselwörter Öffentlichkeit · Aufwand · Internet · Anforderungen · Selbstdarstellung · Arbeit

Public self presentation on the web as effort
Digital subjectivation on the example of internet jobs

Abstract Public self presentation has become an everyday practice on the internet and especially since web 2.0 arose. This paper investigates this issue in the context of (paid) work. First, the parallels between current sociological insights on work

T. Carstensen (✉)
Arbeitsgruppe Arbeit-Gender-Technik,
Technische Universität Hamburg-Harburg,
Schwarzenbergstr. 95,
21073 Hamburg, Deutschland
E-Mail: carstensen@tuhh.de

and results of social and cultural media and technology research are outlined. Referring to the concept of sexual work, the practices of public self-presentation are considered effort of becoming a subject. Second, based on the results of an empirical analysis about young adults in internet jobs will be examined how subjects comply with the social and technological requirements on public self presentation. These practices will be considered as individuals' efforts to become visible and acknowledged as subjects.

Keywords Public space · Effort · Internet · Requirements · Self presentation · Work

1 Einleitung

Mit dem Internet und besonders mit dem Web 2.0 ist öffentliche Selbstdarstellung zur alltäglichen Praktik geworden. In der sozial- und kulturwissenschaftlichen Medien- und Technikforschung werden die damit verbundenen Phänomene seit einiger Zeit von Foucault inspiriert als Technologien des Selbst oder Praktiken neoliberaler Selbstführung betrachtet (vgl. Paulitz 2005; Münte-Goussar 2008; Reichert 2008; Wiedemann 2010; Leistert und Röhle 2011). Weniger Aufmerksamkeit finden Fragen öffentlicher Selbstdarstellung hingegen in der Arbeits- und Industriesoziologie, obwohl die Anforderungen, öffentlich sichtbar zu sein, deutliche Ähnlichkeiten zu den gewandelten Anforderungen der (Erwerbs-)Arbeit aufweisen. Unter Bedingungen der Entgrenzung, Prekarisierung und Subjektivierung sind die Arbeitssubjekte stärker denn je gehalten, selbstorganisiert und eigenverantwortlich zu agieren, ihre Arbeitskraft selbst zu vermarkten, ihre (Erwerbs-)Arbeit und ihren Alltag selbst-ökonomisiert, selbst-rationalisiert und selbst-kontrolliert zu organisieren (vgl. Voß und Pongratz 1998). Damit wird es immer notwendiger und selbstverständlicher, sich als Arbeitskraft auch im Netz öffentlich zu präsentieren.

Ich möchte in diesem Text diese Diskussionsstränge verbinden und Praktiken der öffentlichen Selbstdarstellung im Kontext von (Erwerbs-)Arbeit analysieren. Neben arbeits- und industriesoziologischen Ansätzen beziehe ich mich dabei auf die Kategorie des Aufwands, wie sie im Konzept der sexuellen Arbeit verwendet wird (vgl. Lorenz und Kuster 2006). Mithilfe dieses Konzepts soll nicht nur untersucht werden, inwiefern die Subjekte den gesellschaftlichen und technologischen Anforderungen an öffentliche Selbstdarstellung nachkommen; wo sie sich ihnen aber auch entziehen oder widersetzen. Diese Praktiken sollen auch – stärker als in der Arbeits- und Industriesoziologie bisher üblich – als Arbeit der Individuen, als Subjekte anerkannt zu werden, verstanden werden. Während die Autorinnen des Konzepts vor allem die Arbeit betrachten, zu einem Subjekt mit Geschlecht und Sexualität zu werden, bezieht der vorliegende Text das Konzept auf die Subjektivierungsarbeit hinsichtlich öffentlicher Selbstpräsentationen.

Zunächst wird auf den Wandel der Erwerbsarbeit sowie Veränderungen in anderen Arbeitsbereichen eingegangen und die Kategorie des Aufwands eingeführt. Anschließend werden die Ähnlichkeiten zu den technologischen Entwicklungen des Web 2.0 herausgearbeitet. Hierfür werden verschiedene Arbeiten der sozial- und kulturwissenschaftlichen Medien- und Technikforschung herangezogen, die das Internet aus gouvernementalitätstheoretischen Perspektiven betrachten. Im Zentrum des Textes stehen die Ergebnisse eines empirischen Forschungsprojekts, in dem die Praktiken der öffentlichen Selbstdarstellung von Subjekten untersucht wurden, die in Internetberufen arbeiten und die vermutlich sowohl mit den gewandelten Bedingungen der Arbeitswelt als auch mit den neuen technologischen Handlungsaufforderungen in besonders markanter Weise konfrontiert sind. Abschließend werden die beobachteten Praktiken vor dem Hintergrund der verschiedenen Forschungsansätze diskutiert.

2 Diagnose I: Selbstvermarktung und Selbstorganisation in der (Erwerbs-)Arbeit

Seit den 1990er Jahren haben gesellschaftliche Transformationsprozesse wie die Internationalisierung der Produkt- und Finanzmärkte, verschärfte ökonomische Wettbewerbsbedingungen und politische Deregulierung zu einem Wandel der Erwerbsarbeit geführt, der eine Reihe widersprüchlicher Effekte und neue Anforderungen hervorgebracht hat: Entgrenzung als Auflösung, Dynamisierung und Erosion von Normen, Strukturen und Regulierungen der Arbeitswelt (vgl. u. a. Döhl et al. 2000) sowie als Vermischung von Erwerbsarbeit mit anderen Lebensbereichen (vgl. u. a. Herlyn et al. 2009; Huber 2012); Prekarisierung als Zunahme unsicherer oder brüchiger Arbeitsverhältnisse jenseits des sog. Normalarbeitsverhältnisses (vgl. u. a. Castel 2000; Brinkmann et al. 2006); sowie Subjektivierung von Erwerbsarbeit als Entwicklung dahin, dass den individuellen Handlungen und Deutungen der Subjekte im Arbeitsprozess eine zunehmende Bedeutung zukommt, wodurch es zu einer Intensivierung der Arbeit kommt (vgl. Kleemann et al. 2003; Schönberger und Springer 2003).

Im Zuge dieser Veränderungen hat sich auch das Verhältnis der Subjekte zur Erwerbsarbeit verändert. Diese stehen vor erhöhten Anforderungen an Selbstorganisation und eigene Strukturierungsleistungen, was Chancen weitergehender Autonomie innerhalb der Arbeitsverhältnisse bietet, aber auch Gefahren erhöhter Belastung und der Tendenz zur Selbstausbeutung birgt. Unter diesen gewandelten Bedingungen ändern sich auch die Subjektivierungsweisen. Voß und Pongratz (1998) diagnostizieren einen neuen Typus Arbeitskraft, den „Arbeitskraftunternehmer": Die Individuen sind gezwungen, innerhalb der sich entgrenzenden Arbeitsverhältnisse kompetent und eigenverantwortlich zu agieren und sich auf die gestiegenen Anforderungen einzustellen. Als „Arbeitskraftunternehmer" müssen sie zunehmend ihre eigenen Fähigkeiten und Leistungen selbst vermarkten (Selbst-Ökonomisierung), ihren Alltag und Lebensverlauf bewusst durchorganisieren (Selbst-Rationalisierung) sowie ihre eigenen Tätigkeiten selbständig planen, steuern und überwachen (Selbst-Kontrolle). Feministische Arbeitsforscher_innen weisen darauf hin, dass es daneben auch in der Reproduktionsarbeit zu einer Zunahme an Anforderungen und einer Verdichtung von Aufgaben kommt, beispielsweise durch steigende Ansprüche an Kindererziehung (vgl. u. a. Winker und Carstensen 2007). Weitere Debatten thematisieren die Einbindung der Konsument_innen in den Produktionsprozess als „arbeitende Kunden" (vgl. Voß und Rieder 2005; Beyreuther et al. 2012; Kleemann et al. 2012), die mit

dem Internet markant zugenommen haben. Das ganze Leben wird zunehmend zu einer aktiven Herstellungsleistung und damit zu Arbeit, bei der Berufsbiografien, der gesamte Alltag und die Zeitpläne der einzelnen Familienmitglieder gemanagt werden müssen (vgl. Jurczyk et al. 2009).[1]

3 Ein Schritt zurück: Der Aufwand, zum Subjekt zu werden

Zu ähnlichen Einschätzungen aus deutlich anderen theoretischen Perspektiven kommt auch Foucault in seinen Gouvernementalitätsstudien. Er formuliert die gestiegenen Anforderungen an Selbstführung als zentrales Moment neoliberaler Regierungsrationalität und betrachtet das Subjekt als „Unternehmer seiner Selbst" (vgl. Foucault 2006). Im Gegensatz zur Arbeits- und Industriesoziologie wird das Subjekt aber hier nicht als bereits gegebenes konzipiert, welches den äußeren Veränderungen der Arbeit ausgesetzt ist. Lorenz und Kuster (2006) formulieren u. a. im Anschluss an Foucault in ihrem Ansatz der „sexuellen Arbeit" Arbeit als den Aufwand, in der Unterwerfung überhaupt erst zum Subjekt zu werden bzw. anerkannt zu werden. Vor dem Hintergrund eines poststrukturalistischen Subjektverständnisses gehen sie davon aus, dass die Praxen, die bei der (Erwerbs-)Arbeit verlangt werden, nicht von den Praxen und Diskursen um Subjekt, Geschlecht, Sexualität und Herkunft zu trennen sind. Im Arbeitsprozess ist es nicht nur wichtig, als Arbeitnehmerin zu handeln, sondern auch Weiblichkeit, Heterosexualität, Weißsein etc. permanent herzustellen und zu inszenieren. Sexuelle Arbeit bezeichnet damit den Aufwand, der mit Subjektivierung im Feld von (Erwerbs-)Arbeit verbunden ist. Der Begriff ist „ein analytisches Mittel, um zu verstehen, wie Individuen unter historischen und kontextspezifischen Bedingungen zu Subjekten werden und welche Praxen in diesen Prozess involviert sind" (Lorenz 2009, S. 26). Individuen werden zu Subjekten in performativen Akten, in denen sie sowohl sozialen Normen unterworfen als auch gleichzeitig befähigt werden, zu handeln und gesehen zu werden (vgl. auch Butler 2001, S. 110). Lorenz (2009, S. 26) weist darauf hin, dass die (sexuelle) Arbeit der Subjekte zum einen produktiv im Sinne kapitalistischer Verwertung ist, zum anderen aber auch als Machttechnologie wirkt, mittels der gesellschaftliche Regeln subjektiviert werden. Der Aufwand, Anerkennung als Subjekt zu erlangen, ist je nach gesellschaftlicher Platzierung unterschiedlich groß. Diesen Aufwand als Arbeit zu bezeichnen, dient dazu „zu verdeutlichen, dass sie unbezahlter Teil gesellschaftlicher Produktion und Reproduktion" (ebd.) und damit Arbeit ist.

Sowohl in arbeits- und industriesoziologischen als auch in poststrukturalistischen Ansätzen wird gleichzeitig diskutiert, dass die Subjekte die Anforderungen nicht widerstandslos annehmen und bruchlos erfüllen. Jürgens (2006) betont, dass die Subjekte Grenzen auch aktiv verteidigen, verschieben, eigensinnig eigene Grenzen ziehen und widerständig gegenüber strukturellen Einengungen agieren, oftmals um Interessen aus anderen Lebensbereichen zu wahren. Lorenz und Kuster (2006) beto-

---

[1] Gleichzeitig ist keineswegs jedes soziale Handeln Arbeit: Nicht-intentionales, unbewusstes und nicht-zweckgerichtetes Handeln wie Muße, Zerstreuung, Unterhaltung lässt sich als „Nicht-Arbeit" abgrenzen (Böhle 2010, S. 171).

nen zudem die Ambivalenzen in Prozessen der Subjektivierung und der Prekarisierung. Sie sehen ein „neues Dispositiv der Macht im Feld der (Lohn-)Arbeit […], in dem sich (Versprechen auf) emanzipative und befreiende Momente mit einer besonders effektiven Einbindung in prekäre Arbeits- und Lebensbedingungen verbinden" (Lorenz 2009, S. 11 f.). Damit geraten neben allen An- und Aufforderungen auch die eigenen Interessen der Subjekte, deren Freiwilligkeit sowie die Möglichkeiten, die sich ergebenden Handlungs- und Widerstandsmöglichkeiten auszuloten, in den Blick (vgl. auch Pieper et al. 2009).

Trotz unterschiedlicher theoretischer Bezugspunkte, einer unterschiedlichen Positionierung zu (Erwerbs-)Arbeit, zum Subjektbegriff sowie zu Konzeptionen von Autonomie, Handlungsfähigkeit, Widersetzungen und Freiwilligkeit teilen diese Ansätze die Diagnose, dass die Subjekte stärker als früher selbstorganisiert und eigenverantwortlich und unter gestiegenen Anforderungen agieren müssen. Allerdings bleibt hierbei der Aufwand, den die Subjekte durch neue Technologien noch zusätzlich leisten müssen, weitgehend unberücksichtigt.

4 Diagnose II: Das Web 2.0 – materialisierte Auf- und Anforderungen

Seit den 1990er Jahren haben sich mit dem Internet und in den letzten Jahren insbesondere mit der Verbreitung von Wikis, Weblogs und Social Network Sites markante technologische Veränderungen vollzogen. Dabei fällt auf, dass dem Internet und dem „Arbeitskraftunternehmer" bzw. dem „Unternehmer seiner Selbst" ähnliche Prinzipien zugrunde liegen, die die Anforderungen an Eigenverantwortung, Selbstmanagement, Vernetzung, die Vermarktung der eigenen Fähigkeiten und Leistungen und nicht zuletzt Selbstdarstellung zur alltäglichen Praxis machen. Diese Ähnlichkeiten zwischen den Aufforderungen, die die Technik auf der einen Seite und die Transformationen des Sozialen auf der anderen Seite an die Subjekte stellen, sind kein Zufall, betrachtet man Technik und Gesellschaft als gegenseitig konstitutiv füreinander. Weder ist das Internet Auslöser dieser Entwicklungen, noch ist es passiver Spiegel gesellschaftlicher Verhältnisse. Technologien müssen als Ausdruck, Materialisierung bzw. Vergegenständlichung gesellschaftlicher Verhältnisse und damit auch in ihrer Konstruiertheit analysiert werden (vgl. u. a. MacKenzie und Wajcman 1985). Gleichzeitig sind sie nicht auf ihre soziale Konstruiertheit reduzierbar, sie sind nicht nur passive Objekte in gesellschaftlichen Auseinandersetzungen, sondern in ihrer Materialität durchaus eigensinnig und aktive Teilhaber_innen an gesellschaftlichen Entwicklungen (vgl. Haraway 1995; Latour 2002). Sie wirken handlungsnormierend, werfen Probleme auf, stellen Anforderungen an die Subjekte, die mit ihnen umgehen, und sind damit als konstitutive Bestandteile von Gesellschaft zu betrachten, die immer auch neue Handlungsmöglichkeiten bzw. Zwänge hervorbringen. Technologien sind demnach eng mit gesellschaftlichem Wandel verwoben.

Erste technik- und medienwissenschaftliche Arbeiten haben die neuen technologischen Handlungsaufforderungen des Internets vor dem Hintergrund gouvernementalitätstheoretischer Überlegungen herausgearbeitet: Paulitz (2005) zeigt beispielsweise, dass die Nutzung und Gestaltung des Netzes mit Aufforderungen, Aktivierungen und Adressierungen der Nutzer_innen als aktive, sich zu vernetzende

Subjekte einhergeht, die mit Foucault als „Technologien des sozialen Selbst" interpretiert werden können. Selbstregierung wird hiernach mit Hilfe von Anregungen, appellierenden Artefakten, pädagogischen Interventionen und normativen Regulierungen gefördert, was die Akteur_innen allerdings nicht als Zwang erfahren, sondern als soziale Handlungsfähigkeit (Paulitz 2005, S. 269). Reckwitz (2006) thematisiert hingegen insbesondere Navigation und Immersion als Anforderungen an das „Computersubjekt", das im Umgang mit Interaktivität, Hypertextualität und ständigen Wahlsituationen trainieren muss, permanent Entscheidungen zu treffen. Reichert (2008) weist darauf hin, dass mit dem Web 2.0 eine Reihe von Selbstpraktiken einhergehen, die mit den gestiegenen Anforderungen an Eigenverantwortung und Selbstmanagement korrespondieren; er bezeichnet das Web 2.0 daher als „Prototyp neoliberaler Regierungstechnologie" (Reichert 2008, S. 13). Dabei beobachtet er Praktiken wie Selbstführung und Bekenntnis, Buchführung und akribischen Leistungsvergleich, Selbstinszenierung sowie die Selbstverständlichkeit, über sich selbst Auskunft zu geben und sich als Objekt der Betrachtung in Szene zu setzen. Die Nutzung dieser Tools bewegt sich im Spannungsfeld zwischen „begeisterter" Selbstdarstellung und „verinnerlichten" Kontrolldiskursen (Reichert 2008, S. 29). Herrschaft, so auch Münte-Goussar „verschwindet im Postulat der Selbstbeherrschung. Genau dies kann man in den Web-Communities trainieren" (2008, S. 191). Reichert und Münte-Goussar sehen im Web 2.0 eine neue Qualität der Herrschaftstechnologie, die Ausdruck und Trainingsmöglichkeit für diese Selbstpraktiken im Spannungsfeld zwischen Selbst- und Fremdführung sind (ähnlich auch Wiedemann 2010). Auch Leistert und Röhle (2011, S. 8) betrachten die neuen medialen Konstellationen als Teil gouvernementaler Ordnungen, die Subjekte auf eine bestimmte Art und Weise adressieren, bestimmte Anforderungen (re-)produzieren und Techniken der Selbstdarstellung, Selbstverwertung, Selbstkontrolle einüben, die als zentrale Kriterien des beruflichen und gesellschaftlichen Erfolgs unter den Bedingungen des Postfordismus gelten (vgl. Leistert und Röhle 2011, S. 22). Carstensen (2012) zeigt mit Blick auf die Geschlechterverhältnisse im Netz, dass die Subjekte einerseits vielfältige(re) Ausdrucks- und Darstellungsformen vorfinden und nutzen; dass ihnen anderseits aber insbesondere in den engen Formularstrukturen von Sozialen Netzwerken nur stereotype, ausgrenzende und diskriminierende Identitätsangebote zur Verfügung stehen.

Einige neuere Veröffentlichungen diskutieren die Praktiken mit sozialen Medien zunehmend auch als Arbeit. Beispielsweise sieht Andrejevic (2011) in Facebook „eine Produktionsweise – eine Art und Weise, Menschen zum Arbeiten zu bringen, die den Wert generieren, der es der Plattform erst ermöglicht, all die anderen Funktionen zu erfüllen, die man ihr zuschreibt". User_innen verrichten hiernach doppelte Arbeit: „Sie produzieren den Inhalt und generieren Marktforschungsdaten – über sich selbst." (Andrejevic 2011, S. 39). In Anlehnung an Lazzaratos (1996) Konzept der „Immatriellen Arbeit" analysieren Coté und Pybus (2011) die Arbeit, die in Sozialen Netzwerken geleistet wird. Motivation, für die sozialen Netzwerke zu arbeiten, ist hiernach (wieder)erkennbar sein zu wollen. Wer es nicht schafft ständig abzudaten, kann nicht mehr lesbar sein: „Die Rubrik ‚Neuigkeiten' ist somit vielleicht eines der wichtigsten biopolitischen Merkmale von Facebook: ein ‚performatives' virtuelles Spielfeld, das die Produktion von Subjektivitäten online antreibt, während es gleichzeitig als Webportal fungiert, das die immaterielle Arbeit abschöpft, welche die

Nutzer leisten müssen, um erkennbar zu bleiben" (Coté und Pybus 2011, S. 55). Ein wichtiger Aspekt ist auch hierin das Streben nach „Authentizität", die nicht zuletzt von den Sozialen Netzwerken strikt eingefordert wird. Statt multiple Identitäten, Identitätsexperimente und Gender Swapping zu praktizieren, die als Hoffnungen mit dem frühen Internet verknüpft waren (vgl. Turkle 1998), etabliert sich nun eine Kultur der Selbstpreisgabe und des Identitätsmanagements mit Zwang zu Eindeutigkeit (vgl. Lovink 2011, S. 183).

Gleichzeitig existieren auch hier, genauso wie im Bereich der Erwerbsarbeitsanforderungen, abweichende, subversive und widerständige Praktiken. Reichert (vgl. 2008, S. 42) erwähnt beispielsweise Fake-Identitäten, die versuchen sich dem Zugriff hegemonialer Identitätsdiskurse temporär zu entziehen. Im Umgang mit Geschlechtsidentitäten in Sozialen Netzwerken finden sich Praktiken, wie beispielsweise bei jedem Einloggen in das Soziale Netzwerk die Angabe zum Geschlecht zu ändern oder in den Persönlichkeitsprofilen Fotos zu verwenden, die Frauen mit Bärten zeigen (vgl. u. a. Richard et al. 2010, S. 210 ff.). Nutzer_innen von Technologien sind definitionsmächtige Subjekte, die trotz aller Materialität von Artefakten und (vermeintlicher) Sachzwänge eigensinnig im Umgang mit Technik agieren, neue Nutzungsweisen erproben und sich Handlungsaufforderungen durch Technik entziehen (vgl. hierzu auch Oudshoorn und Pinch 2003).

Nichtsdestotrotz kann öffentliche Selbstdarstellung in der Gegenwartsgesellschaft als neue Handlungsnorm betrachtet werden. Sie korrespondiert offensichtlich mit den gestiegenen Anforderungen an Selbstorganisation und -management, die „Arbeitskraftunternehmer" oder „Unternehmer Ihrer Selbst" erfüllen müssen. Sie ist notwendig, um in der gewandelten Erwerbsarbeit erfolgreich zu bestehen; sie ist aber auch erforderlich, um überhaupt als Subjekt wahrgenommen und an- und wiedererkannt zu werden. Dabei wird deutlich, dass öffentliche Selbstdarstellung selbst auch wiederum Aufwand bedeutet. Gleichzeitig existieren sowohl im Bereich der Arbeit als auch hinsichtlich des Web 2.0 Handlungsspielräume und Möglichkeiten für Brüche, Widersetzungen und eigensinnige Grenzziehungen.

Ich möchte im Folgenden vor dem Hintergrund dieser Themenstränge – den aktuellen Diskursen zum Wandel der (Erwerbs-)Arbeit und den Analysen zum Web 2.0 – die Praktiken der Selbstdarstellung im Kontext von (Erwerbs-)Arbeit empirisch untersuchen. Die arbeits- und industriesoziologischen Diagnosen helfen dabei die aktuellen (gestiegenen) (Selbstdarstellungs-)Anforderungen an die Subjekte zu deuten und ihre veränderten Handlungsbedingungen zu verstehen. Mit Bezugnahme auf das Konzept der sexuellen Arbeit möchte ich – stärker als in der Arbeitssoziologie üblich – die Selbstdarstellungspraktiken als Arbeit der Individuen verstehen, als Subjekte anerkannt zu werden und sichtbar zu sein, und damit als Prozesse der Subjektivierung untersuchen. Auf diese Weise möchte ich auch den Aufwand sichtbar machen, den die Praktiken der Anerkennung und Sichtbarkeit bedeuten.

5 Öffentliche Selbstpräsentationen von Internetarbeiter_innen – Empirische Ergebnisse

Wie bereits deutlich wurde, kann auf Grundlage der wissenschaftlichen Diagnosen öffentliche Selbstdarstellung als aktuell starke Handlungsnorm, Auf- und Anforderung betrachtet werden. Empirische Ergebnisse zu den konkreten Praktiken im Netz gibt es allerdings kaum. Im Folgenden möchte ich auf Grundlage von empirischen Daten aus dem Teilprojekt „Webbasierte Erwerbsarbeit" des Verbundprojekts „Subjektkonstruktionen und digitale Kultur"[2] der Frage nachgehen, welche Praktiken der Selbstpräsentation sich im Kontext von (Erwerbs-)Arbeit im Netz beobachten lassen. Dies analysiere ich am Beispiel von Personen, die in Internetberufen erwerbstätig sind, da sich für sie die Anforderungen an öffentliche Selbstdarstellung vermutlich sehr markant stellen.

Das Sample umfasst 30 Personen aus sich neu entwickelnden Berufsfeldern wie Online-Journalismus, Social Media Beratung, Software Entwicklung, Web Design, Content Management und Medienbildung im Alter zwischen 20 und 30 Jahren. Einige arbeiten selbständig, andere fest angestellt, einige von ihnen verdienen mit ihrer Internetarbeit momentan (noch) kein Geld. Das Bildungsniveau im Sample ist sehr hoch: Die meisten von ihnen haben Abitur, einige haben ein Hochschulstudium bereits abgeschlossen, viele studieren noch oder haben ihr Studium abgebrochen. 18 der 30 Interviewten sind Männer. Nur eine Person hat bereits ein Kind. Einige wenige haben einen Migrationshintergrund. Das Sample ist damit sehr medien- und technikkompetent und insbesondere hinsichtlich Bildung, Herkunft und Alter privilegiert. Was die Verallgemeinerbarkeit der Ergebnisse betrifft, ist damit davon auszugehen, dass sich eher fortgeschrittene und sehr intensive Nutzungsweisen im Sample zeigen, die gesamtgesellschaftlich (noch) nicht in dem Maße zu finden sein dürften. Gleichzeitig kann vermutet werden, dass einige der Nutzungsweisen Pionierpraktiken darstellen, die sich in den nächsten Jahren verbreiten werden.

Mit den 30 Personen wurden Leitfaden gestützte Interviews über ihre Arbeit und ihren Alltag geführt. Anschließend an das Interview wurden zudem einige Praktiken im alltäglichen Umgang mit dem Internet nachgestellt und mit Hilfe einer Software aufgezeichnet. Sowohl in den Interviews als auch während der Aufzeichnung der Praktiken spielten die öffentlichen Selbstpräsentationen der Interviewten auf eigenen Homepages, Netzwerk-Profilen, Weblogs etc. eine zentrale Rolle (vgl. Carstensen et al. 2014). Um diese Praktiken der Selbstdarstellung und des Öffentlichseins genauer zu analysieren, wurden ergänzend diese Selbstpräsentationen, soweit sie öffentlich zugänglich waren, mit in die Auswertung einbezogen.

Auswertungsfragen an dieses im Internet erhobene Material waren u. a.: Wie präsentiert sich die Person? Auf welchen unterschiedlichen Seiten ist sie präsent (eigene Homepage, Facebook, Twitter, Weblog, Firma, Interviews)? Finden sich eher viel oder wenig Informationen, sind diese vielfältig oder eher homogen, verstreut oder gebündelt? Wo wird die Grenze zwischen Öffentlichkeit und Privatsphäre gezogen, welche Informationen findet man über die Person, welche nicht? Und welche Bedeutung hat (Erwerbs-)Arbeit in der Selbstpräsentation?

Im Folgenden werden insbesondere die Ergebnisse dieser Webanalysen vorgestellt, wobei diejenigen Aussagen aus den Interviews, die sich auf die eigene öffent-

---

[2] Das Projekt wurde von der Volkswagen-Stiftung und dem österreichischen FWF gefördert und als Kooperationsprojekt von vier Forschungsteams durchgeführt (2009–2012): Neben dem Team an der TU Hamburg-Harburg (Tanja Carstensen, Jana Ballenthien, Gabriele Winker) waren die Universität Klagenfurt (Christina Schachtner), die Universität Bremen (Heidi Schelhowe), und die Universität Münster (Raphael Beer) beteiligt (vgl. Carstensen et al. 2014).

 Springer

liche Selbstdarstellung beziehen, mit in die Darstellung einfließen. Auf diese Weise können Motivlagen und Begründungen ergänzt werden. Die Analyse der öffentlichen Selbstdarstellungen ergibt ein vielfältiges Bild, in dem sich markante Muster abzeichnen. Die Darstellung beschränkt sich im Wesentlichen auf diese Muster; werden Einzelfälle zitiert, sind diese stark anonymisiert.

5.1 Der öffentliche „Arbeitskraftunternehmer": Praktiken des strategischen Grenzmanagements

Ein typisches Muster im Sample zeigt, dass Individuen ihre öffentliche Selbstdarstellung auf die Vermarktung der eigenen Person als Arbeitskraft bzw. eigener Fähigkeiten, Kompetenzen oder Angebote begrenzen. Typischerweise sind dies selbständig arbeitende, die ihre Produkte und Dienstleitungen präsentieren. Je nach Angebot steht die eigene Person dabei mehr oder weniger im Vordergrund. Geht es beispielsweise um Webdesign, Online-Games oder dinglich-materielle Produkte, werden Arbeitsproben oder Referenzen vorgestellt. Werden Dienstleistungen angeboten, die mehr mit der Persönlichkeit zu tun haben, werden Kompetenzen, individuelle Eigenschaften, aber auch Emotionen gezeigt.

Zur Vermarktung des eigenen erwerbsmäßigen Angebots gibt es meist eine eigene Website, die entweder den Klarnamen der Person, den Firmennamen oder den Produktnamen enthält. Die Seite ist professionell und übersichtlich gestaltet und bietet verschiedene berufliche Informationen über die Person sowie Kontaktdaten (E-Mail, Skype, ICQ). Das Design und die technisch teilweise aufwändige Gestaltung der eigenen Seite verweisen oftmals sichtbar auf die Medien- bzw. Technikkompetenz der Person. Manchmal enthält die Seite einen Lebenslauf, Verweise auf Praktika, Bildungsabschlüsse und vorherige Arbeitgeber_innen sowie Kompetenzbeschreibungen; zudem finden sich auf den Seiten Texte, Bilder, Videos, Interviews, Hinweise auf eigene Veranstaltungen sowie die Aufforderungen wie „Buchen sie mich!".

Klassischerweise verfügen die „öffentlichen Arbeitskraftunternehmer" zudem über ein schlichtes, öffentliches XING-Profil, in dem unter „Ich biete" entweder Fachkompetenzen („Suchmaschinenoptimierung", „Wordpress", „Flashdesign") oder subjektivierte Eigenschaften („Interesse", „Sinn für Ästhetik", „Flexibilität", „Spaß an Herausforderungen", „Organisationstalent") genannt werden. Auf diese Weise auch auf anderen Netzwerken öffentlich zu sein, wird als unausweichlich wahrgenommen, selbst wenn der Sinn angezweifelt wird:

> man ist einfach da der Präsenz wegen, weil man's ja irgendwie sein muss weil wir sind'n Internetunternehmen wir können nicht nicht auf Facebook sein und nicht nicht auf Twitter und, am besten entwickeln wir noch n App, also, das sind so Sachen wo man, manchmal sich tatsächlich über die Sinnhaftigkeit, also wo ich mir nicht so ganz über den klaren Nutzen bewusst bin, es aber einfach mache, weil ich denke, man muss es ja auch machen.[3]

---

[3] Die Zeichensetzung bei der Transkription erfolgte nicht nach grammatikalischen Regeln. Komma- und Punktsetzungen sollen Pausen und Betonungen verdeutlichen.

 Springer

Der Versuch, als Subjekt öffentlich anerkannt zu werden, beschränkt sich hierbei auf die (Erwerbs-)Arbeit und wird offenbar eher als notwendiges Übel wahrgenommen, zum Teil als diskursiv erzeugte Norm, zum Teil als ökonomische Notwendigkeit. Jedenfalls entspringt das Öffentlichsein in diesen Fällen nicht dem Wunsch als „ganzes Subjekt" anerkannt zu werden, sondern der Deutung, dass die eigenen erwerbsarbeitsbezogenen Kompetenzen vermarktet werden müssen und dass ein Zwang besteht, sichtbar sein zu müssen.

„Private" Informationen stehen hierbei deutlich im Hintergrund, selbst wenn die Personen mit ihrer „Persönlichkeit" im Netz sehr präsent sind. Gerade mit Hilfe des Internets wird zwischen Erwerbsarbeit und anderen Lebensbereichen sowie zwischen Privatsphäre und Öffentlichkeit getrennt. In den Interviews wird deutlich, dass die Nutzung von Privatsphäre-Einstellungen und Gruppen-Optionen im Internet reflektiert und zeitintensiv stattfindet:

> Facebook ist mehr privat, aber mittlerweile auch schon mit Beruf vermischt, weil wie erklärt man dem Arbeitskollegen oder der Arbeitskollegin, dass man sie auf Xing added aber auf Facebook nicht (…), ist manchmal ein bisschen schwierig, deswegen hat sich das irgendwann vermischt, aber man kann Gruppen anlegen und dann ist alles wieder in Ordnung.

Neue Grenzen zu ziehen ist fester Bestandteil der Anerkennungspraktiken der „öffentlichen Arbeitskraftunternehmer" geworden. Einige legen viel Wert auf eine klare Außendarstellung, löschen beispielsweise ihr studiVZ-Profil, wenn sie sich bei Facebook anmelden, weil sie der Meinung sind, zu viele Profile würden nicht seriös aussehen. Sie überprüfen, wer das eigene Profil besucht oder werten Klick-Statistiken ihrer Seiten aus.

Einige der Interviewpartner_innen verhindern die Vermischung von als beruflich und als privat definierter Selbstdarstellung aber auch durch anonyme Zweitaccounts. Das heißt sie veröffentlichen bestimmte (als privat betrachtete) Themen nicht unter Klarnamen, sondern nur unter Pseudonymen. Diese anonymen Accounts sind nicht mit dem Klarnamen in Verbindung zu bringen. Eine Interviewperson hat beispielsweise neben diversen beruflichen Accounts unter Klarnamen auch einen Weblog und einen Twitter-Account unter einem Pseudonym, auf denen sie sich zu ihren sexuellen Vorlieben äußert.

> Ja der zweite Account ist schon so, dass er ganz viele intime Dinge auch schreibt, wo ich auch wüsste, wenn das jeder Mensch, den ich so kenne, mit mir in Verbindung bringen würde, dann wär das nicht gut, also da weiß ich ja, das wär für mich nicht gut und von daher ist das eben anonym.

Offensichtlich besteht ein Bedürfnis, auch diese Themen öffentlich zu verhandeln, mit anderen zu teilen, hierzu Austausch, Diskussion und Feedback zu bekommen, aber eben nicht als die Person, die sich erwerbsarbeitsbezogen unter Klarnamen darstellt. So agieren die Interviewpersonen zwischen Wünschen nach Authentizität und Identitätsexperimenten gleichzeitig.

Insgesamt erweisen sich Grenzmanagement und die Trennung von Lebensbereichen als zentrale Praktiken der Subjektivierung der „öffentlichen Arbeitskraftunternehmer". Subjektivierung findet unter deutlichen Selbstvermarktungsanforderungen statt. Wünsche nach Anerkennung beispielsweise als sexuelles Subjekt werden von der Darstellung der Arbeitskraft getrennt.

5.2 Das öffentliche Netzsubjekt: Praktiken der Grenzverwischung und die Suche nach Anerkennung als „ganze Person"

Gleichzeitig finden sich andere Praktiken, bei denen sich die Subjekte als „ganze Person", mit scheinbar all ihren Aktivitäten, Überlegungen, Interessen und Positionen öffentlich präsentieren und damit ein deutlich anderes Bild von sich erzeugen als die „öffentlichen Arbeitskraftunternehmer". Diese „Netz-Allrounder_innen" sind nicht selten in über 50 Sozialen Netzwerken Mitglied. Sie haben Tausende von Follower_innen bei Twitter, Hunderte von „Friends" bzw. „Kontakten" bei Facebook, XING etc. und sind an vielen Orten des Netzes aktiv an Diskussionen beteiligt. Sie verwenden überall den gleichen Nickname, der so in der Unübersichtlichkeit des Web 2.0 zu einer wiedererkennbaren Marke wird. Manche verwenden zudem überall das gleiche Profilfoto; andere entwerfen sich lieber vielseitig und dem jeweiligen Charakter der Online-Netzwerke entsprechend und stellen verschiedene Subjektfacetten dar, ohne dabei aber nicht mehr wiedererkennbar zu werden. Mal wird der eigene Körper über diverse Fotos inszeniert, manchmal bleibt das Aussehen der Person aber auch unsichtbar. Eigene Weblogs und Podcasts ergänzen die Selbstdarstellung. Insbesondere auf Twitter werden regelmäßig und oft mehrere Male stündlich Nachrichten geschrieben über das, was man gerade macht, denkt, gelesen oder fotografiert hat, über Musik, die man gerade hört, worüber man sich aufregt, freut oder wundert. Verlinkt mit Foursquare wird zudem berichtet, wo man gerade ist und wen man gleich trifft. Die Themen reichen von Erwerbsarbeit, eigenen Kompetenzen über Hobbys, Sport, Essen, Musik, Technik bis hin zu aktueller Tagespolitik, Netzpolitik, Sexismus und Rassismus. Diskursiver Bezugspunkt für diese öffentliche Selbstdarstellung sind die Debatten um „Post-Privacy" (vgl. Heller 2011).

Typisch für die umfassende Netzpräsenz ist eine eigene Website oder ein eigener Blog unter der Domain www.vorname-nachname.de, die aber nicht unbedingt Informationen enthalten, sondern lediglich als Knotenpunkt für die gesamte Netzpräsenz dienen und Verweise in alle Richtungen anbieten: Ich bei Facebook, Ich bei Twitter, Ich bei XING, Ich bei MySpace, Ich bei Google+. Dieses „Ich" wird überall flexibel in die jeweiligen Profilstrukturen eingepasst. Die Interfaces und Darstellungsmöglichkeiten der verfügbaren Netzwerke entsprechen offensichtlich in ihrer Struktur den Darstellungspräferenzen der Subjekte oder stören diese zumindest nicht. Zudem wird deutlich, dass sich ein neues Niveau an Medienkompetenz etabliert. Viele der Interviewten gehen mit der medialen Vielfalt geübt um und nutzen selbstverständlich Texte, Videos, Podcasts, Kommunikationsmedien, Fotos und ein professionelles Design der eigenen Website zur ausdrucksvielfältigen Selbstdarstellung.

Hier wird bereits sichtbar, dass Homepages, Soziale Netzwerke, Weblogs, Podcasts etc. zu zentralen Orten der Subjektivierung geworden sind. Der Aufwand, den Individuen betreiben, um sichtbar und anerkannt zu werden, ist zu einem wesentlichen Teil ins Netz verlagert worden und wird von manchen Subjekten fast vollständig öffentlich verhandelt. Die Anforderungen der Erwerbsarbeit nach Sichtbarkeit und öffentlicher Selbstvermarktung zu erfüllen, macht einen wichtigen, aber bei Wei-

tem nicht den einzigen Grund aus. Bei diesem Bemühen um Netzsichtbarkeit geht es also keineswegs nur um Erwerbsarbeit und die Zuschaustellung der eigenen Arbeitskraft: Mit verschiedenen eigenen Blogs macht z. B. ein Interviewter unterschiedliche Interessen zu jeweils eigenen Webauftritten, zu Themen wie Politik, Arbeit, Kunst, Musik und Unterhaltsames. Die unterschiedlichen Auftritte sind durch Verlinkungen, Fotos oder Eigennamen miteinander verbunden. Die Vermischung wirkt gewollt und keinesfalls unkontrolliert. Auch passen viele Statusmeldungen, Kommentare und Profilinformationen nicht in das Bild des selbst-ökonomisierten „Arbeitskraftunternehmers". Politische, subversive oder ironische Inhalte sind hier ebenso zu finden wie Informationen zu Freizeit und persönlichen Themen. Teilweise werden sogar freizügige Aussagen zu Unzufriedenheiten mit aktuellen oder ehemaligen Arbeitgeber_innen gegeben. Dabei machen sich die meisten wenig Gedanken über Datenschutzprobleme; meist grenzen sie sich selbstbewusst gegenüber Diskurs-Figuren wie der des googelnden Arbeitgebers ab:

> also ich twitter relativ viel Privates so oh heut' hab' ich überhaupt keine Lust auf Arbeiten und solche Geschichten, aber auch halt viel Berufliches mit was für Frameworks zur Entwicklung ich arbeite (…) also da muss man dann auch mit leben können, ich mein' jeder hat ein Privatleben und jeder geht mal irgendwo was trinken, und wenn das irgendwie 'ne Rolle spielt im Job, dann ist es auch nicht der richtige Arbeitgeber find' ich.

Die Sichtbarkeit und Anerkennung als (öffentliches) Subjekt und als „ganze Person" scheinen dabei wichtiger zu sein als die Arbeit am durchgestylten Erwerbsarbeitsimage. Brüche in der Darstellung und Vermischungen zwischen verschiedenen Lebensbereichen sind gewollt und werden aktiv hergestellt.

Manchmal wird nicht ganz klar, ob die Vermischung von als privat definierten Bereichen und beruflicher Selbstdarstellung absichtlich und gewollt sind. Während eine Interviewperson beispielsweise auf ihrer eigenen Homepage hauptsächlich ihr Können in Grafikdesign beweist und bis auf einen kurzen Lebenslauf und ein seriöses Foto keine weiteren privaten Informationen preisgibt, präsentiert sie sich auf ihrem Facebook-Profil betont lässig mit Sonnenbrille in Freizeitsituationen. Fotos und Selbstpräsentationen unterscheiden sich, auch sind die jeweiligen Seiten nicht miteinander verlinkt. Andere haben teilweise einsehbare Facebook-Profile, in denen Urlaubsfotos öffentlich zugänglich sind oder Freizeitaktivitäten (Konzertbesuche, Sportevents) beschrieben werden. Diese Veröffentlichungspraxen können unterschiedlich interpretiert werden: Zum einen können sie aus einer gewissen Gleichgültigkeit gegenüber der Öffentlichkeit resultieren, so dass neben beruflichen Informationen auch Privatleben sichtbar wird. Die Veröffentlichung „privater" Aktivitäten und Informationen kann aber zum anderen auch unter der Perspektive einer Vermarktlichung des Alltags als strategisch-kontrollierte Inszenierung betrachtet werden, in der gerade über die Darstellung der Freizeitaktivitäten die in der Erwerbsarbeit geforderte ganze Person sichtbar wird – und damit ein Erwerbsarbeitssubjekt mit Leidenschaft, Kreativität und je nach Hobby zudem mit Individualität, Mut, Kühnheit, Ausdauer oder Leistungsbereitschaft. Dafür spricht auch, dass die wenig prestigereiche Haus- und Sorgearbeit kaum thematisiert wird. Die Anerkennungspraktiken der Veröffentlichung „privater Informationen" bewegen sich also ver-

mutlich zwischen dem Aufruf nach Authentizität und marktorientiert-strategischen Überlegungen.

Einige der „öffentlichen Netzsubjekte" nutzen die Medien des Web 2.0 auch, um ihre nicht-hegemonialen Lebensformen, politischen, sexuellen oder geschlechtlichen Orientierungen sichtbar zu machen. Neben dem Wunsch, gesehen zu werden, geht es auch darum, mit politischen Anliegen für eigene Ideale, Werte und Praktiken zu werben und diese offensiv zu vertreten. Zum Beispiel beantwortet eine Interviewperson auf Formspring Fragen zu ihren Beziehungen und hebt die Vorteile von polyamorösen Beziehungen hervor. In ihrem Twitter-Account äußert sie sich sowohl zu beruflichen, technischen als auch zu Dingen wie Essensvorlieben, Musik etc. Auch wenn die diversen Profile unterschiedlich ausgerichtet sind, sind sie alle miteinander verlinkt, so dass berufliche und politische Seiten direkt aufeinander verweisen. Hier wird zum einen erneut deutlich, dass Sexualität und die Darstellung der eigenen Person als sexuelles Wesen auch im Netz wichtige Bestandteile innerhalb des Aufwands, als Subjekt anerkannt zu werden, darstellen. Zum anderen zeigt sich auch hier – noch stärker als im vorangegangenen Abschnitt – dass die Normen und Anforderungen der Erwerbsarbeit die Subjekte keinesfalls nur zu ökonomisierten „Arbeitskraftunternehmern" machen. Die öffentlichen Anerkennungspraktiken konzentrieren sich nicht auf die Subjektivierung als Arbeitskraft im engeren Sinne. Das Netz wird zum Ort der öffentlichen Sichtbarmachung auch nicht-hegemonialer Lebensformen. Ob diese Praktiken als subversiv und widerständig gegenüber Verwertungslogiken verstanden werden können oder ob die Thematisierung doch nur den Anrufungen an Authentizität und die Einbringung der „ganzen Person" auch in den Arbeitsprozess entspricht, bleibt dabei wie gesagt offen. Die Verschmelzung dieser Bereiche entspricht jedenfalls aktuellen Analysen, die u. a. für soziale Bewegung oder queere Lebensformen zeigen, wie diese von neoliberalen Logiken vereinnahmt werden (vgl. Boltanski und Chiapello 2003) bzw. die herausarbeiten, welche „diskursive[n] Überlappungen" (Engel 2009, S. 15) zwischen queer und Neoliberalismus bestehen.

5.3 Das vernetzte Subjekt: Veröffentlichung von Beziehungen, Diskussionen und Gemeinschaftserfahrungen

Neben den selbst ins Netz gestellten Informationen, Texten, Fotos und Filmen erfolgt ein weiterer Teil der Selbstpräsentation auch über öffentliche Kommunikations- und Beziehungsnetzwerke. Austausch und Diskussionen, die über Twitter, Facebook, Google+ und die Kommentare auf Weblogs etc. geführt werden, offenbaren neben den Kommunikationsinhalten, mit wem die Subjekte öffentlich vernetzt, verbündet, zerstritten sind, mit wem sie scherzen, flirten und sich inhaltlich austauschen. Es werden Arbeits- und Lernsituationen sichtbar, in denen Fragen zu Technik, nach Literatur oder nach passenden Referent_innen für Veranstaltungen an die Community gerichtet und engagiert beantwortet werden. Über die Transparenz der eigenen Kontakte werden Zugehörigkeiten zu Communities deutlich, worüber ebenfalls Anerkennung erzielt werden kann. Zudem wird deutlich, dass die Veröffentlichung des eigenen Lebens nicht nur der One-Way-Selbstvermarktung dient, sondern auch der gegenseitigen Unterstützung, Sorge umeinander und dem Gemeinschaftserleben: „man hat dann so seine Gemeinde, und die auch 'nen gewissen Zusammenhalt hat

Springer

und die einem auch mal bei schwierigen Sachen beistehen". Der Aufwand zum Subjekt zu werden ist also nicht nur auf die Darstellung der eigenen Person beschränkt,
sondern richtet sich auch auf andere Subjekte. Anerkennung als Subjekt vollzieht
sich reziprok mit und durch andere; gleichzeitig ist das öffentliche Subjekt damit als
vernetztes, anerkanntes, eingebundenes, als Teil einer Gemeinschaft auch für andere,
außerhalb der Community sichtbar.

5.4 Die Nicht-Öffentlichen: Praktiken des Sich-Entziehens zwischen Scheitern, Desinteresse und politischen Prinzipien

Immer wieder finden sich auch Accounts in Sozialen Netzwerken, die kaum Einträge
enthalten, veraltet, verwaist oder schlecht gepflegt sind. Netzwerke werden gewech-
selt, verlassen, weil sie nicht mehr die Bedürfnisse erfüllen, oder nicht mehr gepflegt,
weil es keine Priorität hat. In den Interviews werden die Grenzen dieser Anforderungen an Netzwerkpflege deutlich. Einige Interviewte sind angestrengt davon, dass
ständig neue Tools entstehen und dass es eine unüberschaubare Menge an Sozialen
Netzwerken und Communities gibt. Öffentlichsein-Müssen wird als wichtige Handlungsaufforderung wahrgenommen, der mühsam und aus eigener Sicht manchmal zu
langsam nachgekommen wird. Nicht-Nutzung oder Verweigerung sind mit schlech-
tem Gewissen verbunden. Ein weiterer Aspekt, der die öffentliche Selbstpräsentation begrenzt, ist dass es nach Angaben der Interviewten Mut und Selbstbewusstsein
braucht, um sich öffentlich zu positionieren:

> [E]s schadet nicht, wenn man'n bisschen wie sagt man na so'n bisschen Selbst-
> vertrauen hat, das ist glaub' ich nicht schlecht, wenn man sich nach außen hin
> quasi öffentlich macht mit irgendeiner Mail an eine öffentliche Mailingliste,
> und wenn man dann nicht Angst hat, vielleicht da in zwei Jahren noch mal noch
> mal drauf festgenagelt zu werden, das ist das wär' hilfreich.

Dies macht den zeitlichen wie emotionalen Aufwand deutlich, den das Internet produziert. Auch zeigt sich, dass die Anerkennung als Subjekt in wirkmächtige Anforderungen verwoben ist, von denen sich die Subjekte nicht intentional und autonom
abgrenzen können, sondern die die Macht besitzen, die Deutungs- und Bewertungs-
schemata für das eigene Subjektwerden zu prägen oder dieses Subjektwerden zu
bedrohen.

Schließlich gibt es selbst im Sample der medien- und technikaffinen Internetarbei-
ter_innen einige Subjekte, über die nichts im Internet zu finden ist. Manche geben
im Interview an, sie hätten ein Facebook-Profil unter falschem Namen, unter dem sie
nie etwas schreiben würden, aber gern lesen, was die Freund_innen machen. Selbst
wenn sie Spuren im Netz hinterlassen, weil sie beispielsweise für Freund_innen,
Institutionen oder politische Gruppen Websites eingerichtet haben, taucht ihr Name
nirgends auf. Insbesondere bei der Selbstdarstellung politischer Gruppen steht die
Einzelperson nicht im Vordergrund, meist wird sie aus politischen Motiven bewusst
nicht genannt. In den Begründungen zur Nicht-Nutzung beziehen sich viele auf
Datenschutzdiskurse. Wieder andere nutzen das Internet „privat" sehr pragmatisch
und eingeschränkt, lediglich für E-Mail und etwas Recherche. Sie interessieren sich

kaum für Soziale Netzwerke und sind relativ resistent gegenüber den Anforderungen an öffentliche Selbstpräsentation.

Hier zeigt sich, dass die Anrufungen zur öffentlichen Selbstdarstellung nicht die einzigen sind, die in die Subjektwerdung verwoben sind. Demgegenüber stehen Anrufungen, die eigenen Daten, die eigene Privatsphäre und sich selbst vor der Öffentlichkeit, vor dem Staat oder vor mächtigen Unternehmen (z. B. Facebook) zu schützen. Subjektivierung findet im Spannungsfeld zwischen diesen gegensätzlichen Aufforderungen statt. Die Praktiken der Anerkennung als Subjekt setzen damit nicht notwendigerweise eine öffentliche Positionierung voraus. In manchen Kontexten ist gerade die Nicht-Sichtbarmachung der eigenen Person der Weg, zu einem anerkannten Subjekt zu werden.

6 Digitale Subjekte: Mehr als nur öffentliche „Arbeitskraftunternehmer"

Das Konzept der sexuellen Arbeit hat unabhängig vom Internet auf den Aufwand, als Subjekt anerkannt zu werden, hingewiesen. Besonders im Kontext von (Erwerbs-)Arbeit sind die Individuen neben ihrer konkreten Arbeitsleistung gefordert, Weiblichkeit, Männlichkeit, Heterosexualität, Weißsein etc. permanent herzustellen und zu inszenieren. Dieser Aufwand ist erforderlich, damit der Erwerbsarbeitsprozess funktioniert; gleichzeitig wird neben Arbeitsprodukten auch das Subjekt als erkennbares und sichtbares erst hergestellt. Sexuelle Arbeit ist somit eine Machttechnologie, mittels derer gesellschaftliche Regeln subjektiviert werden, Subjekte sich konstituieren bzw. konstituiert werden.

Sowohl der Wandel der (Erwerbs-)Arbeit als auch die Entwicklungen im Bereich des Internets bzw. des Web 2.0 haben in den letzten Jahren Veränderungen den Weg bereitet, in dem die Subjekte gefordert sind, sich selbst zunehmend öffentlich darzustellen bzw. spezifische Grenzziehungspraktiken zwischen öffentlich und privat einzuüben. Diese Praktiken der öffentlichen Selbstdarstellung wurden in diesem Text im Sinne sexueller Arbeit als der Aufwand, als Subjekt anerkannt und sichtbar zu werden, untersucht.

Die empirischen Ergebnisse bestätigen dabei auf den ersten Blick die Aufforderungen und den Druck, die eigene Arbeitskraft selbstorganisiert und selbst-ökonomisiert zu vermarkten, und stützen damit zentrale Diagnosen der gegenwärtigen Arbeits- und Industriesoziologie. Die Arbeitskraftunternehmer-These kann mit Blick auf die Web 2.0-Technologien dahingehend aktualisiert werden, dass zur Selbst-Ökonomisierung inzwischen die netzöffentliche Selbst-Präsentation selbstverständlich dazu gehört und dass viele Subjekte ihre Kompetenzen und beruflichen Qualifikationen perfekt ausgestaltet darstellen. Dass neben beruflich relevanten Informationen auch als privat definierte Angaben gemacht werden, kann als Strategie bzw. als Antwort auf die Anforderung, sich als „ganze Person" auch in den (Erwerbs-)Arbeitsprozess einzubringen und den „Arbeitskraftunternehmer" mit schillernden Informationen anzureichern, verstanden werden.

Die beobachtbaren Praktiken der öffentlichen Selbstdarstellung beschränken sich aber nicht nur auf den marktorientierten Zwang zur Sichtbarkeit. Die empirischen Ergebnisse zeigen darüber hinaus das Begehren, sich als „ganze Person" zu zeigen,

Sehnsüchte nach Feedback, Vernetzung, Austausch und Gemeinschaft – nicht zuletzt auch zu nicht-hegemonialen Lebens-, Liebes- und Sexualitätsformen, bewusste Grenzverwischungen, authentische wie subversive sowie sich unter Datenschutzprämissen der Öffentlichkeit entziehende Praktiken. Diese Praktiken im Sinne des Konzepts der sexuellen Arbeit auch als Aufwand zu betrachten, überhaupt als Subjekt anerkannt zu werden, verschiebt den Blick auf einige Phänomene, die abschließend herausgestellt werden:

So wird sichtbar, dass das Internet mit seinen Homepages, Sozialen Netzwerken, Weblogs, Podcasts etc. zu einem zentralen Ort der Subjektivierung geworden ist. Anerkennungskämpfe finden nicht nur im Face-to-face-Alltag, im Büro, am Bankschalter oder an der Supermarktkasse statt, sondern auch, während Facebook-Profile ausgefüllt, Weblogs kommentiert und XING-Gruppen gegründet werden. Geschlecht bleibt dabei (zumindest im vorliegenden Material; zu anderen Befunden vgl. Carstensen 2012) Gegenstand impliziter Darstellungsweisen; sexuelle Orientierungen und Vorlieben werden von einigen Interviewten explizit öffentlich verhandelt und sind offenbar wichtiger Bestandteil öffentlicher Subjektwerdung.[4]

Auch zeigt sich, dass die Anerkennung als Subjekt in wirkmächtige Anforderungen an Öffentlichsein verwoben ist, von denen sich die Subjekte nicht ohne Weiteres abgrenzen können. Das wird besonders deutlich, wenn Öffentlichsein-Müssen als wichtige Handlungsaufforderung wahrgenommen wird, der aber nur mühsam und aus eigener Sicht manchmal zu langsam nachgekommen wird, sowie in dem schlechten Gewissen bei Nicht-Nutzung. Die Vielfalt der vorliegenden Praktiken macht deutlich, dass die diskursiven Auf- und Anforderungen wirkmächtig sind, gleichzeitig aber auch Bruchstellen und Gegendiskurse enthalten. Darüber hinaus erscheinen diese Praktiken nicht lediglich als Zwang, sondern auch als Lust. Die Praktiken der Selbstdarstellung entsprechen auch einem Begehren nach Öffentlichsein – teilweise mit sehr persönlichen und gesellschaftlich tabuisierten oder als „anders" markierten Positionierungen und der Möglichkeit mit diesen Anerkennung zu erkämpfen. Insgesamt wird deutlich, dass die Auseinandersetzung mit der digitalen Öffentlichkeit mittlerweile fester Bestandteil der Anerkennungsarbeiten und der Subjektivierung geworden ist, letztlich unabhängig davon, ob das Ergebnis eine starke Abgrenzung oder eine leidenschaftliche offene Selbstpräsentation ist – eine Positionierung ist in jedem Fall erforderlich.

Literatur

Andrejevic, Mark. 2011. Facebook als neue Produktionsweise. In *Generation Facebook. Über das Leben im Social Net*, Hrsg. Oliver Leistert und Theo Röhle, 31–49. Bielefeld: transcript Verlag.

Beyreuther, Tabea, Katrin Duske, Christian Eismann, Sabine Hornung, und Frank Kleemann. 2012. *consumers@work: Zum neuen Verhältnis von Unternehmen und Usern im Web 2.0*. Frankfurt a. M.: Campus Verlag.

Böhle, Fritz. 2010. Arbeit als Handeln. In *Handbuch Arbeitssoziologie*, Hrsg. Fritz Böhle, G. Günter Voß, und Günther Wachtler, 151–176. Wiesbaden: VS Verlag für Sozialwissenschaften.

Boltanski, Luc, und Eve Chiapello. 2003. *Der neue Geist des Kapitalismus*. Konstanz: UVK.

---

[4]Ausführlicher zum Zusammenhang von Internet, öffentlicher Selbstpräsentation und Kategorien sozialer Ungleichheit bzw. Intersektionalität (vgl. auch Carstensen und Winker 2012).

Brinkmann, Ulrich, Klaus Dörre, und Silke Röbenack. 2006. *Prekäre Arbeit. Ursachen, Ausmaß, soziale Folgerungen und subjektive Verarbeitungsformen unsicherer Beschäftigungsverhältnisse*. Bonn: Friedrich-Ebert-Stiftung.

Butler, Judith. 2001. *Psyche der Macht. Das Subjekt der Unterwerfung*. Frankfurt a. M.: Suhrkamp Verlag.

Carstensen, Tanja. 2012. Gendered Web 2.0: Geschlechterverhältnisse und Feminismus in Zeiten von Wikis, Weblogs und Sozialen Netzwerken. *MedienJournal* 36 (2): 22–34.

Carstensen, Tanja, und Gabriele Winker. 2012. Intersektionalität in der Internetforschung. *Medien & Kommunikationswissenschaft* 60 (1): 3–23.

Carstensen, Tanja, Jana Ballenthien, und Gabriele Winker. 2014. Arbeitsalltag im Internet. Umgang mit mehrdimensionalen Entgrenzungen. In *Digitale Subjekte. Praktiken der Subjektivierung im Medienumbruch der Gegenwart*, Hrsg. Tanja Carstensen, Christina Schachtner, Heidi Schelhowe, und Raphael Beer, 29–80. Bielefeld: transcript Verlag.

Carstensen, Tanja, Christina Schachtner, Heidi Schelhowe, und Raphael Beer, Hrsg. 2014. *Digitale Subjekte. Praktiken der Subjektivierung im Medienumbruch der Gegenwart*. Bielefeld: transcript Verlag.

Castel, Robert. 2000. *Die Metamorphosen der sozialen Frage. Eine Chronik der Lohnarbeit*. Konstanz: UVK.

Coté, Mark, und Jennifer Pybus. 2011. Social Networks: Erziehung zur Immateriellen Arbeit 2.0. In *Generation Facebook. Über das Leben im Social Net*, Hrsg. Oliver Leistert und Theo Röhle, 51–73. Bielefeld: transcript Verlag.

Döhl, Volker, Nick Kratzer, und Dieter Sauer. 2000. Krise der NormalArbeit(s)Politik. Entgrenzung von Arbeit – neue Anforderungen an Arbeitspolitik. *WSI-Mitteilungen* 53 (1): 5–17.

Engel, Antke. 2009. *Bilder von Sexualität und Ökonomie. Queere kulturelle Politiken im Neoliberalismus*. Bielefeld: transcript Verlag.

Foucault, Michel. 2006. *Die Geburt der Biopolitik. Geschichte der Gouvernementalität II*. Frankfurt a. M.: Suhrkamp Verlag.

Haraway, Donna. 1995. *Die Neuerfindung der Natur. Primaten, Cyborgs und Frauen*. Frankfurt a. M.: Campus Verlag.

Heller, Christian. 2011. *Post-Privacy. Prima leben ohne Privatsphäre*. München: Verlag C. H. Beck.

Herlyn, Gerrit, Johannes Müske, Klaus Schönberger, und Ove Sutter, Hrsg. 2009. *Arbeit und Nicht-Arbeit. Entgrenzungen und Begrenzungen von Lebensbereichen und Praxen*. München: Rainer Hampp Verlag.

Huber, Birgit. 2012. *Arbeiten in der Kreativindustrie. Eine multilokale Ethnografie der Entgrenzung von Arbeit- und Lebenswelt*. Frankfurt a. M.: Campus Verlag.

Jurczyk, Karin, Michaela Schier, Peggy Szymenderski, Andreas Lange, und G. Günter Voß, Hrsg. 2009. *Entgrenzte Arbeit – entgrenzte Familie. Grenzmanagement im Alltag als neue Herausforderung*. Berlin: edition sigma.

Jürgens, Kerstin. 2006. *Arbeits- und Lebenskraft. Reproduktion als eigensinnige Grenzziehung*. Wiesbaden: VS Verlag für Sozialwissenschaften.

Kleemann, Frank, Ingo Matuschek, und G. Günter Voß. 2003, zuerst 2002. Subjektivierung von Arbeit – Ein Überblick zum Stand der soziologischen Diskussion. In *Subjektivierung von Arbeit*, Hrsg. Manfred Moldaschl und G. Günter Voß, 57–114. München: Rainer Hampp Verlag.

Kleemann, Frank, Christian Eismann, Tabea Beyreuther, Sabine Hornung, Katrin Duske, und G. Günter Voß. 2012. *Unternehmen im Web 2.0. Zur strategischen Integration von Konsumentenleistungen durch Social Media*. Frankfurt a. M.: Campus Verlag.

Latour, Bruno. 2002. *Wir sind nie modern gewesen. Versuch einer symmetrischen Anthropologie*. Frankfurt a. M.: Fischer Verlag.

Lazzarato, Maurizio. 1996. *Immaterial Labour. Generation Online*: http://www.generation-online.org/c/fcimmateriallabour3.htm. Zugegriffen: 08. Sept. 2012.

Leistert, Oliver, und Theo Röhle. 2011. Identifizieren, Verbinden, Verkaufen. Einleitendes zur Maschine Facebook, ihren Konsequenzen und den Beiträgen in diesem Band. In *Generation Facebook. Über das Leben im Social Net*, Hrsg. Oliver Leistert und Theo Röhle, 7–30. Bielefeld: transcript Verlag.

Lorenz, Renate. 2009. *Aufwändige Durchquerungen. Subjektivität als sexuelle Arbeit*. Bielefeld: transcript Verlag.

Lorenz, Renate, und Brigitta Kuster. 2006. *sexuell arbeiten. Eine queere perspektive auf arbeit und prekäres leben*. Berlin: b_books Verlag.

Lovink, Geert. 2011. Anonymität und die Krise des multiplen Selbst. In: *Generation Facebook. Über das Leben im Social Net*, Hrsg. Oliver Leistert und Theo Röhle, 183–198. Bielefeld: transcript Verlag.

MacKenzie, Donald, und Judy Wajcman, Hrsg. 1985. *The Social Shaping of Technology. How the Refrigerator Got its Hum*. Milton Keynes: Open University Press.
Münte-Goussar, Stephan. 2008. Selber machen. Regierungstechnologien der Freiheit. In *Bildung im Neuen Medium*, Hrsg. Torsten Meyer, Michael Scheibel, Stephan Münte-Goussar, Timo Meisel, und Julia Schawe, 180–201. Münster: Waxmann Verlag.
Oudshoorn, Nelly E. J., und Trevor J. Pinch, Hrsg. 2003. *How users matter. The co-construction of users and technologies*. Cambridge: MIT Press.
Paulitz, Tanja. 2005. *Netzsubjektivität/en. Konstruktionen von Vernetzung als Technologien des sozialen Selbst*. Münster: Westfälisches Dampfboot.
Pfeiffer, Sabine. 2010. Technisierung von Arbeit. In *Handbuch Arbeitssoziologie*, Hrsg. Fritz Böhle, G. Günter Voß, und Günther Wachtler, 231–261. Wiesbaden: VS Verlag für Sozialwissenschaften.
Pieper, Marianne, Efthimia Panagiotidis, und Vassilis Tsianos. 2009. Regime der Prekarität und verkörperte Subjektivierung. In *Arbeit und Nicht-Arbeit. Entgrenzungen und Begrenzungen von Lebensbereichen und Praxen*, Hrsg. Gerrit Herlyn, Johannes Müske, Klaus Schönberger, und Ove Sutter, 341–357. München: Rainer Hampp Verlag.
Reckwitz, Andreas. 2006. *Das hybride Subjekt. Eine Theorie der Subjektkulturen von der bürgerlichen Moderne zur Postmoderne*. Weilerswist: Velbrück Wissenschaft.
Reichert, Ramon. 2008. *Amateure im Netz. Selbstmanagement und Wissenstechnik im Web 2.0*. Bielefeld: transcript Verlag.
Richard, Birgit, Jan Grünwald, Marcus Recht, und Nina Metz. 2010. *Flickernde Jugend – Rauschende Bilder. Netzkulturen im Web 2.0*. Frankfurt a. M.: Campus Verlag.
Schönberger, Klaus, und Stefanie Springer, Hrsg. 2003. *Subjektivierte Arbeit. Mensch, Organisation und Technik in einer entgrenzten Arbeitswelt*. Frankfurt a. M.: Campus Verlag.
Turkle, Sherry. 1998. *Leben im Netz. Identität in Zeiten des Internet*. Reinbek: Rowohlt Verlag.
Voß, G. Günter, und Hans J. Pongratz. 1998. Der Arbeitskraftunternehmer. Eine neue Grundform der „Ware Arbeitskraft"? *Kölner Zeitschrift für Soziologie und Sozialpsychologie* 50 (1): 131–158.
Voß, G. Günter, und Kerstin Rieder. 2005. *Der arbeitende Kunde. Wenn Konsumenten zu unbezahlten Mitarbeitern werden*. Frankfurt a. M.: Campus Verlag.
Wiedemann, Carolin. 2010. *Selbstvermarktung im Netz. Eine Gouvernementalitätsanalyse der Social Networking Site ‚Facebook'*. Saarbrücken: Universitätsverlag.
Winker, Gabriele, und Tanja Carstensen. 2007. Eigenverantwortung in Beruf und Familie – vom Arbeitskraftunternehmer zur ArbeitskraftmanagerIn. *Feministische Studien* 26 (2): 277–288.

Tanja Carstensen, Dr., Soziologin, TU Hamburg-Harburg, Forschungsgruppe Arbeit-Gender-Technik. Zurzeit Leitung des Projekts „Arbeit 2.0. Neue Anforderungen an Beschäftigte und ihre Interessenvertretungen im Umgang mit Social Media", gefördert von der Hans-Böckler-Stiftung. Arbeitsschwerpunkte: Technik-, Medien- und Internetsoziologie, Arbeitssoziologie, Geschlechter- und Intersektionalitätsforschung. Mitbegründerin des Feministischen Instituts Hamburg. Aktuelle Veröffentlichung: Carstensen, Tanja/Schachtner, Christina/Schelhowe, Heidi/Beer, Raphael (Hg.) (2014): Digitale Subjekte. Praktiken der Subjektivierung im Medienumbruch der Gegenwart, Bielefeld: transcript. E-Mail: carstensen@tuhh. de. Twitter: @TanjCar

Österreich Z Soziol (2014) (Suppl) 39:101–120
DOI 10.1007/s11614-014-0133-7

privat*öffentlich: Die Emergenz des Politischen Selbst in Social Media

Jasmin Siri

Zusammenfassung Hannelore Bublitz hat gezeigt, dass sich „Im Beichtstuhl der Medien" ein sich bekennendes, sprachlich und visuell darstellendes Subjekt inszeniert; sich im Spiegel des Mediums erst formt. Der mediale Beichtstuhl wird zum Ort einer echtzeitlichen Selbstoffenbarung. Dieser Artikel interessiert sich für die Darstellung von Privatheit und Öffentlichkeit in der Social-Media-Kommunikation von auch „außerhalb" der Social Media öffentlichen politischen Personen. Anders als beim „Otto-Normal-Subjekt" wird von Politik-Darsteller_innen immer schon erwartet, sich medial zu inszenieren. Zu überraschen vermag daher beim Blick auf die Kommunikation in Social Network Sites eher, dass Politiker_innen in sozialen Netzwerken oder in Blogs als User_innen, „wie alle anderen auch" erscheinen, die ihre Lieblingszitate, Lieblingsbücher und Bilder der Haustiere einstellen. Jedes Soziale Medium lässt das Politische dabei in einer eigenen Form emergieren. Und so führen Social Media praktisch vor, dass die Einheit der politischen Persona nicht gegeben ist, was zum Problem der politischen Inszenierung werden kann, aber nicht muss.

Schlüsselwörter Politik · Öffentlichkeit · Privatheit · Facebook · Twitter · Social Media · Soziale Medien

J. Siri (✉)
Institut für Soziologie, Ludwig-Maximilians-Universität München,
Konradstr. 6,
80801 München, Deutschland
E-Mail: Jasmin.Siri@soziologie.uni-muenchen.de

 Springer

Public*private: how the political self emerges in social media

Abstract Hannelore Bublitz has shown that a linguistic and visual performing subject presents itself in a "Beichtstuhl der Medien". The subject actually only comes into existence in the mirror of the media. The "medial confessional" becomes a place of real time self-revelation. This paper deals with the performance of the private and the public self in social-media-communication of politicians. Unlike the "average" user of social media one always expects political actors to use these media strategically and aware of their rules and codes. Surprisingly, however, the politicians' self-descriptions in social media does not differ so much from other users. Politicians on Facebook talk about their favorite quotes or books or show pictures of their pets. This may show that the presentation of the political self is very much dependent on the rules and structures of every single social medium. Social media strongly demonstrate that there is no such thing as a given unity of the political self before it is set in the context of the particular medium.

Keywords Politics · Public sphere · Privacy · Facebook · Twitter · Social media

1 Einleitung: Politik in den Social Media[1]

Ein Gros der Literatur über das Web 2.0[2] nimmt berechtigterweise nicht die Nutzungspraktiken von gesellschaftlichen Eliten, sondern der „normalen" Nutzer_innen in den Blick (vgl. für viele Baym 2003; Livingstone 2008). Es interessiert dann, welche besonderen Dynamiken sich in interaktionalen Arrangements unter Anwesenden unter den Bedingungen der Netzkommunikation ergeben (vgl. Myers 1987; Willems 2008; Meadows 2008), wie dies innovativ theoretisch interpretiert werden kann (vgl. Rheingold 1999; Paulitz 2005; Stegbauer 2008), oder, aus der Perspektive der Ungleichheitsforschung, welcher Habitus bzw. welche kulturellen Voraussetzungen Erfolg in digitalen Umwelten wahrscheinlich oder unwahrscheinlich machen (vgl. Carstensen und Winker 2012) und wie Widerstand und politisches Engagement im digitalen Medium möglich werden (vgl. Ebben 1994; Bühl 1998).

Ich will den Spieß nun umdrehen und danach fragen, wie sich das öffentliche, politische Subjekt in diesen Medien als „Privatperson" formt? Wie wird das Verhältnis von Privatheit und Öffentlichkeit gestaltet und kommentiert? Als Beispiel dienen mir Interviews mit und Darstellungen von Berufspolitiker_innen und ehrenamtlich politisch Tätigen. Diese und andere Fragen werden in diesem Artikel anhand von Beispielen aus drei empirischen Studien zur Parteiorganisation, zur politischen Kom-

---

[1] Der vorliegende Artikel hat strukturell und argumentativ sehr von der achtsamen Kritik der zwei anonymen Gutachter_innen profitiert. Ich bedanke mich herzlich für die vielen guten Hinweise und die Mühe, die in die ausführlichen Kommentierungen des Manuskripts geflossen ist. Auch Julia Feiler und Karl Duffek danke ich für ihre hilfreichen Anmerkungen.

[2] Zum Begriff des Web 2.0 und der Sozialen Medien vgl. allgemein Anastasiadis und Thimm (2011, S. 10 ff.); Münker (2009).

Tab. 1 Studien und Erhebungszeiträume, Mitarbeitende

Studie 1: „Partei und Mitglied. Formwandel politischer Organisierung", Dissertationsprojekt, Erhebungszeitraum 2006–2011, vgl. Siri (2012). Datenmaterial: qualitative Interviews, Dokumente, Internetseiten, Videos, Broschüren

Studie 2: „The Political Network? Parteien und politische Kommunikation auf Facebook", Erhebungszeitraum März–Juli 2011, Team: J. Siri, M. Melchner, & A. Wolff, vgl. dies. (2012). Datenmaterial: Quantitative Vollerhebung und Befragung, ergänzend qualitative Interviews

Studie 3: „I will follow him… Twitter als politisches Medium", Erhebungszeitraum 10.09.–16.11.2012, Team: J. Siri & K. Seßler, vgl. dies. (2013). Datenmaterial: explorativ-qualitative Studie mit ergänzenden deskriptiv-statistischen Auswertungen

munikation auf Facebook und zur politischen Kommunikation auf Twitter diskutiert (Tab. 1).[3]

Ich argumentiere im Folgenden, dass poststrukturalistisch und kulturhistorisch inspirierte Perspektiven auf Medien und ihre sozialen Formungen soziologisch fruchtbar gemacht werden können, um zu erklären, ob und inwiefern sich politische Subjektivierungsprozesse und Adressierungen in Social Media möglicherweise anders darstellen als zum Beispiel in einer politischen Organisation wie einer Partei. Besonders eignet sich für ein solches Anliegen das Heranziehen von Literatur, die zwischen unterschiedlichen medialen Derivaten und deren Produktionsformen und Anschlussbedingungen unterscheiden kann, also nicht nur den Inhalt einer Kommunikation (z. B. „Wir kämpfen für Gerechtigkeit") aufnimmt, sondern auch unterscheidet, in welchem Medium (z. B. Zeitungsanzeige, TV-Interview oder Facebook-Post) die Kommunikation platziert wird (vgl. z. B. McLuhan 1994, 1995; Miller 2012). Immer wieder beziehe ich mich so im Folgenden auf Hannelore Bublitz, die in „Im Beichtstuhl der Medien" (2010) zeigt, wie eine mediensoziologisch aktuelle und der kulturkritischen Klagen freie, aber dennoch für materielle Inklusions- und Exklusionsverhältnisse sensible Analyse aussehen kann.

Bublitz untersucht, wie Subjekte dem Drang eines „fortwährenden medialen Wort-Ergreifens und Sich-Zeigens" nachgeben und sich, indem sie sich „aufführen" gleichsam medial und ästhetisch konstituieren (Bublitz 2010, S. 10). Sie geht davon aus, dass „sich das Subjekt, angetrieben durch medientechnologische Umbrüche und sozioökonomische Zwänge, sich öffentlich zu präsentieren und transparent zu machen, im Spiegel gesellschaftlicher Normalität und Exzentrik konstituiert und sich, angeschlossen an mediale Öffentlichkeiten, beständig seiner Existenz vergewissert" (2010, S. 11). Neue Kommunikationsformen, so Bublitz, erzeugen jeweils neue Verhältnisse von Distanz und Nähe (ebd.). Weil sie sich dabei besonders für die Funktion der öffentlichen Darstellung „intimer", einst „privater" Informationen als kulturelle Form (ebd.) interessiert, bietet sich ihre Studie für diesen Text, der sich für die Öffentlichkeitsdarstellung von Menschen, die an öffentliche Auftritte gewöhnt sind oder diese gar suchen, als „Sparringspartnerin" an. Von einer Kontrastierung von Bublitzs' nicht prominenten Subjekten aus der „Masse der Vielen" (2010, S. 10) und den hier untersuchten prominenten Personen erhoffe ich mir, das Verhältnis

---

[3] Die folgenden Interpretationen verstehen sich im Sinne qualitativer Analyseverfahren nicht als repräsentativ und verallgemeinerbar. Ich danke Miriam Melchner, Katharina Seßler und Anna Wolff für die Zusammenarbeit. Anna Wolff danke ich außerdem für die Überlassung von Datenmaterial zur Sekundärverwertung. Da die Studien zu Twitter und Facebook komplett im Internet abrufbar sind (vgl. Literaturverzeichnis) verzichte ich hier auf eine ausführlichere Schilderung der Datenbasis.

von Privatheit und Öffentlichkeit durch die Verdoppelung der (freilich brüchigen, als Hilfskonstruktion für die Betrachtung der Empirie aber möglicherweise dennoch tragfähigen) Unterscheidung privat/öffentlich in der Analyse besser zu verstehen. Während Bublitz in ihrer Analyse nicht prominente Personen in den Blick nimmt, sind Politiker_innen erstens an Aufmerksamkeit gewöhnt und zweitens auf diese „qua Professionsbeschreibung" angewiesen. Es kann davon ausgegangen werden, dass sie an den Umgang mit unterschiedlichen öffentlichen Kontexten gewohnt sind.

Wie Politikerinnen und Politiker sich in Social Media beschreiben, werde ich im Folgenden an einigen Ausschnitten aus Interviews und Beobachtungen auf Facebook und Twitter diskutieren. Im Zentrum des Textes steht eine theoretische Reflexion, die danach fragt, wie sich die immer schon mit öffentlicher Aufmerksamkeit rechnende Darstellung politischer Akteure im Lichte der Social Media darstellt.

Im folgenden Kapitel werde ich zunächst den methodologischen und theoretischen Standpunkt meiner Ausführungen klären. Nach einer Selbstverständigung über das Forschen in und über digitale Medien (1.1) werde ich mittels einer Diskussion der Begriffe Öffentlichkeit (1.2) und Subjekt (1.3) die theoretischen Bezüge der Analyse offenlegen. Anschließend werde ich anhand ausgewählter Beispiele aus den genannten Studien zur politischen Kommunikation von Berufspolitiker_innen und Mitarbeiter_innen von Parteien danach fragen, wie das Politische Selbst auf unterschiedlichen digitalen Oberflächen hervorgebracht wird (2.). Im Hintergrund steht die Annahme, dass die Form des Politischen sich der Konstitution durch Medien nicht entzieht. Die emergenten Formen des Politischen und des politischen Selbst „im Plural" stehen daher im Mittelpunkt der Analyse. In einem letzten Abschnitt werde ich die empirischen Beispiele im Anschluss an Bublitz' Diagnose des Selbst im „Beichtstuhl der Medien" diskutieren und nach Besonderheiten der politischen Selbstdarstellung in Social Media fragen (3.).

1.1 Annäherung in methodologischer Absicht: Wieso auch das Medium die Botschaft ist

Every discourse, even a poetic or oracular sentence, carries with it a system of rules for producing analogous things and thus an outline of methodology. (Derrida 1995, S. 200)

„*Das* Internet" gibt es nicht. Viel zu divers sind die Anwendungen und Möglichkeiten des Multimediums, um mit diesem Einheitsbegriff sinnhaft bezeichnet zu werden (vgl. Münker 2009, S. 30 ff.). Vielleicht ist dies auch der Grund dafür, dass Diskurse über „das Internet" und „das Web 2.0" lange Zeit durch ein Abwägen von Vor- und Nachteilen gekennzeichnet waren (vgl. Castells 2005; Imhof 2003; Dijk 2005; von Kardorff 2006). Inzwischen scheinen sich jedoch Perspektiven durchzusetzen, die mittels einer medientheoretischen Auseinandersetzung mit der Empirie zu einer Beschreibung abseits der Semantiken von Risiken und Freiheitsversprechen kommen (vgl. für viele Lange 2007; Balke et al. 2001; Bublitz 2010; für Facebook vgl. Hoever 2012; Zurawski et al. 2012). In dieser Tradition verstehen sich auch die folgenden Ausführungen, wenn sie danach fragen, *wie* mediale Oberflächen die Kommunikation der Nutzer_innen formt.

 Springer

Marshall McLuhan argumentiert, dass die Form der Medientechnik das „gegenseitige Verhältnis all unserer Sinne" prägt: „Wir fühlen uns nicht mehr als dieselben, und auch unsere Augen, Ohren und andere Sinne bleiben nicht mehr dieselben" (1995, S. 29 f.). Ein Blick auf unterschiedliche Oberflächen der Social Media macht deutlich, dass diese ihre jeweils eigenen Restriktionsbedingungen auf die Kommunikation beziehen; dass sie je eigene Folien für Performanz, Sichtbarkeiten und personale Addressierbarkeit zur Verfügung stellen und über deren Nutzung wachen (vgl. Lee et al. 2010, S. 145; Siri et al. 2012, S. 22 ff.; Siri und Seßler 2013, S. 53 ff.). Eine Beschränkung auf die sachlichen Inhalte kann daher „keine Hinweise auf die Magie dieser Medien oder auf ihre unterschwellige Energie" geben (McLuhan 1994, S. 40).

Was bedeutet das für die empirische Forschung? Die Herausforderung der Forschung zu digitalen Oberflächen besteht darin, die Eigenlogik der jeweiligen Darstellungsform zu berücksichtigen und dabei soziologische Begriffe (für diesen Fall: wie „öffentlich" bzw. „Öffentlichkeit", „Privatheit" oder „Subjektivierung") am empirischen Gegenstand zu reflektieren. Es bedeutet auch, mit McLuhan (1995) stets die *Eigensinnigkeit* von Medien im Blick zu halten. Auch wenn das Diktum, dass das Medium die Botschaft sei, einer Übertreibung der Bedeutung medialen Eigensinns gleichkommen mag: Den Eigensinn der Medien und ihre strukturierende Wirkung im Blick zu haben, ermöglicht es, neue Arenabildungen (wie die Multiplizierung der politischen Persona und politischer Publika, auf die ich im letzten Teil zu sprechen komme), zu beobachten. Die drei für diesen Aufsatz das Datenmaterial liefernden Studien versuchen ebendies einzulösen: Indem sie dem sachlichen Interesse (Wie kommunizieren politisch Tätige?) eine Beschreibung des „Wie funktioniert die Kommunikation?" vorschalteten, wird die Eigensinnigkeit der Medien sichtbar (vgl. Siri et al. 2012, S. 7 ff.; Siri und Seßler 2013, S. 10 f., 21 ff.). Dabei spielen die Programmierung von Seiten ebenso eine Rolle wie die Beschreibung und das Monitoring von Veränderungen im Aufbau einer Seite und die ethnografische Selbstbeforschung als Nutzer_in. Im Anschluss an Ronald Hitzlers (1991) Vorschlag, der/die Interpretierende möge sich gegenüber seinen Daten möglichst dumm stellen, sind gerade den Forschenden fremde Medien dazu geeignet, die Nutzung zu dokumentieren. Hierzu eignen sich ebenso Versuche, quantifizierbare Daten zu erheben.[4]

1.2 Öffentlichkeiten im Plural

Will man erklären, wie sich das Politische Selbst in medialen Umwelten formt, gilt es neben dem empirischen Zugang auch den Begriff der Öffentlichkeit und den Begriff der Subjektivierung (1.3), neben der medialen Oberfläche die zweite Bedingung der Emergenz des Politischen Selbst, zu klären.

Bereits 1962 zeigte Jürgen Habermas, dass die Emergenz von Medien historisch eng mit der Vorstellbarkeit einer Öffentlichkeit und der Entstehung demokratischer Institutionen verbunden ist (vgl. Habermas 1990, S. 13 f.). Eng damit assoziiert sind

---

[4] Dabei gilt es zu berücksichtigen, dass die Daten von Social Media Sites aufgrund der meist unbekannten Algorithmen der Seiten und dem ökonomischen Interesse von Seitenbetreibern nie rein sind. Aus einer qualitativ forschenden Perspektive, die dem Begriff der objektiven Wahrheit per se skeptisch gegenüber steht, schränkt dies den zu erhoffenden Erkenntnisgewinn nicht ein. Wenn aber mit den Daten multivariate Verfahren o.ä. (vgl. Siri et al. 2012) unternommen werden sollen, sollte dies reflektiert werden.

 Springer

die in den höfischen Tugenden angelegte Idee der personalisierten politischen Repräsentation (vgl. Habermas 1990, S. 61 f.) und die Genese eines selbstbewussten, bürgerlichen Subjekts, das diese Repräsentation für sich in Anspruch nimmt oder sie für
eine Öffentlichkeit darstellt (vgl. Gerhardt 2012, S. 289 ff., 298 ff., 336 ff., 335 ff.).
Das aufklärerische Ideal der Öffentlichkeit hat sich seither in zahlreichen philosophi-
schen Erwägungen, am prominentesten wohl in der kantischen Ethik, reaktualisiert
(vgl. Gerhardt 2012, S. 182 ff.).

Wenn es nun einen Zusammenhang zwischen Medienevolution und Öffentlich-
keitsvorstellungen gibt, wenn es auch mediale Effekte gewesen sein sollen, die die
Französische Revolution mit ihrer „zunächst literarisch und kunstkritisch geprägten
Öffentlichkeit" (Habermas 1990, S. 14) befördert haben, stellt sich doch die Frage
nach der öffentlichen, politischen (oder politisierbaren) Dimension digitaler Öffentlichkeiten. „Luhmann vermutet, dass die Folgen der Umstellung der Gesellschaft
auf Kommunikation im Verbreitungsmedium des Computers ähnlich weit reichend
sind wie die erst allmählich verstandene Umstellungen auf die Kommunikation in
den Medien der Schrift (antike Hochkultur) und des Buchdrucks (moderne Gesellschaft)." (Baecker 2007, S. 407; vgl. Luhmann 1997, S. 304 ff.).

Lässt sich hieraus folgern, dass sich, wenn sich die medialen Bedingungen der
Repräsentation verändern auch die Art und Weise ändert, wie Menschen politisch sind
und ihr Politisch-Sein darstellen? Die Idee (und die Idealisierung) der Öffentlichkeit
wird von Habermas als eine Erfindung der bürgerlichen Gesellschaft beschrieben (vgl.
1990, S. 58 ff.), in der die Einzelnen durch Lektüre und Diskussion zum Publikum einer
lesenden und diskutierenden Gesellschaft werden (vgl. 1990, S. 60, 86, 88). „Bürgerliche Öffentlichkeit läßt sich vorerst als die Sphäre der zum Publikum versammelten
Privatleute begreifen; diese beanspruchten die obrigkeitlich reglementierte Öffentlichkeit alsbald gegen die öffentliche Gewalt selbst (…)." (Habermas 1990, S. 86). Das
Publikum entstehe zunächst als Ergänzung kleinfamilialer Intimität: „Wohnzimmer
und Salon befinden sich unter dem gleichen Dach; und wie die Privatheit des einen auf
die Öffentlichkeit des anderen angewiesen, die Subjektivität des privaten Individuums
auf Publizität von Anbeginn bezogen ist, so ist auch in der zu ‚fiction‘ gewordenen
Literatur beides zusammengefaßt" (Habermas 1990, S. 115). Einerseits lernten die
Menschen aus der Literatur, wie man privat oder gar romantisch sei, andererseits „ist
die von Anfang an literarisch vermittelte Intimität, ist die literaturfähige Subjektivität
tatsächlich zur Literatur eines breiten Lesepublikums geworden (…)" (ebd.).[5]

---

[5] Die Trennung von Öffentlichkeit und Privatheit wird jedoch nicht als Machtstruktur hinterfragt, wie u. a.
aus feministischer Perspektive kritisiert wurde (vgl. für viele Hausen 1992). Habermas schreibt bspw.,
dass die bürgerliche Familie von „Freiwilligkeiten" und Zwanglosigkeiten geprägt sei, „sie scheint auf der
dauerhaften Liebesgemeinschaft der beiden Gatten zu beruhen" (1990, S. 111). Diese Einschätzung kritisiert Nancy Fraser als Idealisierung der heterosexuellen Versorgerehe, da die Unterscheidung von System
und Lebenswelt auf eine naturalisierende Trennung der weiblichen „symbolischen" von der männlichen,
„reproduzierend-materiellen" Sphäre angewiesen sei (vgl. Fraser 1989, S. 175 f., 181 ff., 194 ff.; Habermas 1990, S. 107 ff.). Fraser stellt die Produktivität der Unterscheidung von Privatheit und Öffentlichkeit
ganz grundsätzlich in Frage. So lassen sich aus feministischer Perspektive Beschreibungen des Verfalls der
Privatsphäre (Habermas) oder einer Tyrannei der Intimität (Sennett) auch als Abwehr gegen das Eindrin-
gen der „weiblichen" Sphäre in die Öffentlichkeit lesen und Blogs oder Talkshowbeichten (vgl. Bublitz
2010) auch als emanzipatorische Akte betrachten.

Die Dekonstruktion dieses Ideals einer „materiellen Öffentlichkeit im Singular", welches bis heute fest in der Selbstbeschreibung westeuropäischer Nationalstaaten verankert ist, leistete Habermas in seinem Vorwort zur Neuauflage des Strukturwandels der Öffentlichkeit von 1990: „(…) die Unterstellung, daß die Gesellschaft insgesamt als eine Assoziation im großen vorgestellt werden kann, die über die Medien Recht und politische Macht auf sich selbst einwirkt, hat angesichts des Komplexitätsgrades funktional differenzierter Gesellschaften jede Plausibilität verloren." (1990, S. 35).

Die Evolution der Massenmedien als einem sozialen Sinnsystem unter vielen (vgl. Luhmann 2000a) prekarisiert zudem die Idee einer bürgerlichen Öffentlichkeit im Singular, deren Dekonstruktion in dem Moment einsetzt, als sie zu sich selbst kommt. Insofern die Idee der *einen* Öffentlichkeit verloren geht, ist es nun plausibler, soziologisch von Arenen und Publika im Plural zu sprechen (vgl. Habermas 1990, S. 15, 31 f.; Nassehi 2006). Da die Öffentlichkeit im Singular sich prekarisiert, bietet es sich an, von der Gleichzeitigkeit unterschiedlicher diskursiver Arenen (Nassehi 2006) oder, wie Untersuchungen im Anschluss an Michel Foucault argumentieren, von durch Deutungskämpfen umspannten Diskursen auszugehen, die gesellschaftliche Debatten strukturieren und Schemata für die Subjektivierung von Personen zur Verfügung stellen (vgl. für viele Bublitz 2010; Butler 2001, 2007). Öffentliche Sprecher, so Armin Nassehi, befinden sich in einer Arena, deren Publikum stets ebenso angebbar wie unbeobachtbar bleibt. „Dieses Publikum erzeugt, obwohl es ein heterogenes Publikum ist, einen eigentümlich homogenen Raum, in dem immer weniger unbeobachtbar bleibt, oder besser: *prinzipiell* unbeobachtbar bleibt. Denn gerade die Selektivität des Beobachteten erzeugt die Idee dessen, was als *Gesellschaft* firmiert." (Nassehi 2006, S. 334). Die Uneindeutigkeit in Begriffen und empirischer Datenlage auszuhalten und sie weder durch vorschnelle Erklärungen noch durch Rückgriffe auf ein Öffentlichkeitsverständnis des 18./19. Jahrhunderts heilen zu wollen, scheint also eine wichtige Voraussetzung der empirischen Beforschung von Kommunikation in Social Media zu sein (vgl. Bublitz 2010, S. 12 f.; Habermas 1990, S. 17).

1.3 Das Subjekt und die mediale Anrufung

Um die Emergenz des Politischen Selbst im Prozess der Mediennutzung in den Blick zu nehmen, ist es hilfreich, politische Subjekte als Effekte statt als Autor_innen von Kommunikation zu betrachten. Diese Überlegung folgt einer gesellschaftstheoretischen Tradition, die die Selbstdarstellung von Personen als Effekt von sozialen Prozessen in einer historischen bzw. evolutionären Konfiguration – und nicht als Äußerung eines willvollen, rationalen Individuums fasst (vgl. z. B. Foucault 1978; Luhmann 1987; Butler 2001). Im Anschluss an Foucault, Freud und Lacan argumentiert beispielsweise Judith Butler als eine Vertreterin dieser Tradition, dass das Subjekt nicht autonom sei, „nicht erst eine intakte ontologische Reflexivität" aufweise und dann erst „in einem zweiten Schritt in einem kulturellen Kontext situiert" (Butler 1993, S. 44) sei. Vielmehr sei der kulturelle Kontext stets „schon da als der disartikulierende Prozeß der Konstruktion des Subjekts" (ebd.), welches sich durch gesellschaftliche Prozesse der Ausschließung und Differenzierung konstituiere. Zwar sei das Subjekt nicht total sozial determiniert (ebd.), es als frei zu konzipieren, sei aber ein verhängnisvoller Fehler, denn: „(…) das ‚Ich', das zwischen den Positio-

nen auswählt, ist immer schon durch sie konstituiert. (…) Und diese Positionen sind nicht bloß theoretische Produkte, sondern voll eingebettete Organisationsprinzipien von materieller Praxis und institutionellen Gegebenheiten (…)." (Butler 1993, S. 40). Butler argumentiert also, dass der aufklärerischen Idealisierung, kein Subjekt „wirklich" sein eigener Ausgangspunkt sei (1993, S. 41). Es sei vielmehr eine „politisch hinterhältige List" (1993, S. 46), den Leuten einzureden, sie seien absolut frei. „Denn damit das ‚Ich' seine Kritik anbringen kann, muß es zunächst einmal verstehen, daß das ‚Ich' selbst von seinem komplizenhaften Begehren des Gesetzes abhängt, das seine eigene Existenz erst ermöglicht." (Butler 2001, S. 103).

Im Anschluss an Althusser nutzt Butler weiterhin den Begriff der Anrufung, um die Vorgängigkeit der sozialen Praxis vor der Subjektbildung, die Emergenz des Selbst aus sozialen Bezügen und Normsetzungen, zu erklären (vgl. Butler 2001, S. 102 ff., 2009, S. 84, 1997, S. 23). Zu diesen Bezügen können auch mediale Oberflächen und mediale Kommunikationen gezählt werden. Auch wenn es Butler in den hier von mir zitierten Texten um Gender als Konstruktion geht: Das Konzept, dass soziale Adressen sich intelligibel (anschlussfähig im Rahmen der Norm) halten müssen, um sozial anerkannt zu werden, lässt sich auch auf jede andere soziale Form anwenden, auch und gerade auf Politik, welche laut Luhmann die kollektiv verbindlichen Regeln des Zusammenlebens herstellt (vgl. Luhmann 2000b). Weitergehend lässt sich argumentieren, dass mediale Oberflächen eigene Restriktionsbedingungen (keine Normen im Butlerschen Sinne aber doch jeder Kommunikation vorgängige Schemata) erzeugen, die dem nutzenden Subjekt gegenüber ein Begehren artikulieren (vgl. Mitchell 2008) und zuschreiben (vgl. Butler 2009). Mit diesem Komplex hat sich Hannelore Bublitz auseinandergesetzt. In Bekenntnispraktiken, so Bublitz, bilde sich das medial vergesellschaftete Subjekt.

> Das Begehren, öffentlich gehört und gesehen zu werden, erfüllt den Zweck, sich der anderen und seiner selbst sprachlich und visuell immer wieder zu vergewissern. Die ‚Prämie' des sich zu seinem Begehren bekennenden Subjekts ist die Gelegenheit, soziale Zugehörigkeiten immer wieder zu erproben und die Aussicht auf soziale Integration, die allerdings immer ungewiss bleibt. (Bublitz 2010, S. 13)

Über die neuen Medien mit ihrer potentiellen Anonymität schreibt Bublitz, dass sie stets eine Neuanordnung und ein Verschieben des Subjekts hervorbrächten (vgl. 2010, S. 14, S. 113). Im Folgenden werde ich nun an der Empirie zeigen, dass diese Neuanordnungen mit der medialen Oberfläche korrespondieren. Soziale Medien bringen Subjekte hervor, die außerhalb des jeweiligen medialen Formats nicht vorstellbar sind.[6]

---

[6] Denn wie feministische und wissenssoziologische Studien gezeigt haben, ist Technik nicht neutral oder herrschaftsfrei und Wissen sozial situiert (vgl. Foucault 1978; Harding 1991; Knorr-Cetina 2000; Paulitz 2012; Carstensen 2012; Ganz 2013). „Schon heute zeigt sich, dass viele große Content-Service und Plattformanbieter bestimmte Inhalte nicht tolerieren. Jüngste Beispiele sind die feministische Medienorganisation ‚Bitch', die aufgrund ihres Namens von der Nutzung von Google-Diensten ausgeschlossen wird (…)." (Ganz 2013, S. 12).

2 Politiker_innen in digitalen Umwelten

Im Anschluss an eine kurze Einführung in die Politik im Web 2.0 soll nun an ausgewählten empirischen Beispielen gezeigt werden, wie das Politische Selbst von Politiker_innen auf Facebook und Twitter hergestellt wird.

2.1 Politik im Web 2.0 – aktuelle Zugänge

Mit den aktuellen Wahlkämpfen sind die etablierten politischen Organisationen im Web 2.0 angekommen. Während der „Mainstream" der deutschen Berufspolitik sich erst langsam auf Twitter einfindet, besitzen beinahe alle Bundestagsabgeordneten einen Facebook-Auftritt oder eine Fan-Seite, wobei sich die Art und Intensität der Nutzung sehr unterscheidet (vgl. Siri et al. 2012, S. 9 ff.). Die meisten Abgeordneten nutzen Weiterleitungen von ihren Homepages oder überlassen die Pflege ihren Teams (vgl. ebd.; Faas und Partheymüller 2011). In der kommunikations- und politikwissenschaftlichen Forschung wird oft nach signifikanten Zusammenhängen zwischen sozialen Netzwerken und politischen (Wahl-) Entscheidungen gesucht (vgl. Fliegauf und Novy 2009; Pannen 2010; Lemke 2011) bzw. die Auswirkung des medialen Wandels auf die Organisation der Politik und ihre Vermittlung diskutiert (vgl. Bieber 2011, 2012). Jan-Felix Schrape (2011, S. 409) argumentiert, dass sich Massenmedien und Social Media auf unterschiedlichen Öffentlichkeitsebenen verorten lassen und bringt auf den Punkt, was die Untersuchung von Social Media bis dato hemme, nämlich die nicht ausreichend differenzierte Wahl von Untersuchungseinheiten. Tanja Carstensen und Gabriele Winker (2012) führen Intersektionalitätsforschung und empirische Internetforschung zusammen. Wie Schrape diagnostizieren auch sie der aktuellen Internetforschung einen Mangel: „Die Zusammenhänge zwischen struktureller, repräsentativer und identitärer Ebene werden in der Internetforschung kaum untersucht." (Carstensen und Winker 2012, S. 7 f.).[7] In den letzten Jahren finden sich zudem Texte, die sich für den autopoietischen Charakter des digitalen Mediums interessieren (vgl. für viele Münker 2009; Leistert und Röhle 2011; Miller 2012). Während beispielsweise Miller eine Ethnografie Facebooks unternimmt, dekonstruieren die Beiträge des Bandes „Strukturalistische Internetforschung" (vgl. Stegbauer und Rausch 2006) die Annahme der absoluten Freiheit der Kommunikation im Netz, und Dirk Baecker macht darauf aufmerksam, dass die Computerkommunikation sich mit Kontingenz ausstattet, die von Seiten der Nutzenden aufgrund der Instransparenz des Computer-Rechnens nur schwer oder gar nicht ex ante bedacht werden kann: „That computing, to be sure, is invisible to the user, who is only beginning to realize that and how his and her selections are tracked by the very computer, he and she is using." (Baecker 2007, S. 412). Marshall McLuhan (1994) hat mit seinem berühmten Diktum, dass das Medium die Botschaft sei, eine ganz ähnliche Beobachtung bereits in den 1960er Jahren formuliert. Medien verfügen über Strukturen von Selektionen und formen so die Praxis ihrer Nutzung und die Handlungen der Mediennutzenden. Stellt man dies in Rechnung, dann

---

[7] Sie zeigen, dass Techniknutzung materiellen und diskursiven Konstruktionsprozessen folgt, die sozial, zum Beispiel im Hinblick auf sozialen Ausschluss jener, die nicht als Nutzer_innen angedacht werden, folgenreich sind (vgl. Carstensen und Winker 2012, S. 6 f.; vgl. auch Ganz 2013).

gilt es bei der Analyse von politischen Praktiken in Social Media nicht alleine die sachlichen Aussagen oder konkreten Handlungen von Personen zu be(ob)achten, sondern auch die emergente mediale Struktur, die diese politische Praxis erst ermöglicht.

2.2 Empirische Ergebnisse

Wie nutzen also Berufspolitiker_innen Social Media und wie formen diese Social Media das Politische Selbst? Die ersten empirischen Beispiele stammen aus dem Medium Facebook. Facebook ist das (quantitativ) einflussreichste Social Media in der Kommunikation etablierter politischer Akteure.

2.2.1 Politik im Medium des „gefällt mir" – Politiken der Freundschaft

Da die mediale Berichterstattung über Facebook stets zunimmt, können sich politisch Tätige dem Zwang, der Plattform beizutreten, kaum entziehen. Politiker haben – wie alle Facebook-Nutzer_innen – die Möglichkeit, zu entscheiden, wer ihre Statusmeldungen lesen und kommentieren darf. Während bspw. der Außenpolitiker Stefan Liebich (Die LINKE) zum Zeitpunkt der Untersuchung seine Seite nutzt, um mit seinen „Freunden" echtzeitlich zu kommunizieren, werden andere Seiten nur von Mitarbeiter_innen betreut. Bei anderen ist das Profil „halböffentlich" und es werden Verweise auf den Blog der Abgeordneten geführt. Ich habe kein Beispiel für eine_n Berufspolitiker_in finden können, der*die sich – wie das viele Privatpersonen tun – für „nichtbefreundete" Zugriffe komplett unsichtbar macht. Viele Politiker_innen besitzen zwei Seiten, eine für Fans und eine, die sie privat nutzen.

Es machen relativ viele, deshalb mache ich's auch. Interviews aus den Jahren 2009–2011 zeigen, dass die Politiker_innen weder auf den Umgang mit Facebook vorbereitet wurden, noch selbst klare Strategien auslobten. Was genau Facebook bringen soll, ist keineswegs klar, wie folgender Ausschnitt aus dem Interview mit einer auf Facebook sehr aktiven Bundestagabgeordneten zeigt:

> Also ich, wie stark man das am Ende wirklich nutzen kann, finde ich ist irgendwie noch nicht raus. Ich mein das ist jetzt halt grad die Generation. (lacht) Würde ich sagen. Und ähm, ja, jetzt machen das halt sozusagen relativ viele. Deswegen mache ich's auch. Ähm. Ja und wie sehr das aber tatsächlich, also es gab am Anfang ja so 'n paar herausragende Politikerbeispiele auch, die ich glaube die das so ganz gut genutzt haben. Man wusste irgendwie immer, dass Obama seinen Wahlkampf so gemacht hat. Man wusste irgendwie, weiß ich nicht, dass äh (…) Irgendwie 'n Grünen-Politiker das relativ, ähm, intensiv wohl genutzt hat. Ja und dann hat man sich natürlich gedacht dann probiert man das auch mal. (M. Z. 58 ff.)

Anders als Literatur zur politischen Kommunikation und Medienberichte suggerieren, sind die Befragten keineswegs mit klaren Strategien und Medienexpertise ausgestattet.

Also ich muss sagen dass ich äh, sehr, also ich glaube dass ich's nicht sehr gut mache (lacht). Ähm genau. Ich würde sagen man müsste es, wenn man's richtig professionell macht, also wenn man's sozusagen ja oder professionalisierter macht, müsste man's tatsächlich ja, jeden Tag sich gezielt überlegen welche eins, zwei Sachen man absetzt. Und das mache ich in der Regel nicht. (M. Z. 29 ff.)

Aufgeladen mit verwertbaren Daten und eingeschlossen in Formen der Dauerkommunikation, bewegt sich das Individuum im Taumel medialer Oberflächen und deren Optimierungsversprechen" schreibt Bublitz (2010, S. 10). Auch Frau M denkt darüber nach, was es bedeute, das Medium „professionalisierter" zu nutzen, reflektiert die Optimierungsmöglichkeiten des Mediums.

Freundschaft oder Beobachtung? „Bei Facebook lässt sich nicht nachvollziehen, wer das eigene Profil zuletzt aufgerufen und betrachtet hat bzw. welche Teile (Fotos, Pinnwand usw.) betrachtet wurden. Sichtbar wird nur, wer aktiv Spuren, das heißt Kommentare oder Nachrichten, auf dem Profil hinterlässt oder den ‚Gefällt-mir'-Button anklickt." (Frischling 2012, S. 2). Man könnte erwarten, dass Politiker_innen sich für diese Kontingenzen nicht interessieren, da sie daran gewöhnt sind, von Fremden beobachtet zu werden, öffentlich zu sprechen und Vertrautheit gegenüber Fremden zu simulieren. Frau M geht das nicht so.

Ja gut, also ich kenn natürlich eigentlich alle gar nicht mit denen ich da befreundet bin. Also ich würde sagen, ich weiß gar nicht wie viel Freunde ich hab, weiß ich nicht so 2000 oder so, oder 2500, ich weiß es grad nicht genau. (M. Z. 107 ff.)

M reflektiert den Begriff „Freunde" und gibt der Irritation darüber Ausdruck, dass Freundschaft im Medium Facebook gar nicht an interaktionale Bekanntschaft geknüpft werde. Erfolg und Mißerfolg im Medium werden in der Logik des Mediums wahrgenommen, über die Zahl der Menschen, denen ein Beitrag gefällt.

Manchmal gibt natürlich schon sowas, wo ich sehe da machen jetzt 30 Leute n Daumen hoch, oder so. Ähm wenn es halt jetzt was sehr besonderes is ja? (M. Z. 133 f.).

Da nie klar ist, wer einen Post liest, sind die Politiker_innen wie andere Nutzer_innen, auch auf eine Evaluation durch das bekundete Gefallen angewiesen. Die Kontingenz des Mediums wird in Frau Ms Interview bspw. durch Narrationen der Beherrschung durch Professionalisierung und die Suche nach Erfolgskriterien wegzuarbeiten versucht, die jedoch für die praktische Nutzung keine Rolle spielen.

Wie fühlst Du Dich, XY?[8] Auf Facebook lässt sich beobachten, wie Abgeordnete mit ihren Partner_innen schäkern, sie schreiben über das Rasenmähen oder über die Kantine des Bundestags und berichten über ihre Auslandsreisen. Facebook will „Freunde" miteinander verbinden und dies hat, selbst wenn wir wissen, dass nur ein

---

[8]Aktuell (Dezember 2012) finden sich auf Facebook mehrere Leitfragen des Mediums. So auch: Was passiert gerade, XY? Alles klar, XY? Wie geht es Dir, XY? Was ist los, XY?

Bruchteil der Menschen, die dieser Kategorie zuzurechnen sind, „echte" Freunde sind, Konsequenzen für die Kommunikation. Auf Facebook wird durch die mediale Darstellung der Politiker_innen in der Timeline stets ein informeller Privatmensch angerufen (Wie fühlst Du Dich?, Was machst Du gerade?, fragt das Medium), der selbst wenn er uns nur formale Termine bekannt gibt, privater erscheint als in einer Talkshow, in der dezidiert über Intimes gesprochen wird. Das liegt daran, dass jeder Post jeder Person als Antwort auf die an das Individuum (und nicht die Amtsrolle) gerichtete Fragen nach dem Befinden gelesen werden kann.

Politik der Freundschaft. Dass Facebook „Freunde" verbindet, macht das Medium für die Politik zur Erreichung von Mitgliedern und Sympathisant_innen sehr attraktiv. So sind SPD-Mitglieder fast nur mit SPD-Mitgliedern, Grüne fast nur mit Grünen, CDU-Mitglieder fast nur mit CDU-Mitgliedern verbunden, usw. Facebook löst den Antagonismus zwischen Freund und Feind (vgl. Schmitt 1987), den Konflikt divergierender Interessen zugunsten einer Seite der Codierung, der Freundschaft, auf. Paradoxerweise werden die Interessen durch die Nichtbenennung dessen, was sie ausschließen, erst besonders sichtbar und ebenso, wie sehr sich politische Organisationen und ihre Mitglieder im Selbstgespräch befinden (vgl. Siri 2012, S. 163 ff.). In dem Maße, in dem Freundschaft promoviert wird, widerstrebt Konflikt dem Medium. Man kann dies gut daran sehen, welche Posts beliebt sind – und welche nicht. Während ein Post, in dem ein Abgeordneter über die Liebe zu seiner Frau spricht, über 100 Menschen gefällt, finden Posts, die polarisieren, oft nur wenig Kritik. Eher verhallen sie unkommentiert, da die Möglichkeit des „Dislikes", wenn auch sie in Kommentaren artikuliert werden kann, medial nicht vorgesehen ist. Der Konflikt ist also eine Dimension, die im Medium Facebook eine untergeordnete Rolle spielt. Zu einem ähnlichen Schluss kommt André Hoever, der in einem Essay über den Erfolg von Facebook argumentiert, dass „die Innovation von Facebook vor allem darin liegt, das Individuum in einem starken Maße aufzuwerten und zugleich aufgrund seiner Interaktionsstruktur eine positive Atmosphäre zu erzeugen, die diese Aufwertung mit einer Sicherheit rahmt, wie sie sonst kaum vorhanden ist" (2012, S. 1 f.). Facebook macht performativ deutlich, wie partikular die Öffentlichkeiten der Gesellschaft sind, in der wir uns jeweils bewegen.

2.2.2 Twitternde Politiker_innen

> It was choosing people for the team who not only were creative – and knew their social media shit – but were really kind of fanatical about fact checking and accuracy. It was getting people that understood there had to be serious fear of God before posting anything. (Laura Olin, Social Media Strategin für Barack Obama 2011 über Einstellung von Mitarbeiter_innen)

Durch eine Kontrastierung mit dem Medium Twitter gilt es nun an Beispielen aus dem Herbst 2012 zu zeigen, wie erheblich die Eigensinnigkeit verschiedener Sozialer Medien auf die politische Darstellung wirkt.

Ironische Medieneliten? Twitter ist aufgrund seiner Geschwindigkeit und der Schwierigkeiten der Datenerhebung nicht einfach zu beforschen (vgl. Jungherr 2009;

Siri und Seßler 2013). Seine Struktur macht es unwahrscheinlich, dass Menschen nur politisch nahestehenden Organisationen oder Politiker_innen folgen. Während die Freundschaft auf Facebook eben doch „irgendetwas" bedeutet und das Medium Konflikte auszublenden sucht, beinhaltet das *followen* auf Twitter keine Unterstützung, sondern „nur" Interesse. Während Politik auf Facebook vor allem die Affirmation parteinaher Inhalte beinhaltet und die Anrufung durch das Medium stets die eines Privatmenschen ist, ermöglicht Twitter größere Distanz (indem zum Beispiel nur Informationen ohne Bewertung weitergegeben werden) *und* zugleich größere Nähe, sowie den Streit (indem Personen unterschiedlicher politischer „Lager" miteinander über die @-Funktion öffentlich für alle Follower lesbar diskutieren).

Geschwindigkeit als Freiheit und Gefahr für die Inszenierung. Typisch für Twitter ist die Orientierung an aktuellen Ereignissen und deren Kommentierung in Echtzeit, ohne dabei unbedingt (zum Beispiel per Hashtag) den Kontext mitzuliefern. Als Beispiel hier zwei Posts von @peteraltmaier. Ironisch kommentiert Altmaier eine „zu lange" Rede Peer Steinbrücks. Die Posts sind von unten nach oben zu lesen, da sie der Darstellung der Timeline folgen.

18 Okt　　Peter Altmaier'|@peteraltmaier
Jetzt schlägt Jürgen Trittin die Hände vors Gesicht.

18 Okt　　Peter Altmaier'|@peteraltmaier
Steinbrück redet jetzt schon sehr lange. Aber was will er eigentlich? Und wer versteht ihn? Sigi, Steini und Trittin gucken skeptisch:-)

Hier lässt sich der Kontext, eine Rede im Bundestag, rekonstruieren. Das ist nicht immer so. Aufgrund seiner radikalen Echtzeitlichkeit besitzt Twitter für die, die nicht live mitlesen, nur selten mit zeitlichem Abstand noch Informationswert. Aus der Geschwindigkeit des Mediums ergeben sich Freiheitsgrade wie Gefahren, die unter dem Begriff *shitstorm* – einer Skandalisierung mit der Folge massenhaften negativen Feedbacks – subsummiert werden. Zunächst zu den Freiheiten: Twitter ermöglicht die Kommentierung aktuellen Geschehens, auch über Parteigrenzen hinweg. Die öffentliche Verwendung von Kosenamen für Sigmar Gabriel und Frank-Walter Steinmeier sind hierfür ein Beispiel. Der Geschwindigkeit des Mediums und der Möglichkeit des Re-Tweets „im Schwarm" – durch welchen eine Nachricht nicht mehr löschbar ist – ist es auch geschuldet, dass sich Erregungen schnell in Netzwerken verbreiten und entladen können (vgl. Siri und Seßler 2013, S. 53 ff.). Zugleich ist die Kommunikation bei Twitter selbstbezüglicher, da eine Reaktion des Publikums oder gar Interaktion mit anderen nicht das Ziel der Kommunikation sein muss. Dafür ist das jeweilige Publikum (welches ja per PC oder Smartphone echtzeitlich präsent sein müsste, um einen Post zu sehen) zu kontingent. Während der Facebook-Like oder Comment für die User nötig sind, um im Medium zu operieren, ist bei Twitter auch das Kommunizieren ohne „bemerkt" zu werden, ein möglicher Modus Operandi, wenn auch bei Prominenten aufgrund hoher Followerzahlen seltener zu beobachten.

Zwei Formen der öffentlichen Privatheit auf Twitter. Andreas Jungherr hat für die Kommunikation von Politikern auf Twitter das Bild einer „Art Gruppen-SMS an einen virtuellen Wahlkreis" gefunden (2009, S. 117). Dieses Bild ist deshalb schön, weil einerseits die private Komponente berücksichtigt wird, andererseits durch das Wort „Wahlkreis" auch die Anonymität und Asymmetrie der Kommunikation betont wird. Anders als Facebook „erwartet" Twitter von den Politiker_innen keine privaten Beichten. Ein Beispiel für einen sachlichen politischen Twitterpost wäre dieser Hinweis der Abgeordneten Wawzyniak (Die LINKE) auf ihren Tagesablauf.

20 Sep   Halina Wawzyniak'|@Halina_Waw
besucht heute das flüchtlinigscamp auf dem heinrichsplatz.alle sondergesetze abschaffen! danach geht es zu den senioren im rudi-kiez. #wk83

Neben dem Hinweis auf ihren Tagesablauf beinhaltet der Tweet eine politische Forderung. Doch auch Tweets, die sich privaten Themen widmen, werden dem Medium entsprechend aufbereitet, wie die Tweets von Marina Weisband (Piratenpartei) zeigen.

11.9. 19 h   Marina Weisband'|@Afelia
„Marina, kennst du dich mit Outlook aus?" „Hier ist alles, was du darüber wissen solltest, Mama: Benutze nicht Outlook."

12.9. 20 h   Marina Weisband'|@Afelia

Jetzt habe ich durch das lange Gespräch mit dem Rabbi wieder so viel Twitter verpasst, dass ich alles in der Zeitung nachlesen muss.

Während der erste Tweet eine Kommunikation mit der Mutter kommentiert, geht es im zweiten Tweet um ein Gespräch mit dem Rabbi. Familie und Religion werden hier sehr offen, vor ca. 35.000 Followern, verhandelt. Dabei spielt der Humor eine Rolle, der das Private in die Twitter-Öffentlichkeit der Follower vermittelt und den Erfolg der Mitteilungen wahrscheinlicher macht. Während Weisband, die den Typus einer *transparenten politischen Persona* verkörpert, sehr offen schreibt, Krankheiten ihres Lebensgefährten und die Haustiere kommentiert, gibt es auch einen anderen Weg, mittels dem Politiker_innen auf Twitter eine private Inszenierung perfomieren können: *die Kommentierung aktueller Ereignisse*, die auf Twitter bereits besonders prominent diskutiert werden (vgl. Siri und Seßler 2013, S. 27 ff.). Dies können weitreichende politische Ereignisse oder Skandale sein, es bieten sich aber auch Fußballspiele und Medienereignisse an. Hier einige Kommentare zur Wetten-Dass-Sendung am 6. Oktober 2012:

6 Okt    Halina Wawzyniak'|@Halina_Waw

ha. der kollege bosbach will nicht von cindy aus marzahn auf die bühne geholt werden. #wettendass

6 Okt Halina Wawzyniak ̓@Halina_Waw
singen die hosen auch noch oder durfte campino nur wetten? #wettedass

6 Okt Dorothee Bär ̓@DoroBaer
„Kinder sind keine Haustiere!" Karl Lagerfeld – endlich wird es philosophisch! #wettendass

6 Okt Dorothee Bär ̓@DoroBaer
Die Stylistin von der Kraft sollte jemand verklagen! #wettendass

Alle Kommentare sind „privat" in dem Sinne, dass die Politikerinnen mit ihrer eigenen Meinung und außerhalb ihrer Amtsrolle sichtbar werden. Man kann sich eher nicht vorstellen, dass Frau Bär den Kommentar zum Styling von Frau Kraft laut im Plenum des Bundestags ausrufen würde. Vor ihren ca. 10.000 Followern tut sie das aber. Gleichzeitig ist die Amtsrolle doch präsent, wenn Wawzyniak vom „Kollegen Bosbach" spricht. Durch die Teilnahme am Kommentarevent „Wetten Dass" schaffen es die Politikerinnen, sich als Privatperson zu zeigen und doch wenig über sich selbst sprechen zu müssen. Diese Darstellung ist eine konsequente Folge des „Angebots" an Selbstdarstellung durch das Medium.

3 Privat*öffentlich: Die Multiplizierung des politischen Selbst

> Wenn ich versuche, Rechenschaft von mir zu geben, dann geschieht das immer *für* jemanden, von dem ich annehme, dass er meine Worte irgendwie aufnimmt, auch wenn ich gar nicht immer weiß und nicht immer wissen kann, wie er sie aufnimmt. (…) möglicherweise liegt alles was er für mich tut, darin dass er mir einen gewissen Ort einräumt, eine Position, einen strukturellen Platz, an dem die Beziehung zu einer möglichen Aufnahme artikuliert wird. Es geht also gar nicht darum, ob ein Anderer da ist, der tatsächlich aufnimmt, was ich sage; entscheidend ist vielmehr, dass es einen Ort gibt, an dem der Bezug zu einer möglichen Rezeption Form annimmt. (Butler 2007, S. 92)

Anders als bei User_innen mit Berufen, die keinerlei öffentliche Selbstdarstellung erfordern, erscheint das Sich-Darstellen der politischen Persona als „natürlich". Es wird immer schon erwartet, dass Politiker_innen sich inszenieren. Die sozialen Medien scheinen aber eine Dekonstruktion der ganzheitlichen politischen Selbstdarstellung zu zeitigen. Sie machen deutlich, wie sehr die Darstellung der Politik vom medialen Format abhängt.

3.1 Verurteilung zur Bricolage

Im Beichtstuhl der Medien formen sich nicht nur die Performanz des „Otto-Normal-Subjekts", sondern auch die Selbstdarstellung von Politprofis und die Publikumsrezeption der Darstellung. Social Media zeichnen multiple Bilder der Politiker_innen, die sich ihnen aussetzen. Sie dekonstruieren die politische Persona in verschiedene mediale Praxen. Die politische Darstellung gerät so zur Bricolage und dies auch deshalb, weil die zum politischen Publikum versammelten Vereinzelten, wie Hannelore Bublitz gezeigt hat, daran gewöhnt sind, Beichten, Darstellungen und Fotowände ihrer selbst anzufertigen und so einen anderen Blick auf die politische Performance gewinnen. Wenn „die Vielen" prominenter werden, hat dies zur Folge, dass die Prominenten privater werden? „Ein näheres Hinsehen offenbart, dass Facebook (…) Selbstdarstellungen nicht lediglich abbildet, sondern sie konstruierbar macht. (…) Um den Preis der eigenen Sichtbarmachung (und namentlichen Benennung) gewährt Facebook sukzessive die Chance, unter der Überschrift der *sozialen Vernetzung* Sichtungen *anderer* Sichtbarkeiten vorzunehmen", schreibt Thorsten Benkel (2012, S. 2). Dies ist ein wichtiger Hinweis, da davon ausgegangen werden kann, dass sich auch die Publikumswahrnehmung der Politiker_innen im Medium des „gefällt-mir" ändert: In dem Maße, da die Vielen lernen, dass sie sich stets inszenieren und nicht „bloß sind", wird die Inszenierung der politisch Tätigen sichtbar – und Vorwürfe der Manipulation können durch diese Erfahrung sowohl angestoßen werden, wie auch verstummen. So antworten Menschen auf Hinweise, die sichtbar von Teams gepostet werden, als hätten die Politiker_innen selbst etwas geschrieben (vgl. Siri et al. 2012. S. 15 ff.).

3.2 öffentlich*privat/freund*feind

Neben der Form, die eine politische Inszenierung annimmt, ist auch interessant, wie das Politische, wie die Politik durch mediale Verschiebungen der Grenze öffentlich*privat berührt wird. Derrida formuliert in „Politik der Freundschaft", dass die schmitt'sche Grenzziehung zwischen politischem Freund und politischem Feind in dem Moment brüchig werde, wenn die Grenze zwischen Öffentlichem und Privatem unklar sei:

> Der Freund (amicus) kann ein Feind (hostis) sein. Ich kann meinen Freund öffentlich als Feind (hostis) entgegentreten; und ich kann umgekehrt meinen Feind (privat) lieben. All das folgt in geregelter, folgerichtiger Weise aus der Unterscheidung von Öffentlichem und Privatem. Und das ist nur eine andere Formulierung dafür, daß überall dort, wo diese Grenze bedroht, zerbrechlich, durchlässig, anfechtbar ist (…), der Diskurs Schmitts in sich zusammenbricht. (Derrida 2002, S. 130)

Liegt im Zusammenhang zwischen dem Medium und seinem „Freundschaftsbegriff" begründet, weshalb sich politische Kommunikation in den Sozialen Medien so unterschiedlich darstellt? Was bricht dabei jeweils medial zusammen: Die Politik oder der Begriff der Öffentlichkeit? Anhand der hier erhobenen Empirie lassen sich diese Fragen nicht zufriedenstellend beantworten. Deutlich wird aber, dass das Verhältnis

politischer Gegnerschaft und jenes gegenüber dem Publikum je nach Medium spezifisch gestaltet werden muss. Und so führt die Eigensinnigkeit der Sozialen Medien vor, dass es „die eine" politische Inszenierung nicht gibt, politische Öffentlichkeiten nur im Plural verfügbar sind, sie sich echtzeitlich herstellen und zerfallen. Dies gilt auch für die Kommunikation im Parlament, im Parteivorstand oder den Wahlkampfstand, dort ist es aber weniger offensichtlich. Weil der von Butler oben angesprochene „Ort der Rezeption" nicht in der Interaktion unter Anwesenden liegt, sondern medial vermittelt wird, multipliziert sich die politische Persona je nach Anzahl der Oberflächen, die sie nutzt.

Die Moderne kennt keinen gesellschaftlichen Ort mehr, schon gar keinen öffentlichen im Sinne einer Agora, der eine einheitliche Beschreibung der ganzen Gesellschaft leisten kann. Mit der Genese der bürgerlichen Gesellschaft behält die „öffentliche Meinung der zum Publikum versammelten Privatleute (…) für ihre Einheit und Wahrheit nicht länger eine Basis; sie fällt auf die Stufe eines subjektiven Meinens der Vielen zurück" (Habermas 1990, S. 197). Von *einer* Öffentlichkeit und von *einer* übergreifenden Realitätsbeschreibung kann also nicht mehr die Rede sein. Das bedeutet aber – hier gilt es einem postmodernistischen Fehlschluss auszuweichen – nicht, dass keine einheitszumutenden Beschreibungen mehr geliefert werden, dass Zerfall, Zerstörung kollektiver Sinnzuschreibungen die Regel sind. Politische Praxis kann zum Beispiel immer noch gut unterscheiden zwischen „uns" und „den Fremden", „gutem Bürger" und Terroristin. Nur sind diese Unterscheidungen mehrdeutig geworden, sind, um mit Nassehi (2006) zu argumentieren, an konkrete Gegenwarten gebunden, deren Bindungswirkung nicht über diese selbst hinausreicht.

Die Beispiele haben gezeigt: Jedes Soziale Medium formt das Politische Selbst nach einem eigenen Zeitverständnis und nach Regeln der Kommunikation, die den Erfolg im Medium bestimmen. „Neue Kommunikationsformen mit dem – medial angeschlossenen – Gegenüber schließen neue Formen der „distanzierten Vertrautheit" ein. Dies verweist wiederum auf gesellschaftlich veränderte und medial vermittelte Rahmenbedingungen des öffentlichen Raums und der privaten Sphäre", beschreibt Bublitz (2010, S. 9). Dies zeigen auch die hier verwendeten empirischen Beispiele: Politiker_innen müssen ihre Darstellung je nach Medium unterschiedlich vollziehen und das Verhältnis von Privatheit und Öffentlichkeit jeweils gemäß den Anrufungen des Mediums gestalten.

Literatur

Anastasiadis, Mario, und Caja Thimm. Hrsg. 2011. *Social Media. Theorie und Praxis digitaler Sozialität.* Frankfurt a. M.: Peter Lang Verlag.
Baecker, Dirk. 2007. Communication with computers, or how next society calls for an understanding of temporal form. *Soziale Systeme* 13 (½): 407–418.
Balke, Friedrich, Gregor Schwering, und Urs Stäheli. Hrsg. 2001. *Big Brother. Beobachtungen.* Bielefeld: transcript Verlag.
Baym, Nancy K. 2003. „I think of them as friends." Interpersonal relationships in the online community. In *Gender, race and class in media. A text reader*, Hrsg. Gail Dines und Jean M. Humez, 488–496. Thousand Oaks: Sage.

Benkel, Thorsten. 2012. Die Strategie der Sichtbarmachung. Zur Selbstdarstellungslogik bei Facebook. In *Phänomen „Facebook"*. (Sonderausgabe von kommunikation@gesellschaft), Hrsg. Nils Zurawski, Jan-Hinrik Schmidt, und Christian Stegbauer, Jg. 13. http://nbn-resolving.de/nbn:de:0228-0201213038. Zugegriffen: 18. Mai 2014.

Bieber, Christoph. 2011. Politikvermittlung und Internet. *Politische Bildung* 2/2011: 50–65.

Bieber, Christoph. 2012. Die Unwahrscheinlichkeit der Piratenpartei. Eine (ermunternde) Einführung. In *Unter Piraten. Erkundungen einer neuen politischen Arena*, Hrsg. Ders. und Claus Leggewie, 9–22. Bielefeld: transcript Verlag.

Bublitz, Hannelore. 2010. *Im Beichtstuhl der Medien*. Bielefeld: transcript Verlag.

Bühl, Achim. 1998. Herrschaftsfrei und grenzenlos? Eine politische Soziologie des Internet. In *Macht und Herrschaft*, Hrsg. Peter Imbusch, 353–371. Opladen: Leske & Budrich.

Butler, Judith. 1993. Kontingente Grundlagen. Der Feminismus und die Frage der Postmoderne. In *Der Streit um die Differenz. Feminismus und Postmoderne in der Gegenwart*, Hrsg. Seyla Benhabib et al., 35–58. Frankfurt a. M.: Fischer Verlag.

Butler, Judith. 1997. *Körper von Gewicht*. Frankfurt a. M.: Suhrkamp Verlag.

Butler, Judith. 2001. *Psyche der Macht*. Frankfurt a. M.: Suhrkamp Verlag.

Butler, Judith. 2007. *Kritik der ethischen Gewalt*. Frankfurt a. M.: Suhrkamp Verlag.

Butler, Judith. 2009. *Die Macht der Geschlechternormen*. Frankfurt a. M.: Suhrkamp Verlag.

Castells, Manuel. 2005. *Die Internet-Galaxie*. Wiesbaden: VS Verlag für Sozialwissenschaften.

Carstensen, Tanja. 2012. Gendered Web 2.0: Geschlechterverhältnisse und Feminismus in Zeiten von Wikis, Weblogs und Sozialen Netzwerken. *Medien Journal* 36 (2): 22–43.

Carstensen, Tanja, und Gabriele Winker. 2012. Intersektionalität in der Internetforschung. *Medien- und Kommunikationswissenschaft* 60 (1): 3–23.

Derrida, Jacques. 1995. *Points…:Interviews 1974–1994*. Stanford: University Press.

Derrida, Jacques. 2002. *Politik der Freundschaft*. Frankfurt a. M.: Suhrkamp Verlag.

Dijk, Jan van. 2005. *The deepening divide: Inequality in the information society*. Thousand Oaks: Sage Publications.

Ebben, Maureen. 1994. *Women on the net: An exploratory study of gender dynamics on the socwomen computer network*. Illinois: University of Illinois.

Faas, Thorsten, und Julia Partheymüller. 2011. Aber jetzt? Politische Internetnutzung in den Bundestagswahlkämpfen 2005 und 2009. In *Das Internet im Wahlkampf*, Hrsg. Eva Johanna Schweitzer und Steffen Albrecht, 119–135. Wiesbaden: VS Verlag für Sozialwissenschaften.

Fliegauf, Mark T., und Leonard Novy. 2009. „E-Bama" – Amerikas erster „Internetpräsident" und die Rolle des World Wide Web für moderne politische Führung. In *Lernen von Obama?*, Hrsg. Bertelsmann Stiftung, 85–124. Gütersloh: Bertelsmann.

Foucault, Michel. 1978. *Dispositive der Macht. Über Sexualität, Wissen und Wahrheit*. Berlin: Merve Verlag.

Fraser, Nancy. 1989. *Widerspenstige Praktiken. Macht, Diskurs, Geschlecht*. Frankfurt a. M.: Suhrkamp Verlag.

Frischling, Barbara. 2012. Verbindungsstatus: Es ist kompliziert. Gedanken zur Ambivalenz von Nähe und Distanz bei der Nutzung von Facebook. In *Phänomen „Facebook"*. (Sonderausgabe von kommunikation@gesellschaft), Hrsg. Nils Zurawski, Jan-Hinrik Schmidt, und Christian Stegbauer, Jg. 13. http://nbn-resolving.de/nbn:de:0228-201213083. Zugegriffen: 18. Mai 2014.

Ganz, Kathrin. 2013. *Feministische Netzpolitik. Perspektiven und Handlungsfelder*. Berlin: HBS/Gunda-Werner-Institut.

Gerhardt, Volker. 2012. *Öffentlichkeit*. München: C.H. Beck.

Habermas, Jürgen. 1990. *Strukturwandel der Öffentlichkeit*. Frankfurt a. M.: Suhrkamp Verlag.

Harding, Sandra. 1991. *Whose science? Whose knowledge? Thinking from womens lives*. Ithaca: Cornell University Press.

Hausen, Karin. 1992. Öffentlichkeit und Privatheit. Gesellschaftspolitische Konstruktionen und die Geschichte der Geschlechterbeziehungen. In *Frauengeschichte – Geschlechtergeschichte*, Hrsg. Karin Hausen und Heide Wunder, 81–88. Frankfurt a. M.: Campus Verlag.

Hitzler, Ronald. 1991. Dummheit als Methode. Eine dramatologische Textinterpretation. In *Qualitativ-empirische Sozialforschung*, Hrsg. Detlef Garz und Klaus Kraimer, 295–318. Opladen: Westdeutscher Verlag.

Hoever, André. 2012. Individualität und die Voreinstellungen des Positiven – Ein Essay über den Erfolg von Facebook. In *Phänomen „Facebook".* (Sonderausgabe von kommunikation@gesellschaft), Hrsg. Nils Zurawski, Jan-Hinrik Schmidt, und Christian Stegbauer, Jg. 13. http://nbn-resolving.de/nbn:de:0228-201213029. Zugegriffen: 18. Mai 2014.

Imhof, Kurt. 2003. Politik im „neuen" Strukturwandel der Öffentlichkeit. In *Der Begriff des Politischen. Soziale Welt Sonderband,* Hrsg. Armin Nassehi und Markus Schroer, 401–417. Baden-Baden: Nomos.

Jungherr, Andreas. 2009. Twitternde Politiker. Zwischen buntem Rauschen und Bürgernähe 2.0. In *Soziale Netze in der digitalen Welt,* Hrsg. Christoph Bieber et al., 99–128. Frankfurt a. M.: Campus Verlag.

Kardorff, Ernst von. 2006. Virtuelle Netzwerke – eine neue Form der Vergesellschaftung? In *Qualitative Netzwerkanalyse. Konzepte, Methoden, Anwendungen,* Hrsg. Bettina Hollstein und Florian Straus, 63–97. Wiesbaden: VS Verlag für Sozialwissenschaften.

Knorr-Cetina, Karin. 2000. *Wissenskulturen. Ein Vergleich naturwissenschaftlicher Wissensformen.* Frankfurt a. M.: Suhrkamp Verlag.

Lange, Patricia G. 2007. Publicly private and privately public: Social networking on youtube. *Journal of Computer-Mediated Communication* 13 (1). http://jcmc.indiana.edu/vol13/issue1/lange.html. Zugegriffen: 18. Mai 2014.

Lee, Daniel B., Jessica Goede, und Rebecca Shryock. 2010. Clicking for friendship: Social network sites and the medium of personhood. *MedieKultur* 49:137–150.

Leistert, Oliver, und Theo Röhle. 2011. *Generation Facebook. Über das Leben im Social Net.* Bielefeld: transcript Verlag.

Lemke, Christiane. 2011. *Richtungswechsel. Reformpolitik der Obama-Administration.* Wiesbaden: VS Verlag für Sozialwissenschaften.

Livingstone, Sonia. 2008. Tanking risky opportunities in youthful content creation: Teenagers use of social network sites for intimacy, privacy and self-expression. *New Media and Society* 10:393–411.

Luhmann, Niklas. 1987. *Soziale Systeme.* Frankfurt a. M.: Suhrkamp Verlag.

Luhmann, Niklas. 1997. *Die Gesellschaft der Gesellschaft.* Frankfurt a. M.: Suhrkamp Verlag.

Luhmann, Niklas. 2000a. *Die Realität der Massenmedien.* Wiesbaden: VS Verlag für Sozialwissenschaften.

Luhmann, Niklas. 2000b. *Die Politik der Gesellschaft.* Frankfurt a. M.: Suhrkamp Verlag.

McLuhan, Marshall. 1994 (1964). *Die magischen Kanäle. Understanding Media.* Basel: Verlag der Kunst Dresden.

McLuhan, Marshall. 1995. *Die Gutenberg-Galaxis.* Bonn: Addison-Wesley.

Meadows, Mark S. 2008. I, avatar. *The culture and consequence of having a second life.* Berkeley: Pearson New Riders.

Miller, Daniel. 2012. *Das wilde Netzwerk. Ein ethnologischer Blick auf Facebook.* Frankfurt a. M.: Suhrkamp Verlag.

Mitchell, W. J. T. 2008. *Das Leben der Bilder. Eine Theorie der visuellen Kultur.* München: C.H. Beck.

Münker, Stefan. 2009. *Emergenz digitaler Öffentlichkeiten. Die sozialen Medien im Web 2.0.* Frankfurt a. M.: Suhrkamp Verlag.

Myers, David. 1987. „Anonymity is part of the magic": Individual manipulation of computer-mediated communication contexts. *Qualitative Sociology* 10 (3): 251–266.

Nassehi, Armin. 2006. *Der soziologische Diskurs der Moderne.* Frankfurt a. M.: Suhrkamp Verlag.

Pannen, Ute. 2010. Social Media: Eine neue Architektur politischer Kommunikation. *Forschungsjournal Neue Soziale Bewegungen* 23:56–63.

Paulitz, Tanja. 2005. *Netzsubjektivität/en. Konstruktionen von Vernetzung als Technologien des sozialen Selbst.* Münster: Westfälisches Dampfboot.

Paulitz, Tanja. 2012. *Mann und Maschine. Eine genealogische Wissenssoziologie des Ingenieurs und der modernen Technikwissenschaften 1850–1930.* Bielefeld: transcript Verlag.

Rheingold, Howard. 1999. *The virtual community: Homesteading on the electronic frontier.* Boston: MIT Press.

Schmitt, Carl. 1987. *Der Begriff des Politischen.* Berlin: Duncker & Humblot.

Schrape, Jan-Felix. 2011. Social Media, Massenmedien und gesellschaftliche Wirklichkeitskonstruktion. *Berliner Journal für Soziologie* 21:407–429.

Siri, Jasmin. 2012. Parteien. Zur Soziologie einer politischen Form. Wiesbaden: Springer VS.

Siri, Jasmin, und Katharina Seßler. 2013. *Twitterpolitik. Politische Inszenierungen in einem neuen Medium. Mit einem Vorwort von Lutz Hachmeister.* Berlin: Institut für Medien- und Kommunikationspolitik. Gefördert von der Stiftung Mercator. http://medienpolitik.eu/cms/media/pdf/Twitterpolitik.pdf. Zugegriffen: 18. Mai 2014.

Siri, Jasmin, Miriam Melchner, und Anna Wolff. 2012. The Political Network – Parteien und politische Kommunikation auf Facebook. In *Kommunikation @ Gesellschaft – „Phänomen Facebook"*, Hrsg. Christian Stegbauer, Jan-Hinrik Schmidt, Klaus Schönberger, und Nils Zurawski, 29. http://www.ssoar.info/ssoar/View/?resid=28273. Zugegriffen: 18. Mai 2014.

Stegbauer, Christian. 2008. *Netzwerkanalyse und Netzwerktheorie. Ein neues Paradigma in den Sozialwissenschaften*. Wiesbaden: VS Verlag für Sozialwissenschaften.

Stegbauer, Christian, und Alexander Rausch. Hrsg. 2006. *Strukturalistische Internetforschung. Netzwerkanalysen internetbasierter Kommunikationsräume*. Wiesbaden: VS Verlag für Sozialwissenschaften.

Willems, Herbert. Hrsg. 2008. *Weltweite Welten. Internet-Figurationen aus wissenssoziologischer Perspektive*. Wiesbaden: VS Verlag für Sozialwissenschaften.

Zurawski, Nils, Jan-Hinrik Schmidt, und Christian Stegbauer. Hrsg. 2012. Phänomen „Facebook". *Sonderausgabe von kommunikation@gesellschaft*, Jg. 13.

Dr. Jasmin Siri, wissenschaftliche Mitarbeiterin an der Ludwig-Maximilians-Universität München.

Österreich Z Soziol (2014) (Suppl) 39:121–142
DOI 10.1007/s11614-014-0134-6

Visueller Aktivismus und affektive Öffentlichkeiten: Die Inszenierung von Körperwissen in „Pro Ana"- und „Fat Acceptance"-Blogs

Boris Traue · Anja Schünzel

Zusammenfassung Der Aufsatz zeigt, wie das Internet als Publikations- und Kommunikationsmedium von zwei sozialen Bewegungen genutzt wird, um Wissen über Körperformen zu thematisieren und zu verändern. Ziel der untersuchten Formen des Aktivismus ist es, Kategorien und Ästhetiken der Magersucht und des Übergewichts in Frage zu stellen. Die These des Aufsatzes lautet, dass die Verbindung von Fotografien und Texten, die auf kollaborativen Internet-Blogs zu beobachten ist und das Körperwissen der Aktivistinnen inszeniert, eine „affektive Öffentlichkeit" herstellt. Ein Vergleich der Bilder und Kommentare der „Pro-Ana"- und „Fat Activism"-Bewegungen führt zu dem Ergebnis, dass die kommunikativen Strategien, aber auch die jeweiligen Institutionalisierungsgrade die Form und den Erfolg des „visuellen Aktivismus" bedingen. Abschließend wird diskutiert, inwiefern die Praktiken affektiver Öffentlichkeiten eine Transformation von kollektiv und individuell relevanten Wissensformen begünstigen, indem sie dazu beitragen, Gegenwissen Legitimität zu verschaffen.

Schlüsselwörter Öffentlichkeit · Medien · Körper · Affekt · Soziale Bewegungen

B. Traue (✉) · A. Schünzel
Institut für Soziologie, Technische Universtität Berlin,
Fraunhoferstr. 33–36,
10587 Berlin, Deutschland
E-Mail: traue@kgw.tu-berlin.de

A. Schünzel
E-Mail: anja.schuenzel@soz.tu-berlin.de

🐯 Springer

**Visual activism and affective publics: performing body knowledge in
pro-ana and fat acceptance blogs**

Abstract The article shows how the internet is used as a medium of communication and publication by social movements which seek to adress public and private knowledge about body shapes. While the Pro-Ana activists seek to challenge dominant notions of anorexia, the activists of Fat Acceptance challenge the notion of overweight and obesity. An analysis of the respective communicative forms of their internet practices demonstrates that the combination of images and texts in collaborative blogs, which we understand as a performative account of the activists' body knowledge gives rise to an "affective public". A comparison of the images and commentaries in both forms of activism shows, that the communicative strategies, but also the degrees of institutionalisation are decisive for the form and the success of visual activism. In the conclusion, we discuss how the practices of affective publics foster the transformation of collectively and individually relevant forms of knowledge by contributing to the weight of counter-knowledge.

Keywords Public · Media · Body · Affect activism

1 Einleitung

Das Internet trägt als Medium von Öffentlichkeiten dazu bei, politische Interessen über geographische und soziale Distanzen hinweg zu bündeln. Dies ist spätestens seit dem Wahlkampf von Barack Obama, den Umwälzungen des Arabischen Frühlings und den Erfolgen der Piratenpartei unbestritten. Auch die Möglichkeit der eigensinnigen Konstruktion von Identitäten und Körperlichkeiten im Netzmedium wird seit längerem thematisiert (vgl. Maresch 1996; Turkle 1998; Funken 2005; Villa 2008). Doch ist die subjektive, affektiv gefärbte Kommunikation der Blogs, der Online-videos und -fotostrecken dazu geeignet, den Objektivitätsanspruch institutioneller Wissensbestände und Darstellungsnormen herauszufordern? Diese Frage konnte bisher nicht abschließend beantwortet werden. Welche Möglichkeiten bietet das „neue Netz" (Schmidt 2009) „den Leuten"[1] (Fiske 1993a), ihre Sicht der Dinge darzustellen, wie tun sie das, und welche Erfolgsaussichten haben diese Praktiken?

Bevor diese Fragen empirisch untersucht werden können, muss die wissenschaftliche Haltung selbst problematisiert werden. Die öffentliche Zurschaustellung von Affekten, Gefühlen und Subjektivität wurde – nicht zuletzt von Vertreterinnen kritischer Theorien – seit der Kulturkrise im Übergang zum 20. Jahrhundert verdächtigt, einen Verfall des öffentlichen Lebens herbeizuführen. Nach der Erfahrung der Ästhetisierung des Politischen im Faschismus gibt es Gründe für diesen Verdacht. Seit einigen Jahren wird allerdings – etwa im Zuge des „affective turn" (vgl. Gregg und Seigworth 2010; Staiger et al. 2010) – die These verfolgt, dass der Bild- und Video-kommunikation eine epistemische und politische Würde zukommt (vgl. Maasen et al.

---

[1] Fiske bezeichnet mit dem Begriff „die Leute" bzw. „the people" „alliances of social interests formed strategically or tactically to advance the interests of those who form them" (Fiske 1993b, S. 10).

2006; Hieber und Villa 2007; Staiger et al. 2010). Ihr wird also zugetraut, Prozesse öffentlicher Deliberation zu erleichtern oder zu ermöglichen und legitimes Wissen zu generieren. Im Zentrum unseres Beitrags steht die These, dass Praktiken visueller Argumentation und Selbstdarstellung in internetgestützten Publikations- und Kommunikationsforen dazu beitragen, neue Formen von Öffentlichkeit herzustellen und Wissensbestände für eine Transformation zu öffnen.

Diese These soll anhand einer empirischen Untersuchung[2] von internetgestützten Kommunikationen (Blogs, persönliche Webseiten, Foren, Tumblr, Facebook etc.) aus dem Umfeld zweier sozialer Bewegungen überprüft werden: Die *Fat Acceptance*-Bewegung setzt sich seit den 1960er Jahren für die Akzeptanz und Rechte von Menschen ein, die dicker sind, als Modeexpertinnen, Ärztinnen und nicht zuletzt ein von diesem Expertenwissen informierter Alltagsverstand es für richtig halten, die also als „übergewichtig" oder „fettleibig" (bzw. „adipös") bezeichnet werden. Eine Vergleichsgruppe bilden die *Pro-Ana*-Aktivistinnen, welche sich schon mit ihrem Namen die medizinische Definition aneignen, mit der sie belegt werden: Anorexia nervosa. Entgegen dem medizinischen Wissen, nach welchem Magersucht als behandlungsbedürftige Krankheit gilt, sprechen sich die Aktivistinnen für ein Leben *mit* der Magersucht bzw. *für* die Magersucht aus. Die Anorexie fällt ebenso wie die Adipositas in die Kategorie der Essstörungen. Nicht das vermutete abweichende Essverhalten und seine Implikationen für das Selbst- und Weltverhältnis der damit bezeichneten Personen sollen hier zum Thema gemacht werden, sondern die Formen der textuellen und visuellen Selbstdarstellungen, mit denen die Protagonistinnen[3] dieser Bewegungen die Affekte und Wissensbestände thematisieren, die sie durch ihre Erscheinung hervorrufen bzw. aufrufen. Das zweite Wissensfeld, mit dem es die Pro-Ana- sowie die Fat Acceptance-Bewegung zu tun haben, ist die Mode. Da die Mode selbst ein visuelles (und taktiles) Phänomen ist, verwundert es nicht, dass die Bilder-Öffentlichkeit des neuen Internet ein geeignetes Medium der Konfrontation mit dicken und sehr dünnen Körpern ist. Die hier verfolgte These wirft allerdings die Frage auf, ob und wie affektive Öffentlichkeiten – also Öffentlichkeiten, in denen Affekte der Zustimmung, der Bewunderung, des Begehrens, aber auch der Abscheu und der Verachtung eine tragende und nicht nur akzidentielle Rolle spielen – zugleich eine kritische Thematisierung und Veränderung öffentlicher Affekte, wie etwa der Verachtung für „abnormale" Körper und der damit verbundenen Beschämung, erlauben.

In einem ersten Schritt sollen Öffentlichkeitsbegriffe im Umfeld der Theorien neuer Medien diskutiert werden, mit besonderer Aufmerksamkeit für den politischen und epistemischen Status des Visuellen. Zweitens stellen wir Konzepte von Körperwissen vor, die persönliche und öffentliche Dimensionen umfassen. Im Anschluss werden Ergebnisse einer explorativen Untersuchung der beiden genannten sozialen Bewegungen vorgestellt. In dieser Untersuchung wird die Frage verfolgt, wie die Strukturen von Blogs und Videos eine spezifische öffentliche Repräsentation von

---

[2] Die vorliegende Untersuchung ist Teil umfangreicherer Studien im Rahmen des DFG-Projekts „Audiovisuelle Kulturen der Selbstthematisierung" (Einzelprojektförderung, TR 1061/1-1). Wir danken der Deutschen Forschungsgemeinschaft für die finanzielle Unterstützung dieser Publikation.

[3] Wir verwenden im Folgenden die weibliche Form, weil es sich bei den entsprechenden Personen mehrheitlich um Frauen handelt. Diese Schreibweise wird praktischerweise im ganzen Papier beibehalten.

Körperbildern stützen, und wie die visuellen und textuellen Performanzen Körperwissen aufgreifen, thematisieren und transformieren. Dazu werden die bildgestützten Selbstthematisierungsstrategien der „visuellen Aktivistinnen" in ihrer Spezifik und Reichweite beschrieben und verglichen. Abschließend wird diskutiert, ob und inwiefern *visueller Aktivismus* zur Herstellung spezifischer *affektiver Öffentlichkeiten* beiträgt und ob dadurch neue Formen von (Körper-)Wissen entstehen.

2 Zur Untersuchung von Bildern in Netzöffentlichkeiten

Die Problematisierung der kulturindustriellen Tendenzen spätmoderner Öffentlichkeiten (vgl. z. B. Habermas 1975; Foucault 2004) findet in gegenwärtigen Analysen des Internet Widerhall. Ein Aspekt dieser Problematisierung betrifft die visuelle öffentliche Darstellung von Körperlichkeit und Subjektivität, die bei Habermas schon anklingt und von anderen ausgebaut wird.[4] So schreibt etwa Richard Sennett: „An den Folgen dieser Geschichte, der Verdrängung der res publica durch die Annahme, gesellschaftlicher Sinn erwachse aus dem Gefühlsleben der Individuen, hat die Gesellschaft, in der wir heute Leben, schwer zu tragen" (Sennett 1996, S. 426). Insbesondere in der zeitdiagnostischen Literatur werden kapitalismuskritische und psychologiekritische Figuren mit einer Ablehnung des öffentlichen Ausdrucks von Gefühlen verbunden. Christopher Lasch verlängert etwa in seiner 1979 erschienenen Studie „The Culture of Narcicism" psychologische Narzissmustheorien zeit- und gesellschaftsdiagnostisch. Die Zunahme einer „preoccupation with [one's] own body and ‚feelings'" (Lasch 1991, S. 96) wird neben dem Wandel der Klassenstruktur und dem Marketing wesentlich der Verbreitung von Bildmedien zugeschrieben: „The proliferation of recorded images undermines our sense of reality" (Lasch 1991, S. 98).

Diese Sichtweise unterschlägt allerdings die kritischen Potentiale der Affekte und der Visualität in der Konstitution von Öffentlichkeiten. Wir halten deshalb einen medientheoretisch und geschlechtersoziologisch informierten Öffentlichkeitsbegriff für hilfreich; dieser soll im Folgenden entwickelt werden.

Zunächst zum Verhältnis von Medien und Öffentlichkeit: Manfred Faßler fasst Öffentlichkeit als

> aktuelle Form der sprachlich, symbolisch, bildlich vermittelten Interessen- und Konsensorganisation, ganz gleich, welchen Träger diese hat. […] Öffentlichkeit war immer an Medien gebunden, über die einzelne Personen oder Gruppen ihre Themen (an-)stiften konnten. In ihnen verband sich stets der materiale, soziale oder regionale Nahhorizont mit ‚weitreichenden' Ideen und Forderungen. […] Damit verbanden sich die jeweiligen Lösungshorizonte: lebensweltlich faßbare und erfahrbare Veränderungen sowie Institutionalisierungen. (Faßler 1996, S. 300)

---

[4] „Das ursprüngliche Verhältnis der Intimsphäre zur literarischen Öffentlichkeit kehrt sich um: die publizitätsbezogene Innerlichkeit weicht tendenziell einer intimitätsbezogenen Verdinglichung" (Habermas 1975, S. 207).

Öffentlichkeiten zeichnen sich in diesem Verständnis also durch mannigfaltige Darstellungsformen aus und verbinden die überindividuelle mit der persönlichen Ebene. Heute ist unübersehbar, dass das Netzmedium tatsächlich zunehmend die persönlichen Nahhorizonte öffentlich sichtbar macht, ohne sich allerdings immer mit weitreichenden Folgen zu verbinden.[5] Eine Erweiterung des Öffentlichkeitsbegriffs auf das Phänomen der Webseiten und der persönlichen Profile (z. B. bei Facebook) ist also nicht unproblematisch, trifft doch der Aspekt der Interessensbildung oft gar nicht mehr oder doch nur sehr indirekt auf diese Phänomene zu. Jan Schmidt hat zur Beschreibung dieser Öffentlichkeitsformen gleichwohl den Begriff der „persönlichen Öffentlichkeiten" entwickelt (Schmidt 2009, S. 107 ff.). Was „persönliche Öffentlichkeiten" vor allem von den älteren Öffentlichkeitsformen unterscheidet, ist die „Skalierbarkeit", also die Möglichkeit, Bilder und Texte, die zunächst nur für wenige bestimmt waren, an viele zu verteilen. In diesem Sinn spricht auch Manuel Castells von „mass self communication" (Castells 2009, S. 58 ff.). Öffentlichkeit wird nicht mehr (nur) durch institutionalisierte Publikationsorgane (oder soziale Orte für Demonstrationen etc.) hergestellt, sondern durch einen skalierten, und dabei unberechenbaren Prozess, der im Netzdiskurs oft mit dem unscharfen Begriff der „Viralität" beschrieben wird. Sehr große Mengen von Einzeläußerungen verdichten sich dabei durch neue Syndikationstechnologien (vgl. Passoth 2010) in einem Prozess der Zitation, Syndikation (also der „Spiegelung" von Inhalten), Thesaurierung, Kompilierung und schließlich Aggregation zu aufgefächerten, aber doch identifizierbaren „öffentlichen" Aussagen, die allerdings in Thematik und Form durch jene Technologien geprägt sind (vgl. Röhle 2010). Die Vernetzung von Personen im Kontext dieser Medialität, so Tanja Paulitz, „lässt sich eigentlich nicht als Nutzungs- sondern nur als vielschichtiger Herstellungsprozess beschreiben", es handelt sich um eine „konstruktive Praxis" (Paulitz 2005, S. 268). In internetgestützten Öffentlichkeiten lässt sich diese Vielschichtigkeit nicht nur anhand unterschiedlicher Sprecherpositionen, sondern auch anhand der Beschaffenheit ihrer Artikulationsformen beobachten; in ihnen sind Bilder mit Videos und Texten verknüpft und einander ebenbürtig. Die Verbindung von Text, Bild und Ton lässt einen atmosphärischen Eindruck entstehen Nähe- und Distanzverhältnisse nahelegt (vgl. Simmel 1992), in den argumentative Strategien (z. B. visuelle Evidenzen) eingebettet sind und der in seiner Anordnung von Bildern und Texten oft strategisch im Rahmen einer spezifischen „Bildwirtschaft" (Bruhn 2002) auf die Wirkung bei einem spezifischen Publikum ausgerichtet ist. Wir können deshalb auch von einem *synästhetischen Charakter* der Netzöffentlichkeiten (vgl. Merleau-Ponty 1966; Filk et al. 2004) sprechen.

In synästhetischen Öffentlichkeiten lösen sich die semiotischen Differenzen aber nicht in einen Gesamteindruck auf; sie zeichnen sich vielmehr durch Ungleichzeitigkeiten aus. Bilder werden herangezogen, um Texte zu illustrieren, und Texte „erklären" den Sinn von Bildern – beides sind sinnmodifizierende Wiederholungen. Dieser Wiederholungscharakter des Bildes gegenüber dem Text – und des Textes gegenüber dem Bild – kann mit der sozialtheoretischen Figur der Performativität in Verbindung gebracht werden. Performativität bezeichnet die Kraft einer Äußerung, das Äußerungssubjekt und die Handlung in diesem und durch diesen Äußerungsakt hervorzu-

---

[5] Zu nennen ist hier z. B. das „Cyber-Mobbing".

bringen (vgl. Butler 1990). Zum Verständnis einer Bildpolitik der Körper ist dieses Konzept besonders hilfreich: „Mit dem Konzept der Performativität rückt ein Begriff des Körpers in den Hintergrund, welcher den ‚Körper' als materielle Vergegenwärtigung eines authentischen Sinns versteht. […] Mit dem Performativitätskonzept wird vielmehr ein Begriff des Körpers relevant, der ihn als Agens einer Wirklichkeitsgenerierung vorstellt" (Klein 2005, S. 82 f.). Wir gehen davon aus, dass sich die Bildamateure der Internet-Öffentlichkeiten aus einem historisch gewachsenen Reservoir affektiver Ausdrucksgestalten, emblematischer Gestiken, Mimiken und Körperposen bedienen, das sich aus der visuellen politischen Rhetorik, der Modefotografie, der anatomischen Fotografie, dem Selbstporträt und aus anderen Quellen des Bildwissens speist. Die variierende Bezugnahme auf solch ein Reservoir bezeichnen wir mit dem Kunsthistoriker Aby Warburg als ein Aufgreifen von „Pathosformeln" (Warburg 2010, S. 31 ff.).[6] Mit der Verbildlichung der Texte und der Diskursivierung der Bilder verschiebt sich die Grenze zwischen der veröffentlichten Privatheit persönlicher Öffentlichkeiten und der zielgerichteten Wissensarbeit des traditionellen politischen Aktivismus. Netzöffentlichkeiten haben deshalb eine besondere Affinität, „subalterne Gegenöffentlichkeiten" (Fraser 2001, S. 129) zu stützen, insofern sie die Voraussetzung dafür erfüllen, einerseits „das Zurückziehen und die Neugruppierung" der Beteiligten zu ermöglichen, und andererseits „Übungsfeld einer Umgestaltung [zu sein], die auf breitere Öffentlichkeit zielt" (Fraser 2001, S. 131). Die „Interessen- und Konsensorganisation" in den Netzöffentlichkeiten verläuft also weniger zielgerichtet als in traditionelleren Öffentlichkeiten, weil sich Interessen und ästhetische Ausdrucksformen gleichzeitig und oft gleichursprünglich erst herausbilden müssen.

3 Körperwissen: Privatheit und Öffentlichkeit des Körpers

Wesentlicher Gegenstand der Fat Acceptance- und Pro-Ana-Blogs ist der Körper in seiner „Doppelaspektivität"[7] (Plessner 1975, S. 89): als öffentlicher Gegenstand sowie als private, spürende Erfahrung, die eine eigene Evidenz aufweist. Beide Aspekte des Körpers gehören zu einem Wissensbereich, der als *Körperwissen* bezeichnet werden kann. Im Körperwissen sind zwei Aspekte zusammengeführt, mit denen Handelnde auf ihre soziale und natürliche Umwelt bezogen sind: der kognitive und der leibliche. „Körperwissen" lässt sich dann als *Wissen über den Körper* und als *Wissen des Leibes*[8] lesen (vgl. Keller und Meuser 2011, S. 12).

Das Leibwissen bringt, so Duden (1987), die Geschichte bzw. das *Wissen über den Körper* erst unter die Haut, macht es spürbar wirklich, wodurch es eine besondere Evidenz erhält. Das *Wissen über den Körper* ist dagegen von Expertenwissen

---

[6] Warburgs Methode – die als wissenssoziologische Bilddiskursanalyse avant la lettre gelten kann – besteht in einer intertextuellen und intermedialen Zusammenschau von Gemälden, Texten und theatraler Aufführung.

[7] Nach Helmuth Plessner steht der Mensch in einem zweifachen Verhältnis zu seinem Körper: Der Mensch *ist* sein Körper, und er *hat* seinen Körper. Körpersein und Körperhaben sind zwei Facetten des menschlichen Daseins, ein unaufhebbarer „Doppelaspekt der Existenz" (Plessner 1975, S. 292).

[8] Keller und Meuser sprechen hier vom *Wissen des Körpers*, da sie in ihren Ausführungen zum Körperwissen keine Unterscheidung zwischen Körper und Leib treffen. Gemeint ist aber der Aspekt des Leibes.

informiert und dominiert. Aber nicht nur wissenschaftliche Experten verbreiten ein spezielles Körperwissen: Die Position der Laien und Amateure in der Verbreitung von Wissen wurde in den letzten Jahren gestärkt – vor allem durch den Wandel der Medienverhältnisse. Das Wissen der Laien kann mit Fiske (1993a) als populäres Wissen bezeichnet werden, das oft in Opposition oder zumindest in Spannung zum Expertenwissen steht (vgl. Corsten et al. 2002). In Selbsthilfekulturen, den „body modification"-Szenen, der Laienmedizin und vielen anderen Kontexten amateurhaften Handelns ist ein eigenständiges populäres Körperwissen entstanden.

Das *Wissen über den Körper* und das *Wissen des Leibes* sind wechselseitig aufeinander bezogen, so dass das Wissen, das ein Mensch über seinen Körper hat, für seinen Leib ein „Empfindungs- und Verhaltensprogramm" darstellt (Lindemann 1993, S. 33). Das, was wir über unseren Körper wissen, geht in das Leibwissen und vice versa ein. Das Leibgefühl und die eigene Sicht auf sich selbst kann in diskursiven oder visuellen Praktiken als *eigene* Wahrnehmung beansprucht werden und bietet damit auch die Chance, sich kommunikativ der eigenen Stellung in der Sozialwelt zu versichern: Der „metaphorisch-symbolische Gehalt" des Wissens über den Körper, erlaubt es etwa, dass „junge Frauen zum Beispiel durch die massenmediale Aufbereitung [der Anorexie] überhaupt erst auf die Idee kommen, sich dieses Syndrom anzueignen" (Gugutzer 2005, S. 325), zum Zweck der „Lösung ihrer Identitätsbedrohungen" (Gugutzer 2005, S. 351). Es bleibt allerdings nicht bei der von Gugutzer konstatierten Aneignung: Die Betroffenen werden zu aktiven Produzentinnen von Wissen über ihren (vorgeblich) problematischen Zustand. Christina Schachtner spricht hier von der symbolisierenden Funktion des Körpers:

> Haut, Kleidung, Architektur und Cyberspace haben zwei Funktionen gemeinsam. Sie eröffnen einen Handlungsspielraum und sie haben eine symbolisierende Funktion. Die Hülle sagt etwas aus über diejenigen, die sie umhüllt. [...] Die verschiedenen Bühnen des Cyberspace dienen dem Subjekt dazu, nicht nur etwas, sondern stets auch sich selbst hervorzubringen. [...] Der Cyberspace spannt sich als vierte Haut über unzählig viele Identitätsbühnen. Aber auch die Haut selbst dient [...] dem Ausdruck von Identität. (Schachtner 2005, S. 211 f.)

Der Körper hat in den Öffentlichkeiten also einen doppelten Status: Er ist zum einen das Abgebildete, das in der Ordnung des Wissens bzw. der Dinge einen Platz einnimmt. Zum anderen verkörpert er ein Subjekt, das als Erleidendes und als Urheber dieses Wissens Anerkennung erlangen kann. Repräsentation in Diskursen einerseits und subjektive Verkörperung andererseits bilden dann zwei unterschiedliche Aspekte der Bildung von Körperwissen, das in *einer* performativen Handlungspraxis hergestellt wird.

4 Visuelle Diskursanalyse von Körperpolitiken im Netz

Die beiden Phänomene – Pro-Ana und Fat Acceptance – wurden ausgewählt, weil die Akteure jeweils mit einem Diskurs konfrontiert sind, der ihre Körperform abwertet: Sie unterliegen Bestimmungsversuchen und Interventionen der Medizin und der Modeindustrie. Beide Gruppen organisieren eine öffentliche Thematisierung ihrer

Körper, und zwar in Form eines Diskurses, mit dem eine Stellung gegenüber den – und teilweise innerhalb der – hegemonialen Diskurspositionen bezogen wird. Die Besonderheit dieses Gegendiskurses, der im Mittelpunkt des Beitrags steht, ist seine Multi-Medialität, also die Verbindung von textuellen und bildlichen Selbstthematisierungen im Netzmedium. Die Spezialdiskurse, welche die Anorexie und die Adipositas zum Gegenstand haben, sind dagegen im Wesentlichen sprachlich verfasst und institutionell befestigt; in öffentlichen Kampagnen gegen die „Essstörungen" werden aber auch Bilder eingesetzt.

Wir haben zum Zweck der Untersuchung, die im Rahmen eines Forschungsprojekts zu „audiovisuellen Selbstthematisierungen" durchgeführt wurde, jeweils ca. 25 Webseiten aus dem eangelsächsischen und deutschen Sprachraum untersucht, die thematisch, d. h. anhand der Metadaten (Webadresse, Betitelung, Selbstbeschreibung, Kommentare etc.) und der Inhalte (Fotografien, Texte, Verlinkung) zu den beiden ausgewählten Themenbereichen gehören. Aus diesem Korpus[9] wurden – einer diskursanalytischen Vorgehensweise entsprechend – mehrere Dutzend Bilder, Videos und Texte interpretiert, wobei typische visuelle Figuren und sprachliche Deutungsmuster sowie ihre Verbindung in übergreifenden Sinnfiguren herausgearbeitet und exemplarisch vorgestellt werden. Die Blogs sollen dabei als Kommunikationsraum verstanden werden, in dem sich *Bilddiskurse* formieren, mit textuellen Diskursen überschneiden und in performativen Praktiken transformieren. Bestehende Ansätze einer Bilddiskursanalyse (vgl. Maasen et al. 2006; Hieber und Villa 2007; Holert 2008; Traue 2013) unterscheiden dabei zwischen Bild-Bild- und Bild-Text-Verhältnissen. Die Bilder weisen also zum einen selbst, vor allem in den Medien und Mechanismen ihrer Reproduktion und Zirkulation, eine Ordnung diskursiven Typs auf. Zum anderen treten die Bilder in ein Verhältnis zu Texten, die sie beschreiben, kommentieren, auf- und abwerten. Wir plädieren für eine Verbindung beider Möglichkeiten, die sich ergibt, wenn die Bilder auf ihren Gebrauch hin untersucht werden, denn „heute [kann] Kritik an visuellen Diskursen und an den Diskursen über Visualität nur geübt werden, wenn man Bilder auf ihren Gebrauch und ihre Wirkungen, kurz: auf ihre Beteiligung an Praktiken der Willens- und Wissensbildung untersucht" (Holert 2000, S. 18). Dabei wurde systematisch in die Analyse einbezogen, dass die Bilder und Texte auf Websites im Rahmen einer „social software"-Landschaft publiziert sind, welche die kommunikativen Praktiken der Bildverwendung rahmen (vgl. Pauwels 2011). Die Webseiten verstehen wir im Rahmen einer „visuellen Diskursanalyse" (Traue 2013) als kommunikative Infrastruktur, die Raum für unterschiedliche visuelle und diskursive Praktiken bietet; diese kultur- und medientechnisch fundierten Praktiken verändern in iterativen Anwendungen die Ausgangsdiskurse.

4.1 Pro Ana

Pro Ana ist eine sich beinahe ausschließlich über das Internet formierende Gruppierung, deren Protagonistinnen in erster Linie und junge Frauen sind. Pro steht für

---

[9] Das Material ist frei zugänglich und im Netz leicht aufzufinden. Zu Dokumentationszwecken und zur Sicherung von Vergleichsmöglichkeiten wurde es im Rahmen der Forschung gespeichert.

„dafür sein" und Ana für „Anorexia nervosa"[10]. Der Titel Pro Ana soll damit ausdrücken, dass es sich um eine Gemeinschaft handelt, deren Mitglieder sich *für* die Magersucht aussprechen bzw. ihr positive Seiten abgewinnen. Die Anfänge der Pro-Ana-Bewegung liegen in den späten 1990er Jahren. Ihren Ausgangspunkt nimmt die Bewegung in den Vereinigten Staaten von Amerika und verbreitete sich von dort aus u. a. nach Deutschland. Im deutschsprachigen Internet war vermutlich die Diskussionsgruppe „Diet Coke Club", die sich im Jahr 1998 auf dem Internetportal Yahoo gründete und im Jahr 2007 von Yahoo selbst geschlossen wurde, Ausgangspunkt der Bewegung (vgl. Nemetz 2008). Im Jahr 2002 waren Pro-Ana-Seiten im deutschsprachigen Internet bereits weit verbreitet. Zwischen den Jahren 2006 und 2007 werden im deutschsprachigen Raum bereits 270 Webseiten gezählt (Nemetz 2008, S. 25 f.). Die Kommunikation innerhalb der Bewegung verläuft in der Regel über Internetforen und -blogs, die auf eigens gestalteten Webseiten ins Leben gerufen werden. Die Webseiten sind zumeist so aufgebaut, dass es neben einem *öffentlichen* Bereich, der für alle einsehbar und frei zugänglich ist, einen nach außen abgeschirmten *inneren* Bereich gibt.

Der *öffentliche Bereich* der Seiten ist typischerweise in Pastellfarben gehalten und mit grazilen Ornamenten und märchenhaften Wesen wie Elfen und Engeln verziert. In scheinbarem Gegensatz zu diesem sanften, oft kindlich wirkenden Erscheinungsbild der Seiten steht allerdings ein *asketisches Engagement*, das sich gegen die Nahrungsaufnahme und Gewichtszunahme richtet. Der weibliche Körper wird in vielen unterschiedlichen Posen abgebildet, die in ihrer Vielfalt anatomische Ansichten bestimmter Körperregionen bieten, die sich zu einem detaillierten Bauplan zusammensetzen lassen: Beine (haben einen ‚thigh gap', d.h. berühren sich nicht an der Innenseite der Oberschenkel), Arme (Unterarme dicker als Oberarme), Knie (bilden die dickste Stelle der Beine), Schlüsselbeine (treten hervor), Bauch (konkav), Hüftknochen sowie Wirbelsäule und Schulterblätter (zeichnen sich deutlich ab, vgl. Abb. 2) werden besonders häufig gezeigt. Verkörpert sehen die Anas diese Anatomie in gewissen Models und Filmstars, deren Fotos Bestandteil so gut wie jeder Pro-Ana-Seite sind. Diese Fotos werden als „thinspiration" bezeichnet, also als Inspirationen und Motivationen dünn zu werden oder zu bleiben. Neben den thinspiration-Bildern umfasst der *öffentliche* Bereich einer typischen Pro-Ana-Seite u. a. auch technische Hinweise zur Gewichtsreduktion (z. T. auch als Gebote und Gesetze[11] verfasst) oder Tipps zur Geheimhaltung des Essverhaltens vor Außenstehenden, und einen Steckbrief der Seitenbetreiberin.

Anhand der Fotografien des anatomischen Typs lässt sich die Körpernorm der Pro-Ana-Aktivistinnen nachvollziehen. Die Bilder stammen, so erklärt die Betreiberin der Webseite „PrettyThin", vor allem

---

[10] Die medizinische Bezeichnung „Anorexia nervosa" geht auf den Nervenarzt William Gull (1873) zurück. Seit Mitte der 1970er Jahre wird die Diagnose häufiger gestellt. Sie betrifft vor allem junge Frauen im Alter von 15–25 Jahren. Nur etwa 5 % der Erkrankten sind Männer.

[11] So heißt es in § 2 Absatz (1) beispielsweise: „Maximale Kalorienzahl am Tag ist 600" oder in § 3 „Absatz (13): ‚Iss von einem kleineren Teller.' (Da sieht die Portion größer aus) Dunkle Farben wie Schwarz oder Blau machen eher satt!!" (http://beautifullikeabutterfly.npage.de/anas-gesetz.html; Datum des Zugriffs: 30.4.2012).

> from magazines – fashion being one of the top sources. But it is not the only source. The encouragement and inspiration can come from elsewhere. (…) Many celebrities serve as thinspiration, including some older thinspo from the Olson Twins, Nicole Richie, Lindsay Lohan, and many more.[12]

Das visuelle Körperwissen der Pro-Anas folgt, so schließen wir, der Genealogie der grafisch beeinflussten Modefotografie. Die Modefigurine ist das Medium der Modezeichnung; die wiederum eine Beinah-Entsprechung im Körper des Fashionmodels findet. Das grafische Körperbild richtet dabei eine Art *Körperschablone* auf:

> Die Proportionen einer Modefigurine sind oft übertrieben und stilisiert, insbesondere bei Zeichnungen für Damenbekleidung. Dies kann auf das ungeübte Auge manchmal etwas verwirrend wirken, aber in der Mode steht es für den Ausdruck eines Ideals und nicht der tatsächlichen Körperform. Dieses Ideal wird dann an einen zeitgemäßen Look angepasst und so durch die Brille der Mode hindurch betrachtet. (Hopkins 2010, S. 50)

Die übertriebenen Proportionen haben sich seit den späten 1960er und 1970er Jahren durchgesetzt und beeinflussen noch heute die meisten Modezeichnungen künstlerisch. Die Modeproportionen bei Frauen werden in erster Linie über die Beine und den Hals gestreckt, weshalb die Zeichnungen geschmeidig und leicht kurvig wirken. Bei der männlichen Modefigurine ist der Ansatz insgesamt kantiger (vgl. Hopkins 2010, S. 50 ff.). Die Bilder dienen den Anas als eine Art Schablone, ein „Bild-Körper" (Klein 2005, S. 83), in den der eigene Körper hineingehungert werden soll.[13]

Die anatomisch anmutenden *thinspiration*-Bilder bieten über diese motivierende Funktion hinaus eine potente Re-Interpretation medizinisch-psychotherapeutischen Expertenwissens: Die Mainstream-Theorie der Anorexie besagt, dass die jungen Frauen an einer Störung des Körperschemas leiden, sich also als zu dick *wahrnehmen*. Die Pro-Ana-Aktivistinnen setzen die thinspiration-Bilder allerdings strategisch ein, indem sie Bilder, vor denen Experten aufgrund des von ihnen ausgehenden „Trigger-Effekts"[14] warnen, reflexiv als Mittel nutzen, das sie zur Hunger-Askese motiviert. Einige Pro-Ana-Seiten enthalten auch sogenannte „Anti-Thinspirations". Dabei handelt es sich um Fotografien dicker Personen, die als abschreckende Exempel fungieren und mit denen sich die „Anas" vor der Nahrungsaufnahme warnen. Die thinspirations wurden in letzter Zeit auf das Medium Online-Video ausgeweitet. In der Regel wird dort eine Art Diashow vorgeführt, in der zusammengesammelte Bilder von sehr dünnen Frauen (vereinzelt gibt es auch „male-thinspirations") zu Musik präsentiert werden. Oft sind die Videos thematisch gerahmt, beispielsweise

---

[12] http://www.prettythin.com/thinsponation.htm (Datum des Zugriffs: 26.4.2012).

[13] http://zoradio.jimdo.com/pro-ana/der-perfeckte-körper/ [Datum des Zugriffs: 26.4.2012]

[14] Auf der Seite magersucht.de heißt es: „Bilder oder Fotos von dünnen oder sogar abgemagerten Frauen oder Männern werden häufig von Betroffenen der Krankheit Magersucht oder Bulimie als Vorbild-Funktion benutzt und haben dadurch sogar oft motivierenden und krankheitsfördernden Charakter" [Datum des Zugriffs: 26.4.2012].

als „couples thinspo", „Mary-kate olsen Thinspo"[15], „Real girl thinspo", „Thinspo Hippie Summer" oder „Party Thinspo".

In den thinspiration-Bilderstrecken dokumentiert sich über den anatomisch-dokumentierenden Charakter hinaus eine Ästhetik der Reinheit, Es werden dünne junge Frauen gezeigt, die sich feengleich durch die Natur bewegen, oft in einer Art Schweben, den Blick abgewandt von der Betrachterin des Bildes (vgl. Abb. 1). Diese Abwendung ist ein typisches Merkmal aller thinspiration-Bilder. Mindestens der Blick ist abgewandt, meist der Kopf, oft der ganze Körper (vgl. Abb. 2). Der Blickkontakt wird vermieden oder verweigert. Die Bilder sind dem Blick des Betrachters ausgeliefert, treten aber selten in Dialog mit ihm. Dabei zeigt sich die Ambivalenz der hier aufgerufenen romantischen Pathosformel (vgl. Warburg 2010): Die Figuren sind in Harmonie mit der Natur, wenn etwa das mit dem Wind wehende Haar eine wogende Einheit mit der Natur bildet, in der sie stehen (vgl. auch Abb. 1). Sie wirken aber zugleich in den Weiten der Bildhintergründe verloren, drohen in ihnen zu verschwinden. Dieser Eindruck wird durch die abgewandte Haltung, eine Bewegung der Körper in Richtung des Bildhintergrundes und einer Präferenz für Totalen erweckt. Präzises anatomisches Körperwissen und die Fähigkeiten, den eigenen Körper den erwünschten Formen anzugleichen, schlägt hier in eine Verweigerung um, sich in den dargestellten Innen- und Außenräumen auszubreiten und unkontrolliert Raum einzunehmen.

Die thinspirations können als performativer Ausdruck des Körperwissens der Pro-Anas gelesen werden: Ihr Wissen über den „perfekten" Körper, wie er auszusehen hat, aber auch wie er sich anfühlt und wie es sich mit ihm lebt, dokumentiert sich in den Fotografien. So wird der dünne Körper mal als lustvoller und begehrenswerter Körper dargestellt, beispielsweise in den „couple-thinspos" oder in vielen verführerischen Fashionposen, die vor allem Modestrecken von Frauen- und Modezeitschriften entnommen sind. Ein anderes Mal wird die Schattenseite des Ana-Daseins aufgeführt, nämlich die emotionale und körperliche Qual der extrem beanspruchenden und leistungsorientierten Praktiken des ambitionierten Hungerns. In diesen Bildern sind Frauen abgebildet, die in sich zusammengesunken auf dem Boden kauern, meist mit dem Rücken zur Kamera, etwa als *heroin chics* in heruntergekommenen Zimmern fotografiert (vgl. Abb. 2).

Zum *inneren* Bereich der Webseite, also dem Kommunikations-Forum, haben nur diejenigen Zugang, die sich angemeldet und ein Aufnahmeverfahren durchlaufen haben. Die strengen Zugangs- und Beteiligungsregeln sind u. a. als eine Reaktion auf die seit ungefähr 2006 eingesetzte Kritik an der Bewegung zu lesen, die bis hin zur Repression reicht. So sichtete die Initiative jugenschutz.net zunächst in den Jahren 2006 und 2007 und erneut im Jahr 2009 mehrere hundert Pro-Essstörungsseiten (Pro-Ana-Seiten und Pro-Mia[16]-Seiten). Die Initiative kam zu dem Ergebnis, dass 88 % die Angebote unzulässige Beiträge, d. h. jugendgefährdende Inhalte, enthielten. Diese

---

[15] http://www.youtube.com/watch?v=bR9u9tgZhgI&feature=related [Datum des Zugriffs: 26.4.2012]. Mary-Kate Olsen ist eine US-amerikanische Schauspielerin, die an Magersucht erkrankte.

[16] Mia steht für die Essstörung „Bulimia nervosa", der Ess-Brechsucht.

Abb. 1 Romantische Pathosformel als „Thinspiration": Performativer Ausdruck einer Ästhetik der Reinheit

Abb. 2 Die anatomische Fotografie als „thinspirierende" Körperschablone

wurden in fast allen Fällen beseitigt, nachdem die Initiative Kontakt zu den Betreiberinnen der Plattformen aufgenommen hatte.[17]

Pro-Ana ist, so lässt sich resümierend festhalten, ein wenig institutionalisierter Zusammenschluss von Personen, die ein gemeinsames Wissen teilen. Mit Hilfe der thinspiration-Bilder und Hungertechniken soll das Körperprojekt des perfekten und autonomen Körpers erreicht werden. Mit Nick Crossley lassen sich diese Techniken auch als „reflexive Körpertechniken" (Crossley 2004, S. 37) fassen, d. h. als Techniken der Selbstgestaltung, die über die Arbeit am eigenen Körper vollzogen wird.

---

[17] http://jugendschutz.net/pdf/bericht2009.pdf (Datum des Zugriffs: 26.4.2012).

 Springer

Dabei erleben die Anas die Kommunikationsplattformen als „sicheren Ort"[18] und die Bewegung als „private exklusive Gesellschaft" (Mulveen und Hepworth 2006, S. 291), die es vor Eindringlingen zu schützen gilt, wie beispielsweise den sogenannten „wannarexics"[19] und anderen ungebetenen Gästen. Hier wird deutlich, dass die Anas mit ihren Aktivitäten im Internet in erster Linie Gleichgesinnte adressieren und weniger ein allgemeines Publikum, das beispielsweise über die Ziele von Pro-Ana aufgeklärt und zum diskursiven Kampf für die Gemeinschaft mobilisiert werden könnte.[20]

4.2 Fat Acceptance

Die medizinische Forschung ist in der Frage der dicken Körper, anders als im Fall der vorgeblich übermäßig dünnen, gespalten: Seit Anfang der 1990er Jahre hat sich die Anzahl der medizinischen Aufsätze, die ein als krankhaft definiertes Dicksein zum Gegenstand haben, vervielfacht.[21] Seit Mitte der 1990er Jahre wurde Übergewicht bzw. „Adipositas" von Forscherinnen sowie von „antiobesity activists" als Epidemie gerahmt (Saguy und Riley 2005, S. 893). Die Massenmedien griffen diese Metapher auf, der bald der Rang einer Wahrheit zukam, die durch die Standardisierung der Messverfahren plausibilisiert wurde. Das zentrale Messverfahren im Adipositas-Diskurs ist der Body Mass Index (BMI) – eine simple Kennziffer, die als Quotient von Körpergewicht und quadrierter Körpergröße definiert ist. Mit der Anti-Obesity Forschung wird eine Kritik von Essgewohnheiten formuliert, die mit einer Anrufung und Disziplinierung des Subjekts einhergeht. Es handelt sich dabei um eine Form von Psychopolitik (vgl. Stiegler 2009), die an ein schlechtes Gewissen der vorgeblich Unbeherrschten appelliert. Eine Gegenposition wird, so die Public Health-Forscher Saguy und Riley, von „Fat Acceptance"-Forscherinnen und -Forschern (im Folgenden *FA*) sowie von FA-Aktivistinnen (und wenigen FA-Aktivisten) vertreten (vgl. Rothblum und Solovay 2009).

Die Aktivitäten der Aktivistinnen in den USA und in Europa richten sich neben den medizinischen auch auf visuelle Diskurse und Praktiken. Die US-amerikanische NAAFA (National Association to Advance Fat Acceptance) richtet seit ihrer Begründung Modenschauen aus. Die sogenannte Plus-Size-Mode hat diese Form des Aktivismus aufgegriffen und in eine kommerzielle Form gebracht. Ein Teil der US-amerikanischen und europäischen FA-Bewegung, die im Mittelpunkt der folgenden Ausführungen stehen soll, interveniert weniger argumentativ-sprachlich, sondern mehr ästhetisch-performativ bzw. mit einer Verbindung von Text und Bild im Netz-

---

[18] Das Forum, der Chat oder der Blog stellen für die meisten Pro-Ana-Mitglieder den einzigen Ort dar, an dem sie ihre Arbeit am Körper nicht verstecken müssen: „The site enabled participants (…) to disclose issues related to her eating disorder that (…) [they] felt could not be disclosed in any other setting." (Mulveen und Hepworth 2006, S. 291).

[19] „Wannarexics" ist eine von den Pro-Anas meist abfällig gebrauchte Bezeichnung für junge Frauen, die der Bewegung beiwohnen wollen, aber (noch) gar keine Essstörung haben, diese aber anstreben.

[20] Daran änderte auch der Einzug der Pro-Ana-Bewegung in die sozialen Netzwerke wie z. B. Youtube und Facebook kaum etwas. Auch hier wird vor allem der Kontakt zu Gleichgesinnten gesucht.

[21] In der Adipositas-Forschung ist strittig, ob es sich bei der Adipositas überhaupt primär um eine Essstörung handelt (vgl. Saguy und Riley 2005).

medium. Kleidung bzw. Mode ist dabei eines der zentralen Medien und zugleich Gegenstand einer partizipativ orientierten (Gegen-)Problematisierung.

In beinahe allen FA-Blogs[22] ist für Nutzerinnen die Möglichkeit eingerichtet, Bilder und Texte einzuschicken. Dabei handelt es sich meist, je nach Thema des Blogs, um Selbstporträts, Textbeiträge oder Fragen an die Betreiberin des Blogs.[23] Diese „Gastbeiträge" werden durch die Blogbetreiberinnen üblicherweise geprüft, dann aber offen in den Blog eingestellt. Anders als bei Pro-Ana-Seiten gibt es keinen geschützten inneren Bereich. Die Blogbetreiberinnen binden wie die Pro-Anas Bilder aus Online-Modemagazinen oder privaten Fotosammlungen in ihre Seiten ein. Die Aktivistinnen richten damit Beteiligungsoptionen für ein Publikum ein, das zur Kollaboration eingeladen ist. Es handelt sich also weniger um persönliche Webseiten oder Tagebücher, sondern um „a place to appreciate big beautiful ladies", wie eine Aktivistin ihre Seite beschreibt. Andere betonen stärker den Selbsthilfecharakter solcher Seiten, wenn sie von einer „supportive community" schreiben. Die Rolle der Blogbetreiberin wird manchmal explizit benannt, etwa als „self worth activist".[24]

Die Fotografien der FA-Seiten zeichnen sich dadurch aus, dass sie – im Kontrast zu den bereits beschriebenen Bildern der Pro-Ana-Seiten – fast ausschließlich Selbstporträts ausstellen, ohne aber ganz auf „found footage" zu verzichten. Die eingeschickten Selbstporträts oder Porträts werden von den Betreiberinnen der Blogs mit Fotos aus der professionellen Modefotografie ergänzt, so dass ein fortlaufender Bilderstrom entsteht, in dem (professionelle) Modefotografie und Amateurfotografie einander abwechseln und sich gegenseitig mit ästhetischer Plausibilität und Legitimität aufladen. Dies gilt umso mehr, als sich die Modefotografie mit ihrem quasi-biographischen Format der „lookbooks" ja seit einiger Zeit an der Alltags- und Amateurfotografie orientiert. Die beteiligten Einsenderinnen werden, wenn sie sich in mehreren Blogs ausstellen und sich an den Diskussionen beteiligen, Teilnehmerinnen einer Produktionsgemeinschaft, die allerdings längst nicht so formalisiert ist wie etwa bei Wikipedia oder anderen online-Plattformen mit hohem Organisationsgrad (vgl. Stegbauer 2009).

Beinahe in allen Selbstdarstellungen befinden sich die dargestellten Personen im Bildmittelpunkt. Die Oberkörper sind, wie das Gesicht, dem Betrachter und der Betrachterin typischerweise zugewandt. Die dargestellten Personen blicken das Publikum an (vgl. Abb. 3). Oft handelt es sich um Selbstporträts im Spiegel. In der überwiegenden Mehrzahl zeigen die Fotografien Personen – die meisten sind zwischen zwanzig und vierzig Jahren alt und zu etwa 95 % Frauen – als Ganzkörperporträt, meist mit Kommentar versehen, der die Bilder als Selbstporträts kennzeichnet und Auskünfte über die Situation der Aufnahme gibt. Viele Bilder sind in einer leichten Aufsicht fotografiert. Die Aufsicht ist ein Mittel der Verkleinerung und Objektivierung abgebildeter Personen. Das Zurückblicken wird dabei zu einem ästhetischen

---

[22] Z. B. http://fuckyeahfatladies.com, http://fuckyeahfatpositive.tumblr.com (Datum des letzten Zugriffs: 24.4.2012).

[23] Auf den Pro-Ana-Seiten gibt es zumeist die Möglichkeit – neben dem Forum im inneren Bereich – über das öffentliche Gästebuch Textbeiträge an die Webseiten-Betreiberin zu schicken. Auf den Tumblr-Blogs der Anas gibt es aber darüber hinaus auch die Möglichkeit Bildmaterial einzusenden.

[24] Z. B. http://byanika.com (Datum des Zugriffs: 24.5.2012).

Abb. 3 Selbstdarstellung im Vintage-Look mit Blick zum Publikum

Mittel der Selbstbehauptung – eine Person objektiviert sich durch das quasi-spontane Selbstporträt, lädt den Betrachter damit zu einem taxierenden Blick ein, blickt aber zurück, konfrontiert den Zuschauer mit den eigenen Affekten, die beim – vielleicht begehrenden, vielleicht abwertenden Betrachten – aufkommen. Viele der Porträts und Selbstporträts sind dabei an der Modefotographie orientiert (vgl. Abb. 3). Diese Bilder verstehen wir als Versuch, alternative Schönheitsstandards zu etablieren: In vielen Bildern wird eine second-hand-Ästhetik inszeniert, die Modestandards vergangener Zeiten aufgreift und dadurch den zeitgenössischen Kult der Schlankheit relativiert. Dieser Ansatz zielt auf die Etablierung einer alternativen Ästhetik der Körperformen ab – oft im Rückgriff auf weniger schlankheitsbetonte Modeepochen –, die durch selbstgenähte, gebrauchte oder speziell von Plus-size-Modeherstellern produzierte Kleidungsstücke inszeniert wird. Typisch ist weiterhin für viele Fotografien ein *posing,* das sich an der Ästhetik der Arbeiterfotografie und der feministischen Fotografie der 1920er Jahre orientiert: Gesten und Körperhaltungen, die Stärke (wie die Armgeste des „strong man", siehe Abb. 4) und Direktheit vermitteln. Mit dieser Darstellungsweise werden gleichzeitig mit den Schablonierungen des Körpers auch traditionelle Geschlechterrollen dekonstruiert – allerdings auf eine aus der Gegen-

 Springer

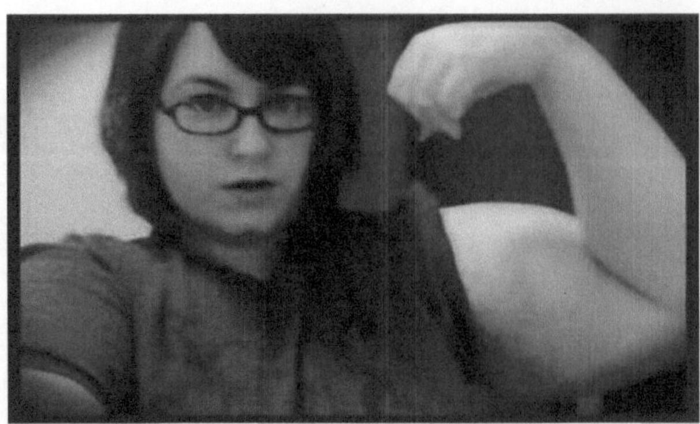

Abb. 4 Pathosformel der „starken" Frau

wartsperspektive teilweise klischeehaft erscheinende Weise. Die Infragestellung von Körperidealen und Geschlechterrollen durch den Rückgriff auf die Pathosformeln der „starken" Frau ist nicht ohne Risiko. Eine taktische Verweigerung von Körpernormen kann auch zu einer Verschärfung der Geschlechtscharaktere (vgl. Hausen 1976) führen, wenn die Transgression etwa als Symptom marginalisierter Identitäten gelesen wird, oder wenn neue Körperschablonen aufgerichtet werden, etwa die der „kurvenreichen" Frau, was in Kommentaren auf FA-Seiten immer wieder beklagt wird.

Die Beiträge der FA-Aktivistinnen haben ein zweifaches Publikum: Einerseits richten Sie sich an Gleichgesinnte, andererseits zielen sie auf ein allgemeines Publikum ab, das über die Ziele der FA-Bewegung aufgeklärt werden soll. Eine Verschränkung beider Publikumsadressierungen gelingt insbesondere dann, wenn die (sprachliche) Schilderung persönlicher Erfahrungen mit fotografischen Selbstdarstellungen verbunden wird. Auf einer Webseite[25] wird folgende Einsendung abgedruckt, mit Antwort der Blogbetreiberin:

> Is it just me who sticks out their face when someone's taking a photo of them to hide the chins just a bit?
> – Oh, dude, I know exactly what you mean. I've done that so many times for so long that even now when I'm like „FUCK IT, THIS IS MY FACE," I still find myself doing it sometimes. [...] The way I feel is this: if I'm having my photo taken, probably something cool, awesome, fun, or important is happening, and that's way more important than looking acceptably non-multiple-chinny. That's why I love blogs like fyeahvbo and fatfromtheside which celebrate those bits we often struggle to keep out of photos.[26]

Auf der Webseite fatfromtheside.tumblr.com sind ausschließlich seitliche Ganzkörperporträts versammelt (vgl. Abb. 5). Wie auf vielen Fat-Acceptance-Blogs werden hier Schamgefühle verbal thematisiert, aber dazu visuell inszeniert. Die Protagonistinnen dieser Bilder berichten über frühere Schamgefühle angesichts ihrer Körperfülle, die sie im Akt des Sich-Abbildens als überwunden markieren. Zuschauer außerhalb der Bewegung werden zu Zeugen befreiender Akte. Biographische Wie-

---

[25] Fuckyeahfatgirls.com (Datum des Zugriffs: 20.4.2012).

[26] http://fuckyeahfatpositive.tumblr.com/page/17 (Datum des Zugriffs: 22.4.2012).

Abb. 5 Seitliches Ganzkörper-
portrait als performativer Ausdruck von Selbstzufriedenheit

derholung („I used to angle myself…Not anymore") verbindet sich hier mit einer
Wiederholung der Körperdarstellungen, die jetzt *noch einmal,* aber dafür in der vorgeblich weniger schmeichelhaften Seitenansicht, gezeigt werden.

Das Körperwissen wird in FA-Blogs als komplizierte Affektlage inszeniert, die
eine Überwindung gesellschaftlich auferlegter Verbote den eigenen Körper zu mögen
und zu zeigen, dringlich werden lässt. Das medizinische Wissen wird implizit und
explizit als ungültig, oder zumindest als relativierbar adressiert, während die Mode
in ihren „fat"-freundlichen Zweigen zum Verbündeten und zugleich zum Medium der
FA-Bewegung wird.

 Springer

5 Schluss: Affektive Öffentlichkeiten und Gegenwissen

Zwei Aspekte stehen im Mittelpunkt der abschließenden Diskussion: Erstens das Verhältnis von Strategien und Ressourcen der Körperbild-Bewegungen und ihren Erfolgen in der Etablierung von Alternativöffentlichkeiten sowie in der Beeinflussung des allgemeinen Körperbildes; zweitens kehren wir zu der Frage zurück, inwiefern sich an den „neuen" Bildöffentlichkeiten Züge einer demokratischen affektiven Öffentlichkeit entfaltet haben, welche die öffentliche Thematisierung alternativer Wissensformen und -bestände (hier insbesondere des Körperwissens) ermöglichen. Zunächst zu den Bewegungen:

Beide, Fat-Acceptance-Aktivistinnen und Pro-Ana-Aktivistinnen, sehen sich in ein (freiwillig-unfreiwillig oppositionelles) Verhältnis zum gouvernementalen Körperwissen der wissenschaftlichen Medizin und der Mode gesetzt. In den Blogs werden Syndikationstechnologien wie etwa „tumblr" (tumblr.com) genutzt, die eine Versammlung von Nutzerinnenbeiträgen, im Netz gefundener „footage" und eigenen Beiträgen der Blogbetreiberinnen deutlich erleichtern. Damit werden Techniken der Interaktivität genutzt und zugleich inszeniert, die den Kollektivitätsbezug der Bilderblogs sichtbar machen. Dieser Technikbezug der Selbstthematisierung kann für soziale Bewegungen im Netz als typisch gelten: „Ein solches ‚In-Szene-Setzen' der Technik ermöglicht es, Deutungsgemeinschaften, oder politische Gruppierungen zu stärken. Diese vergewissern sich anhand ritualisierter Verhaltensweisen gegenüber Technik ihrer gemeinsamen Werte und ihrer kollektiven Identitäten" (Carstensen 2006, S. 3).

Die FA-Bewegung kann sich auf den anti-obesity-skeptischen Zweig medizinischer Forschung und die Plus-Size Mode beziehen; ihren Akteurinnen gelingt damit eine Infragestellung von Körpernormen, die aus den Internet-Teilöffentlichkeiten in die Modemagazine und ins Feuilleton hineinreicht. Sie greifen *Pathosformeln* der starken Frau auf: Die französische Marianne, die Arbeiterinnenfotografie, die Selbstporträts der künstlerischen Avantgarde, die Modefotografie der 1950er Jahre und die Fotografie der Plus-Size-Modestrecken sind affektiv geladene Bildvorräte, die aufgegriffen und reaktualisiert werden, um die Bedeutung des dickeren Körpers zu rekodieren. Die FA-Bewegung verbindet inklusive Selbsthilfe-Strategien mit einer alternativen Ästhetisierung des Körpers und einer politisch intendierten öffentlichen Artikulation von Gefühlen: Schamgefühle werden öffentlich – als schwer zu überwindende Gefühle – thematisiert. Die entwaffnende Thematisierung wiedergewonnener Möglichkeiten der Selbstidentifizierung konturiert eine „affektive Öffentlichkeit" (s. u.). Die Einnahme einer Fat-Identität imitiert dabei spielerisch coming-out Strategien. Die Verkörperung (embodiment) alternativer Ästhetiken stattet die FA-Bewegung mit „visuellen Argumenten" aus, die ihre argumentative Wirksamkeit daraus gewinnen, allgemeine, aber latente Affekte (der Ablehnung dickerer Menschen) öffentlich und als öffentliche Affekte zu thematisieren und für ihre eigenen Ziele zu nutzen. Die FA-Bewegung, insbesondere ihr stärker organisierter Arm, kann auf politischer Ebene Erfolge verzeichnen[27] (vgl. Saguy und Riley 2005), und auch auf

---

[27] Die FA-Bewegung kann hier auf eine lange Tradition zurückblicken, die bis in die 1960er Jahre zurückreicht.

 Springer

dem Feld der Alltags- und Werbeästhetik ist die Körpernorm des schlanken Körpers zumindest infrage gestellt, nicht zuletzt durch Interventionen von Verbraucherschutzverbänden, die die Forderungen der FA-Bewegungen zum Teil übernommen haben.

Ganz anders verhält es sich bei den Pro-Anas. Es gelingt Ihnen kaum, die Anorexia nervosa in einer allgemeinen Öffentlichkeit als eine mögliche Art der Lebensführung zu etablieren oder sie als Widerstand gegen repressive Familienverhältnisse und gesellschaftliche Missstände darzustellen, auch wenn in vielen Text- und Bildbeiträgen eine fundamentale Kritik von Geschlechteridealen anklingt. Bündnisse mit Expertengruppen, etwa den analytischen oder systemischen Familientherapeuten, die Essstörungen als widerständige Akte lesen (können), mögen situativ durchaus bestehen, schlagen sich aber nicht in einer sichtbaren „body politic" nieder. Im Gegenteil, die Webpräsenzen der Pro-Anas werden repressiv zurückgedrängt.[28] Ein weiterer Grund für die ausbleibende politische Wirkung des Pro-Ana-Aktivismus liegt vermutlich in ihrer eigenen Zielrichtung: Sie sind weniger daran interessiert, eine Allgemeinheit für ihre Ansichten oder Ziele zu gewinnen, sondern vor allem daran, eine Kommunikations- und „Sehgemeinschaft" (Raab 2008) zu erhalten und zu stärken. Die Pro-Anas inszenieren persönliche Halb-Öffentlichkeiten, in denen sie das einst hinter verschlossenen Türen praktizierte Körperwissen (inklusive der dazugehörigen Körpertechniken) magersüchtiger Frauen öffentlich machen. Damit fordern sie allerdings die Körperexperten des „Machtblocks" (Fiske 1993a) heraus, wie die repressiven Maßnahmen gegen die Internet-Bewegung eindrücklich zeigen.

Entstehen durch diese individuellen und gruppenbezogenen Strategien neuartige Öffentlichkeits- und Wissensformen? Wir hatten eingangs vermutet, dass Strategien der visuellen Performanz affektgeladener Körperbilder neue Öffentlichkeitsformen hervorbringen, die bestehendes Expertenwissen erfolgreich in Frage stellen können. Mit dieser Fragestellung war das Ziel verbunden, allgemeine mediensoziologische Thesen zur Demokratisierung des Wissens und der Kommunikation zu konkretisieren, wie sie etwa Manuel Castells formuliert, wenn er vermutet, dass die öffentliche Meinung durch ein „reprogramming the communication networks that constitute the symbolic environment for image manipulation" verändert werden könne (Castells 2009, S. 412).

Doch durch welche Praktiken und Medientechniken können solche Veränderungen herbeigeführt werden? Das oben erläuterte Begriffsangebot der persönlichen Öffentlichkeiten wurde erweitert, um einen Begriff *affektiver Öffentlichkeiten* zu gewinnen. Affektive Öffentlichkeiten sind synästhetische Öffentlichkeiten, in denen Text, Bild und Ton neben- und miteinander auftreten und sich zu multimodalen Aussageformationen verdichten. Diese Faltungen von Text, Bild und Ton begünstigen jene Vermischung von Privatem und Öffentlichem, die für *persönliche Öffentlichkeiten* charakteristisch ist. Die visuellen Praktiken initiieren ein Wechselspiel, ein Oszillieren (vgl. Nancy 2006) von Argumentation und Performanz als Serie fortlaufender Verweisungen und Bezugnahmen auf Pathosformeln, durch die sich soziale Bedeutungen und historische Einschreibungen übereinanderschieben und veruneindeutigen. Durch eine performative Kombination von Formen der Sichtbarkeit, Hörbarkeit

---

[28] http://www.stern.de/wissen/mensch/frankreich-per-gesetz-gegen-magersucht-617590.html (Datum des Zugriffs:15.5.2012).

und Spürbarkeit (vgl. Halberstam 1998; Klein 2005; Funken 2005) werden affektive Öffentlichkeiten konstituiert, die komplexe politische und epistemische Problematisierungen ermöglichen.

Derartige Affekt-Bilder können, hier stimmen wir Antke Engel und Sara Ahmed zu, als „Produktivkräfte kultureller Politiken" (Engel 2009, S. 201) bzw. als „cultural politics of emotion" (Ahmed 2004) wirksam werden, insofern sie polyvalente Sinngehalte und konstitutive Widersprüche, also „political emotions" (Staiger et al. 2010) transportieren. „Ambiguität, Paradox und Widerspruch fechten auf je spezifische Weise vereinheitlichte Bilder oder Identitäten und spannungs- oder widerspruchsfreie Praxen an. Sie lassen sich also in eine „Strategie der Veruneindeutigung" (Engel 2009, S. 205) einbinden. Die Dekonstruktion von überdeterminierten Bild-Text-Diskursen – also von hegemonialen „Gewissheiten" – ist für die in-group von Aktivisten und Aktivistinnen von gemeinschaftsstiftender und persönlich transformativer Bedeutung. Die Anerkennung einer verque(e)ren, zunächst beschämenden Position in der gesellschaftlichen Ordnung der Sichtbarkeiten hat allerdings eine kommunikative Einbeziehung des Publikums des Aktivismus zur Voraussetzung – die in den FA-blogs geleistet wird. In diesen Darsteller-Publikums-Verhältnissen kann eine Intersubjektivität der Scham (vgl. Neckel 1991) inszeniert werden: Die strategischen Einsätze der „zu" Dicken und „zu" Dünnen vermeiden die Wiederherstellung eines angepassten Zustands und erlauben einem allgemeinen Publikum, einen potentiell *abschätzigen* Blick auf sie zu werfen – dieser wird dem Publikum allerdings zurückgespiegelt. Ein Beharren auf Abschätzigkeit durch (reale und vorgestellte) Teile des Publikums impliziert allerdings zugleich eine Geringschätzung zentraler Normen der Kultur der Moderne, insbesondere jene der authentischen Selbstdarstellung, die sich auch im Erfolg popkultureller Stars wie Beth Ditto dokumentiert.

Auch diese Differenzproduktion kann allerdings vereinnahmt werden, insofern sich in „kreativen" Ökonomien bzw. Amateurkulturen ein Umgang mit Differenz ausdrückt, der wiederum (vgl. Reichert 2008) in neue Valorisierungs- und Normierungsstrategien umgemünzt werden kann. Gerade angesichts dieser Vereinnahmungsprozesse und der Taktiken und Strategien, mit denen ihnen begegnet wird, muss die Arbeit an der Differenz abweichender Körper als Mobilisierung „politischer Emotionen" in affektiven Öffentlichkeiten begriffen werden, die bereits eine Veränderung von Wahrnehmungsweisen und Wissensformen bewirkt hat.

Literatur

Ahmed, Sara. 2004. *The cultural politics of emotion*. Edinburgh: Edinburgh University Press.
Butler, Judith. 1990. *Gender trouble. Feminism and the subversion of identity*. New York: Routledge.
Bruhn, Matthias. 2002. *Bildwirtschaft. Verwaltung und Verwertung der Sichtbarkeit*. Weimar: VDG.
Carstensen, Tanja. 2006. „Das Internet" als Effekt diskursiver Bedeutungskämpfe. In: kommunikation@ gesellschaft, Jg. 7, Beitrag 5.
Castells, Manuel. 2009. *Communication power*. Oxford: Oxford University Press.
Corsten, Michael, Holger Herma, und Boris Traue. 2002. Körperpraktiken und die Integrität der Person. Körper-Selbst-Diskurse in der Kosmetikbranche und der Technoszene. In *Körperrepräsentationen*, Hrsg. Kornelia Hahn und Michael Meuser, 225–260. Konstanz: UVK.
Crossley, Nick. 2004. The circuit trainer's habitus: Reflexive body techniques and the sociality of the workout. *Body & Society* 10:37–69.

Duden, Barbara. 1987. *Geschichte unter der Haut*. Stuttgart: Klett-Cotta-Verlag.

Engel, Antke. 2009. *Bilder von Sexualität und Ökonomie: Queere kulturelle Politiken im Neoliberalismus*. Bielefeld: transcript Verlag.

Faßler, Manfred. 1996. Öffentlichkeiten im Interface. In: *Medien und Öffentlichkeit*, Hrsg. Rudolf Maresch, 309–323. Berlin: Boer Verlag.

Filk, Christian, Michael Lommel, und Mike Sandbothe. 2004. *Media Synaesthetics. Konturen einer physiologischen Medienästhetik*. Köln: Herbert von Halem Verlag.

Fiske, John. 1993a. Elvis: Body of Knowledge. Offizielle und populäre Formen des Wissens um Elvis Presley. *montage/av* 2 (1): 19–51.

Fiske, John. 1993b. *Power plays – power works*. London: Verso.

Foucault, Michel. 2004. *Geschichte der Gouvernementalität I. Vorlesung am Collège de France 1977–1978*. Frankfurt a. M.: Suhrkamp Verlag.

Fraser, Nancy. 2001. *Die halbierte Gerechtigkeit*. Frankfurt a. M.: Suhrkamp Verlag.

Funken, Christiane. 2005. Der Körper im Internet. In *Soziologie des Körpers*, Hrsg. Markus Schroer, 215–240. Frankfurt a. M.: Suhrkamp Verlag.

Gregg, Melissa, und Gregory J. Seigworth. 2010. *The affect theory reader*. Durham: Duke University Press.

Gugutzer, Robert. 2005. Der Körper als Identitätsmedium: Eßstörungen. In *Soziologie des Körpers*, Hrsg. Markus Schroer, 323–355. Frankfurt a. M.: Suhrkamp Verlag.

Habermas, Jürgen. 1975. *Strukturwandel der Öffentlichkeit*. Frankfurt a. M.: Luchterhand.

Halberstam, Judith. 1998. *Female Masculinity*. Durham: Duke University Press.

Hausen, Karin. 1976. Die Polarisierung der „Geschlechtscharaktere". Eine Spiegelung der Dissoziation von Erwerbs- und Familienleben. In *Sozialgeschichte der Familie in der Neuzeit Europas. Neue Forschungen*, Hrsg. Werner Conze, 363–393. Stuttgart: Klett Verlag.

Hieber, Lutz, und Paula-Irene Villa. 2007. *Images von Gewicht*. Bielefeld: transcript Verlag.

Holert, Tom. 2000. *Imageneering. Visuelle Kultur und Politik der Sichtbarkeit*. Köln: König Verlag.

Holert, Tom. 2008. *Regieren im Bildraum*. Berlin: b-books Verlag.

Hopkins, John. 2010. *Mode Design Basics 05. Modezeichnen*. München: Stiebner Verlag.

Keller, Reiner, und Michael Meuser. 2011. Wissen des Körpers – Wissen vom Körper. In: *Körperwissen*, Hrsg. Reiner Keller und Michael Meuser, 9–27. Wiesbaden: VS Verlag für Sozialwissenschaften.

Klein, Gabriele. 2005. Das Theater des Körpers. Zur Performanz des Körperlichen. In *Soziologie des Körpers*, Hrsg. Markus Schroer, 73–91. Frankfurt a. M.: Suhrkamp Verlag.

Lasch, Christopher. 1991. *The culture of narcissism*. New York: Norton.

Lindemann, Gesa. 1993. *Das paradoxe Geschlecht. Transsexualität im Spannungsfeld von Körper, Leib und Gefühl*. Frankfurt a. M.: Fischer Verlag.

Maasen, Sabine, Torsten Mayerhauser, und Cornelia Renggli. 2006. *Bilder als Diskurse. Bilddiskurse*. Weilerswist: Velbrück Wissenschaft.

Maresch, Rudolf. 1996. *Medien und Öffentlichkeit*. Grafrath: Boer Verlag.

Merleau-Ponty, Maurice. 1966. *Phänomenologie der Wahrnehmung*. Berlin: De Gruyter.

Mulveen, Ruaidhri, und Julie Hepworth. 2006. An interpretive phenomenological analysis of participation in a pro-anorexia internet site and its relationship with disordered eating. *Journal of Health Psychology* 11 (2): 283–296.

Nancy, Jean-Luc. 2006. *Am Grund der Bilder*. Berlin: diaphanes.

Neckel, Sighard. 1991. *Status und Scham*. Frankfurt a. M.: Campus Verlag.

Nemetz, Lydia. 2008. *Pro-Ana-Foren – berechtigt oder gefährlich?* Diplomarbeit (unveröff.). Wien.

Passoth, Jan-H. 2010. Die Infrastruktur der Blogosphäre. In: *Medienwandel als Wandel von Interaktionsformen*, Hrsg. Tilmann Sutter, 211–230. Wiesbaden: VS Verlag für Sozialwissenschaften.

Paulitz, Tanja. 2005. *Netzsubjektivität/en. Konstruktionen von Vernetzung als Technologien des sozialen Selbst. Eine empirische Untersuchung in Modellprojekten der Informatik*. Münster: Wesfälisches Dampfboot.

Pauwels, Luc. 2011. *Researching websites as social and cultural expressions*. In *Sage handbook of visual research methods*, Hrsg. Eric Margolis und Luc Pauwels, 570–589. London: Sage Publications.

Plessner, Helmuth. 1975. *Die Stufen des organischen und der Mensch*. Berlin: de Gruyter.

Raab, Jürgen. 2008. *Visuelle Wissenssoziologie*. Konstanz: UVK.

Reichert, Ramón. 2008. *Amateure im Netz*. Bielefeld: transcript Verlag.

Röhle, Theo. 2010. *Der Google-Komplex. Über Macht im Zeitalter des Internet*. Bielefeld: transcript Verlag.

Rothblum, Esther, und Sondra Solovay. 2009. *The Fat Studies Reader*. New York: New York University Press.

Saguy, Abigail, und Kevin W. Riley. 2005. Weighing both sides: Morality, mortality and framing contests over obesity. *Journal of Health Politics* 30 (5): 869–921.

Schachtner, Christina. 2005. Virtuelle Mädchen- und Frauennetze als Kommunikationsräume. In *Virtuelle Räume – neue Öffentlichkeiten. Frauennetze im Internet*, Hrsg. Christina Schachtner und Gabriele Winker, 167–218. Frankfurt a. M.: Campus Verlag.

Schmidt, Jan. 2009. *Das neue Netz. Merkmale, Praktiken und Folgen des Web 2.0*. Konstanz: UVK.

Sennett, Richard. 1996. *Die Tyrannei der Intimität. Verfall und Ende des öffentlichen Lebens*. Frankfurt a. M.: Fischer Verlag.

Simmel, Georg. 1992. Soziologie der Sinne. In *Soziologie*, Hrsg. ders., 722–742. Frankfurt a. M.: Suhrkamp Verlag.

Staiger, Janet, Ann Cvetkovich, und Ann Reynolds. 2010. *Political Emotions*. New York: Routledge.

Stegbauer, Christian. 2009. *Wikipedia. Das Rätsel der Kooperation*. Wiesbaden: VS Verlag für Sozialwissenschaften.

Stiegler, Bernard. 2009. *Von der Biopolitik zur Psychomacht*. Frankfurt a. M.: Suhrkamp Verlag.

Traue, Boris. 2013. Visuelle Diskursanalyse. Ein programmatischer Vorschlag zur Untersuchung von Sicht- und Sagbarkeiten im Medienwandel. *Zeitschrift für Diskursforschung* 1 (2): 117–136.

Turkle, Sherry. 1998. *Leben im Netz. Identität in Zeiten des Internet*. Reinbek: Rohwolt Verlag.

Villa, Paula-Irene. 2008. *schön normal*. Berlin: transcript Verlag.

Warburg, Aby. 2010. *Werke in einem Band*. Frankfurt a. M.: Suhrkamp Verlag.

Österreich Z Soziol (2014) (Suppl) 39:143–162
DOI 10.1007/s11614-014-0135-5

„Greetings from the Dark Site of the Internet" – Anonymous und die Frage nach Widerstand in Zeiten der Informatisierung

Carolin Wiedemann

Zusammenfassung Der Aufsatz stellt die Frage, wie Widerstand vor dem Hintergrund der Transformationsprozesse zu informatisierten Kontrollgesellschaften konzipiert werden kann. Ausgehend von jener Entwicklung, in Bezug vor allem auf Michel Foucault und Gilles Deleuze, wird die zentrale Frage anhand einer Auseinandersetzung mit der Online-Kollektivität Anonymous erörtert. Jenes Phänomen fordert das Dispositiv der Sichtbarkeit und dessen (Re-)Produktion über Social Media Angebote heraus, und inspiriert dazu, Widerstand als unvorhersehbares Kollektiv-Werden zu konzipieren. Die theoretischen Bezugspunkte führen zu einem Verständnis von Anonymous als einer Politik- und Kollektivitätsform, die sich über die Kraft der Affekte transindividuell ereignet, und dabei die Spuren im Netz verwischt. Die Analyse von Anonymous als Agencement berücksichtigt gleichzeitig, dass die widerständigen Momente nicht jenseits von historisch gewachsenen Machtverhältnissen zu verorten sind.

Schlüsselwörter Kontrollgesellschaft · Informatisierung · Widerstand · Anonymous · Kollektivität · Affekte

Anonymous and the quest for resistance in the age of informatization

Abstract The article asks how resistance can be conceptualized against the background of the processes of transformation towards informatized societies of control. Based on these developments, mainly referring to Michel Foucault and Gilles De-

C. Wiedemann (✉)
Programmbereich Soziologie, Universität Hamburg,
Wohlwillstr. 37,
20359 Hamburg, Deutschland
E-Mail: Carolin.Wiedemann@wiso.uni-hamburg.de

⧄ Springer

leuze the central question is discussed by an examination of the online collectivity Anonymous. This phenomenon challenges the dispositive of visibility and its (re) production through social media, and inspires a conception of resistance as an unpredictable becoming collective. The theoretical references lead to an understanding of Anonymous as a form of politics and collectivity that happens through the power of affects transindividually and thereby blurs the traces online. Analyzing Anonymous as an agencement similarly takes into account that moments of resistance are never to be located beyond historical power relations.

Keywords Control society · Informatization · Resistance · Anonymous · Collectivity · Affects

Ich möchte im Folgenden versuchen, anhand einer Auseinandersetzung mit der Online-Kollektivität Anonymous der Frage nach Widerstand in Zeiten der Informatisierung nachzugehen. Die Informatisierung verstehe ich als Teil eines größeren Transformationsprozesses hin zu Kontrollgesellschaften, der auch durch die Entwicklung der Kybernetik und der Informations- und Kommunikationstechnik maßgeblich geprägt wird. Dementsprechend bezieht sich die Frage nach dem Widerstand auf Machtverhältnisse, die das Internet und die Social Media mitkonstituieren und die sich in bestimmten Angeboten und Praktiken im Netz (re)produzieren. Im Zentrum des Artikels steht die Diskussion, inwiefern Anonymous gerade innerhalb dieser Machtverhältnisse als widerständig gelten kann. Zunächst werde ich letztere skizzieren, also meine Annahmen über die Entwicklung der Kontrollgesellschaften und ihre Beziehung zur Kommunikations- und Informationstechnik darstellen. Als theoretischer Ausgangspunkt dient mir Michel Foucaults Analytik von Machtverhältnissen, jene muss aber, wie ich zeigen werde, ergänzt werden, um die Veränderungen der letzten Jahrzehnte angemessen in den Blick zu nehmen. Gerade im Hinblick auf die Frage nach einem Verständnis von Subversion in kontrollgesellschaftlichen Rahmungen werde ich mich deshalb auf eine Einordnung gemäß Gilles Deleuze konzentrieren und mich dem Phänomen Anonymous mit dessen Begriffen nähern: Damit konzipiere ich Widerstand als das unvorhersehbare Kollektiv-Werden, das sich über die Kraft der Affekte in der Anonymität ereignet. Die theoretischen Bezugspunkte führen zu einem Verständnis der Kollektivität Anonymous als einer speziellen Politik-Form, einer Politik- und Kollektivitätsform, die sich als Ereignis transindividuell niederschlägt, und dabei die Spuren im Netz verwischt. Gleichzeitig lässt sich mit jenen theoretischen Bezugspunkten auch im Blick halten, dass die widerständigen Elemente und Momente nicht jenseits von historisch gewachsenen und sozialen Machtverhältnissen zu verorten sind.

1 Foucaults Machtanalytik als Ausgangspunkt

Die Frage nach Widerstand wirft als erstes die Frage nach dessen Bezugspunkt auf, nach den Verhältnissen, denen gegenüber Widerstand geleistet wird, nach der hegemonialen Logik, die unterlaufen wird, den Imperativen, die nicht befolgt werden

 Springer

und nach den Machtverhältnissen, die ich im Sinne Michel Foucaults verstehen will. Dessen Arbeiten stellen gleichermaßen ein Analyseraster für Machtverhältnisse dar und beschreiben im Laufe seines Werks verschiedene lokal und zeitlich begrenzte Machttypen wie den der Disziplinarmacht im 19. Jahrhundert, den der Biomacht und der Gouvernementalität im 20. Jahrhundert. In Abgrenzung sowohl zu affirmativ-bürgerlichen als auch zu kritisch-marxistischen Machtkonzepten formuliert Foucault das Modell einer subjektlosen und dezentrierten „Mikrophysik der Macht", die sich in der Form eines produktiven Netzwerks artikuliert, das den gesamten Gesellschaftskörper durchzieht (vgl. Foucault 1978, S. 35). Mit dem Begriff des „Dispositivs" entwickelt er ein Analyseraster für jene „Macht-Wissensregime", die sich sowohl aus diskursiven wie nicht-diskursiven Praktiken zusammensetzen und gleichermaßen Diskurse, architektonische Vorrichtungen, Regulierungen, Gesetze, Verwaltungsmaßnahmen, wissenschaftliche Aussagen, philosophische Normen, Moral usw. umfassen (vgl. Foucault 1976, S. 38). Die Analyse der Regierungstechniken, die der Bildung des modernen Staates im 19. Jahrhundert unterlegt sind, führt in Foucaults Kartographie der Macht die Dimension der Subjektivierung, eine „Subjektivierungslinie" (Deleuze 1992, S. 157) ein. Mit dem Neologismus gouvernementalité fasst Foucault die Verkoppelung von Machtformen und Subjektivierungsprozessen als Führung der Selbstführung.[1] Damit wird die Frage nach der Freiheit, nach dem, was jenseits der Determinierung der Individuen liegt, und damit die Frage nach dem Widerstand aufgeworfen. Da die Biomacht, die Foucault im Rahmen der Vorlesungen zur Gouvernementalität analysiert, ihm zufolge über Subjektivierungsprozesse operiert, lässt sich Widerstand nicht nur – wie es Marxisten noch nahe legten – auf der Ebene des Kampfes gegen politische Ausbeutungs- und politische, soziale und religiöse Herrschaftsformen anordnen (vgl. Pieper 2007, S. 219). Für Foucault gilt es nun vor allem, eigene Subjektivierungsweisen zu erfinden (vgl. Pieper 2007, S. 220) – diese „Suche nach neuen Formen von Subjektivität" (Foucault 1994, S. 251) erkennt er bereits in den Kämpfen und alternativen Lebensformen der „Neuen Linken" seit den 1960er Jahren (vgl. Pieper 2007, S. 219 f.).

2 Kontrollgesellschaften und Kybernetik

Foucaults Arbeiten zur biopolitischen Gouvernementalität haben sich in der politischen Theorie und in der Soziologie als hochgradig anschlussfähig erwiesen, um Transformationsprozesse ab der zweiten Hälfte des 20. Jahrhunderts zu analysieren.[2] Für jene Arbeiten, welche die Rolle der Kommunikations- und Informationstechniken innerhalb gegenwärtiger Dispositive fokussieren, ist gerade der Bezug auf Gilles Deleuze fruchtbar, weil dieser Foucaults Ausführungen zur Bio-Macht mit der

---

[1] Foucaults Analysen der modernen Gouvernementalität (vgl. 2004a, 2004b) beschreiben u. a. die Weise, unter der man anfing, bestimmte Phänomene zu problematisieren, „die eine Gesamtheit von als Population konstituierten Lebewesen charakterisieren: Gesundheit, Hygiene, Geburtenziffer, Lebensdauer, Rassen" zu rationalisieren bzw. durch gouvernementale Führung (Foucault 2004b, S. 435).

[2] Dabei sind im deutschsprachigen Raum für die Soziologie exemplarisch die Arbeiten von Bröckling et al. (2000) zu nennen, die gemeinsam die gegenwärtige Gouvernementalität und ihre Ökonomisierung des Sozialen (ebd.) beschreiben, genau wie Opitz (2004).

 Springer

Herausbildung eines kybernetischen Wissens und der Emergenz neuer Technologien explizit zusammen denken lässt. Orientiert an jener theoretischen Linie[3] und damit in klarer Abgrenzung sowohl von technizistischen als auch von kulturalistischen Ansätzen gehe ich davon aus, dass jede Maschine oder Technologie sozial ist, bevor sie technisch ist, dass sie konstitutiven Anteil hat an einer gegebenen sozialen Form, die nicht aus ihr allein heraus erklärt werden kann, sondern erst im Zusammenhang mit den anderen konstitutiven Elementen des Dispositivs, bzw. des „kollektiven Gefüges", wie Deleuze schreibt, worauf ich weiter unten genauer eingehen werde.

> Jeden Gesellschaftstyp kann man selbstverständlich mit einen Maschinentyp in Beziehung setzen: einfache oder dynamische Maschinen für die Souveränitätsgesellschaften, energetische Maschinen für die Disziplinargesellschaften, Kybernetik und Computer für die Kontrollgesellschaften. Aber die Maschinen erklären nichts, man muss die kollektiven Gefüge analysieren, von denen die Maschinen nur ein Teil sind. (Deleuze 1991, S. 251)

So skizziere ich nun einige Aspekte aus den Analysen der Kontrollgesellschaften. Mit dem Begriff der „Kontrollgesellschaft" beschreibt Deleuze (1996a) die Verschiebungen in den Dispositiven moderner Gesellschaften, deren neue Ordnung „durch unablässige Kontrolle und unmittelbare Kommunikation" (Deleuze 1996a, S. 250) funktioniert. Kontrolle ist ein Modus, der die Gesellschaft als Ganzes erfasst hat – über Kontrollmechanismen freiheitlichen Aussehens, Mikrotechniken, die sich auf den alltäglichen Kommunikationsbeziehungen niederlassen, um jede ihrer Regungen abzutasten, abzufragen, zu steuern und zu normieren. Der Computer wird zur Maschine, die die Menschen und deren (Zusammen)leben erfassbar, entschlüsselbar und damit berechenbar macht.

> Man braucht kein Science-Fiction, um sich einen Kontrollmechanismus vorzustellen, der in jedem Moment die Position eines Elements in einem offenen Milieu angibt, Tier in einem Reservat, Mensch in einem Unternehmen. (…) was zählt, ist nicht die Barriere, sondern der Computer, der die – erlaubte oder unerlaubte – Position jedes einzelnen erfasst. (Deleuze 1996a, S. 261)

Kybernetische Steuerungen basieren auf dem Prinzip der indirekten Steuerung: Maschinen, lebende Organismen und soziale Organisationen werden permanent vermessen, um sie berechen- und damit optimierbar zu machen. Das kybernetische Dispositiv befördert die gouvernementalen Techniken des Regierens, die Gesellschaft als selbstregulierenden Regelkreis begreifen (vgl. u. a. Spreen 2001, S. 22) und jenen über die Anrufung von Subjekten der Kommunikation in Gang setzen und halten.

3 Selbstvermarktung und -vermessung

Die Anforderung zur Selbst- und Systemoptimierung durch permanente Kommunikation ist auch an die Transformation der Produktionsverhältnisse und Arbeitsbedingun-

---

[3] Dazu zählen z. B. auch Pias (2004a), Tiqqun (2007), Galloway und Thacker (2007), Haraway (1995) und Leistert und Röhle (2011).

 Springer

gen gebunden, die wiederum ebenfalls mit der Entwicklung der Kommunikations- und Informationstechnologie zusammenhängt (vgl. Reckwitz 2007, S. 113): Um den Übergang zu postdisziplinären Regulationsformen zu beschreiben, orientieren sich sowohl postoperaistische Theoretiker_innen wie auch die governementality studies an Foucaults Analysen der Biomacht und Biopolitik. Deren Zusammenspiel mit postfordistischen Bedingungen und einer neoliberalen Rationalität habe das Leitbild des „unternehmerischen Selbst" (Bröckling 2007) geschaffen, das sich permanent selbst kontrolliert, sich vermarktet, also sichtbar macht, um der Konkurrenz, also den anderen einen Schritt voraus zu sein. Im Rahmen des gouvernementalen Dispositivs bedeute Kontrolle nicht länger, „(…) die Kontrollierten auf einen fixen Sollwert zu eichen, sondern den unabschließbaren Prozess der Selbstoptimierung in Gang zu setzen, bei dem der Vergleich mit den anderen als Motor und Monitor fungiert" (Bröckling 2007, S. 345). Die Entwicklung des Web 2.0, von Social Networking Sites, von Diensten wie twitter und Facebook (vgl. Wiedemann 2010), die über die Sichtbarkeit der UserInnen[4], über ihre permanente Selbstdarstellung und deren gegenseitige Überwachung operieren, ist Teil der Transformationsprozesse. Laut Hannelore Bublitz (2010, S. 187) wird dabei eine „Subjektivität optimierter Selbstentfaltung und Lebensführung [produziert], die sich dabei immer zu anderen relationiert, sich des Blickwinkels der anderen versichert". Es herrscht statt „hierarchischer Befehls- und Kontrollstrukturen" im Internet der flexible Normalismus von Kontrollgesellschaften, der die UserInnen zum ebenso verinnerlichten wie vorauseilenden Gehorsam gegenüber den Evaluationsnormen und Visibilitätszwängen verpflichtet (vgl. Reichert 2008, S. 13). Technische Erfassungs- und Verarbeitungsverfahren konstituieren und strukturieren Kommunikationsprozesse, sind Teil der Transformation zu kontrollgesellschaftlichen Settings (vgl. Seibel 2010, S. 113). Selbstdarstellung im Netz wird zur Selbstvermarktung und Selbstoptimierung nach dem Vorbild kybernetischer Regelkreisläufe.[5]

Wenn man nun Widerstand unter gegenwärtigen kontrollgesellschaftlichen Bedingungen reflektiert, stellt sich die Frage, wie jener Forderung von Foucault, neue, abweichende Subjektformen zu entwickeln, widerständig nachzukommen ist. Die Kybernetik beansprucht, Abläufe und Entwicklungen aller Elemente auf der Welt voraussehbar und damit effizient zu machen, indem sie „jede Abweichung auffängt und produktiv in ein dynamisches Gleichgewicht integriert" (Pias 2004b, S. 325). Wenn die Grenzziehungen des Einschlusses permanent flexibel und verschiebbar sind, Diversität gefragt ist („Diversity Management") und es nur um Verwertbarkeit durch Lesbarkeit geht, ist es dann noch subversiv, sich auf Facebook als transgen-

---

[4] Es wäre – gerade in Anbetracht der Fragestellung – sicher zu überlegen, ob nicht der Begriff der „ProdUserIn", den Bruns (2008) prägte, passender wäre. Wobei jenes Konzept sich nicht ohne Weiteres mit den poststrukturalistischen Ansätzen vertragen würde, eine Diskussion wäre notwendig. Im vorliegenden Artikel wird somit aus pragmatischen Gründen zunächst der Begriff der „UserIn" weiterverwendet.

[5] Im deutschsprachigen Diskurs wurde diese Form der Selbstdarstellung zum Teil mit Bezug auf Foucaults Konzept eines „Geständniszwangs" diskutiert (vgl. z. B. Dorer 2006). In jenen Arbeiten wird jedoch die technische Dimension, die computerisierten Rechen- und Steuerungstechniken vernachlässigt (vgl. Seibel 2010, S. 112). Paulitz (2005) dagegen arbeitet mit ihrer Studie „Netzsubjektivität/en. Konstruktionen von Vernetzung als Technologien des sozialen Selbst. Eine empirische Untersuchung in Modellprojekten der Informatik" bereits die wechselseitige Beeinflussung von Machtverhältnissen, Vernetzungsprozessen und neuer Technologien des Selbst heraus.

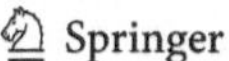 Springer

der auszugeben? Jede Abweichung wird eingepflegt. Facebook interessiert sich nicht dafür, ob eine Information einmal als alternative Lebensform galt – wichtig ist, dass die User_innen Daten hinterlassen.[6]

Das bedeutet nicht, dass es keine Hierarchisierung und keine Ausschlüsse mehr gäbe: Entsprechend Foucaults Analyse wirken die Dispositive der Disziplinargesellschaft in den Dispositiven der modernen Gouvernementalität fort. Auch auf Facebook funktionieren Mechanismen des Ausschlusses, die über die Kategorisierung der User_innen laufen: Zum Einen konstituieren sich über die Distinktionsmechanismen auf Facebook Gruppen, an denen nur teilhaben darf, wer bestimmte Kriterien erfüllt (vgl. Lummerding 2011, S. 209). Zum anderen müssen die User_innen klar identifizierbar sein: Inkohärenz oder Mehrdeutigkeit eines User_innen-Profils ist unerwünscht (vgl. Lovink 2011, S. 186) oder lässt die User_innen vielmehr einfach ausscheiden. Wer nämlich auf Facebook nicht mehr „identifizierbar" ist, kann nicht Teil des Netzwerks sein, das erst über das System des Sich-Auswählens und Anfreundens Zugang zu den Kommunikationsräumen ermöglicht.

Unsichtbarkeit und Anonymität dagegen stören den kontrollgesellschaftlichen Zugriff, der über die proaktive Identifikation und Bewegungskontrolle des individuierbaren Subjekts bzw. seiner digitalen Spuren funktioniert (vgl. Terranova 2010). Jene Strategien werden in ganz unterschiedlichen Kontexten als widerständig diskutiert (vgl. z. B. Papadopoulos et al. 2008; Galloway 2011). Und Tiqqun (2007, S. 95) schreiben über die unsichtbare Revolte: „Sie ist unsichtbar, weil sie aus der Sicht des imperialen Systems unvorhersehbar ist." Und weiter: *Der Nebel macht die Revolte möglich."* (2007, S. 115).

4 Anonymous, die unsichtbare Revolte 2.0?

Bildet Anonymous Datennebel (vgl. Terranova 2010)? Die unsichtbare Revolte 2.0? Anonymous tauchte zum ersten Mal auf „4chan" auf, einer Online-Plattform, die keine Einrichtung von Profilen zulässt, dafür aber den anonymen Austausch von allem Möglichen. Mit Aktionen wie der Anti-Scientology-Bewegung über die Unterstützungskampagnen für Wikileaks und die Hilfe für die Proteste in Ägypten und Tunesien hat Anonymous sich seitdem auch in den Mainstream-Medien einen Namen gemacht: als Kollektiv, das sich den Mächtigen dieser Welt als eine unsichtbare hierarchiefreie Legion gegenüberstellt.

Während der Zwang zur Identifizierung und Selbstdarstellung im Web 2.0 Ein- und Ausschlussmechanismen schafft, Konkurrenz und Hierarchien (re)produziert und normalisiert, soll das Prinzip der Anonymität bei Anonymous genau das verhindern:

---

[6] Diefenbach (2007) schreibt, dass das Wechselspiel von erweiterter Verwertung und verfeinerten liberalen Regierungsstrategien freiheitliche und von gesellschaftlichen Normen abweichende Praktiken antizipiert und positiv miteinbezogen habe, so dass Praktiken minoritärer Politik heute nur noch als „zwei Verfalls- oder Transformationsformen wirksam wären (…): die Produktion kommerzieller Lebensformen und die Produktion essentialistischer Gemeinschaften."

Jenseits diverser Kontrollmechanismen[7] würde sich eine neue Art der Solidarität etablieren, die das „Ego-Prinzip" von Facebook und Co. unterlaufen würde. So meint zum Beispiel Coleman (2012): „To Facebook's Mark Zuckerburg, transparency means sharing personal information constantly (…). Anonymous offers a provocative antithesis to the logic of constant self-publication, the desire to attain recognition or fame."

Jene Thesen basieren auf der Annahme, Anonymous sei ein Zusammenschluss von Anonymen, von Einzelnen, die sich untereinander nicht kennen, die keine Datenspuren hinterlassen, die sich nicht auf eine Identität, auf eine Datenmenge reduzieren lassen, sondern in der Anonymität „unwahrnehmbar werden" (Deleuze und Guattari 2005, S. 283 ff.), dabei gleichzeitig aber als Singularitäten jenseits des kontrollgesellschaftlichen Repräsentationszwangs zusammenfinden.

Dass 2013 ein Dokumentarfilm zu Anonymous in die Kinos kommt und zwei Personen, die sich im Nachhinein als inspirierend für die Bewegung bezeichnen, einen Buchvertrag mit Amazon abgeschlossen haben, um ihre Heldengeschichte zu erzählen[8], scheint jene Überlegungen schnell zu widerlegen. Doch das interessiert diejenigen nicht, die gerade als Anonymous im Netz zusammenfinden. Dass sich bei manchen der User_innen, die an den ersten Diskussionen von Anonymous beteiligt waren, Ordnungen durchgesetzt haben, die Hierarchien einführen und gegenwärtigen Dispositiven entsprechen, verhindert nicht, dass Anonymous weiter wuchert.

Für meine Fragestellung ist es zunächst relevant, statt der Mechanismen der Korruption jene Momente zu fokussieren, in denen Anonymous, wie ich zeigen werde, in der Anonymität emergente Solidarität produziert. Wenn kontrollgesellschaftliche Settings erstens eine neoliberale Rationalität die Ökonomisierung des Sozialen fördern, und zweitens die Kybernetik die Berechnung und Voraussage aller Ereignisse beansprucht, dann können sowohl anonyme Kooperation jenseits von individuellem Gewinnstreben als auch das Unvorhersehbare, Ungeplante als widerständig gefasst werden.

In Anlehnung an deleuzianische Konzepte wie „Fluchtlinien", „Deterritorialisierung" und „Virtualität" lässt sich Widerstand als das Ereignishafte fassen, das hereinbricht, das damit das Potenzial hat, Machtverhältnisse aufzuwirbeln, weil es nicht eingespeist werden kann in eine vorausberechenbare Effizienzlogik. Dieses Potenzial beruht bei Deleuze auf einem Begehren, das als immanent konstruiert wird, als Kraft der Affekte, die alles in Bewegung hält.

> Für mich beinhaltet Begehren keinen Mangel; es ist auch keine natürliche Gegebenheit; es ist nichts anderes als ein Heterogenen-Gefüge, das funktioniert; es ist Prozeß, im Gegensatz zu Struktur oder Genese; es ist Affekt, im Gegensatz zu Gefühl; (…) es ist Ereignis im Gegensatz zu Ding oder Person. (Deleuze 1996b, S. 31)

---

[7] Bislang forschen hauptsächlich englischsprachige WissenschaftlerInnen zur Anonymität als Widerstandsstrategie im Netz, hervorzuheben ist dabei Auerbachs (2012) „anonymity as culture: treatise" und Knuttila (2011), der über 4chan schreibt: „4chan's anonymous interface, heightened by temporality and unique by contingency, presents virtuality in its fullest form. It is encounters with groups of strangers, who can appear and disappear without a trace."

[8] Diese Feststellung ist sicher notwendig, um den anhaltenden Hype um das Web 2.0 kontinuierlich kritisch zu beleuchten.

 Springer

Inwiefern hat Anonymous in diesem Sinne widerständiges Potential? Welche Rolle spielen Affekte bei der Konstitution und den Operationen von Anonymous?

Im Folgenden nehme ich jene Momente des Wucherns von Anonymous in den Blick, in denen die Kraft der Affekte für die unvorhersehbare Kooperation konstitutiv ist.

5 Methodologische Überlegungen

Die Fokussierung von etwas setzt voraus, dass dieses „etwas" bestimmbar und eingrenzbar ist. Die Beobachtung von Anonymous scheint ein paradoxes Anliegen, beruft sie sich doch auf eine Erkennbarkeit, auf eine Zuordnung zu einer Kollektivität, die Identifizierbarkeit und Zuordnung negieren will. Ebenso paradox scheint es, die Unvorhersehbarkeit des Emergierens einer hybriden Kollektivität untersuchen zu wollen: Wie soll dieses Werden oder „Wuchern" beobachtet werden, wenn es erst nachträglich als Wuchern zu beschreiben, als Phänomen wahrnehmbar ist? Das Unterfangen, ein Phänomen wie Anonymous zu beobachten, pointiert die Herausforderungen für die Sozialwissenschaften, nach der „Krise der Repräsentation" empirisch zu forschen.[9]

Sowohl mein theoretischer Hintergrund als auch die besondere Beschaffenheit von Anonymous legen nahe, keine repräsentativen Aussagen über das, was Anonymous „wirklich" ist, wie es wirklich entsteht, anzustreben. Es geht vielmehr darum, eine soziologische Skizze zu Anonymous zu entwerfen, die dazu dient, die Theoretisierung von Assoziation und Protest unter den Bedingungen der Informatisierung weiterzuführen. Das, was ich beobachte, mein Material, besteht aus digitalen Architekturen (Programme, Interfaces, Codes), aus Text (Chat-Diskussionen, Presseerklärungen, Bildern/Videos, Beobachtungsprotokollen, ExpertInnen- und narrative Interviews) und aus Klicks, Verlinkungen und Affekten, die zwischen den ersten beiden zirkulieren, die es „in actu"/„in situ" zu protokollieren gilt (vgl. Pieper et al. 2011). Die Materialsammlung zu einem dynamischen Phänomen kann endlos sein, das Internet als „Feld" hat keine Grenzen – weder räumlich noch zeitlich; ich habe gesammelt, bis ich die für mich wichtigen Fragen veranschaulichen konnte.

6 Affekte, Anonymous und das Ereignis des Kollektiven

Anonymous entstand im anonymen Austausch im Netz, auf 4chan[10]. 4chan ist ein Bilderforum, dessen zentrale Inhalte – wie es bei Foren üblich ist – von den User_innen der Plattform erstellt werden, indem jene jeweils wechselseitig ihre Beiträge kommentieren. In zweierlei Hinsicht unterscheidet sich 4chan auf der tech-

---

[9] Als „Krise der Repräsentation" wird in den Geistes- und Sozialwissenschaften jene Theorieentwicklung bezeichnet, die die Unmöglichkeit eines innerhalb der menschlichen Sprachen und Kulturen feststellbaren Abbild- oder Korrespondenzverhältnisses zwischen Aussagen und Aussagesystemen auf der einen Seite und einer Welt von vorsprachlichen, „an sich" existierenden Elementen auf der anderen Seite demonstriert, wie Reckwitz (2003) zusammenfasst.

[10] 4chan.org.

nischen Ebene von anderen Plattformen: Zum einen kann man sich dort nicht als User_in registrieren, zum anderen werden gepostete Inhalte nicht archiviert, sondern gelöscht, sobald sie nicht mehr angeklickt werden und damit immer weiter an das Seitenende wandern. Den User_innen wird keine Kennung zugewiesen, sie können beim Veröffentlichen eines Beitrags jedes Mal aufs Neue einen Namen in das entsprechende Feld eintragen, ein Pseudonym oder ihren Echtnamen oder wechselnde Bezeichnungen. Lassen die User_innen das Feld frei, erscheint ihr Beitrag unter dem Namen „Anonymous". Der Macher von 4chan, Chris Poole, der das Board mit 15 Jahren gegründet hat, erzählt im Interview[11], er hätte gedacht, die User_innen würden die Sprecher_innen-Felder mit Pseudonymen ausfüllen und sich damit voneinander abgrenzen. Überrascht habe er vor dem Rechner gesessen und gesehen, dass plötzlich immer mehr User_innen einfach keinen Namen eintrugen und somit alle als „Anonymous" posteten. Chris Poole hat jene Infrastruktur, die Anonymous hervorgebracht hat, zufällig mitgeschaffen – eine Infrastruktur, deren Effekt Jana Herwig in ihrer Analyse des Image-Boards so zusammenfasst: „Wenn dann ‚Anonymous' einen Beitrag verfasst, auf den ‚Anonymous' und ‚Anonymous' reagieren, lässt sich in der Beobachtung nicht mehr ausmachen, wer gerade ‚spricht'. (…) Das Modell der userbezogenen Repräsentation von Identität wird aufgegeben zugunsten von sich in einzelnen Beiträgen manifestierenden Subjektpositionen, die selbst nicht mehr einer übergreifenden Identität zugeordnet werden können: Statt auf UserInnen oder Identitäten reagiert man auf Meinungen und Positionen." (Herwig 2011, S. 7)

Jener anonyme Austausch auf 4chan, der nicht an einzelne Autor_innen oder Sprecher_innen gebunden ist, kann als Anfang von Anonymous betrachtet werden. Es lassen sich keine einzelnen User_innen als Gründer_innen identifizieren. Anonyme Kommunikation ist das zu Grunde liegende Prinzip, das die Einheit des Kollektivs „Anonymous" stiftet.[12]

Das Beispiel der „Lolcats" und des „Caturdays" macht deutlich, wie wirkmächtig die wechselseitige Affizierung auf der Plattform 4chan für das Kollektiv-Kreativ-Werden, also für die Konstitution von Anonmyous ist: User_innen erzählen im Nachhinein[13], jemand habe 2006 auf 4chan das Foto einer Katze gepostet, jemand anderes das Bild mit einer Aufschrift versehen, wiederum andere anonyme User_innen haben das nachgemacht, andere kommentiert und als Lolcats bezeichnet (siehe Abb. 1).[14]

Innerhalb von ein paar Stunden habe es Hunderte von Lolcats auf 4chan gegeben. Nach ein paar Wochen entwickelte sich der sogenannte Caturday – die Postings der

---

[11] Ich habe Chris Poole erstmals im Frühjahr 2009 nach seinem Vortrag auf der republica, der Social Media Konferenz in Berlin, zum Interview getroffen.

[12] Das unterscheidet Anonymous zumindest in den Anfängen auch von jenen Kollektiven, die Hacken und „virtuelle Sit-Ins" seit den frühen 90er Jahren auf Basis einer gemeinsamen Ideologie als Politikform nutzen. Dagegen sind im Fall von Anonymous keine Ursprungsidee und keine einzelnen Initiator_innen identifizierbar.

[13] Im April 2012 habe ich in New York mehrere Personen interviewt, die an diversen Anonymous-Aktionen teilgenommen hatten. Ich konnte sie adressieren, weil das FBI sie bereits identifiziert hatte. Das verweist auf die Mängel in der Software, die Anonymous-Aktivist_innen in der Vergangenheit verwendet haben. Ein Aspekt, auf den ich hier genauso wenig eingehe wie auf die Formen des Hackens und DDOS, die Anonymous angewendet hat.

[14] LOL kommt von „Laughing Out Loud".

Abb. 1 Beispiel einer Lolcat

Katzenbilder fanden vor allem samstags statt (*Cat + Saturday*). So war ein Trend entstanden, dem sich zehntausende Internet-User_innen anschlossen.[15]

Anonymous lässt sich im Moment der Entwicklung der Lolcats oder des Caturdays als kollektives Gefüge bzw. Agencement[16] beschreiben, bei dem Affekte, „Netzwerkaffekte" (Thacker 2009, S. 44), als jene Elemente in Aktion treten, welche die Konnektivität der anonymen User_innen erzeugen. Der Affekt ist die konstitutive Kraft, die den Schwarm in Bewegung setzt (vgl. Horn und Gisi 2009, S. 17).[17] Im Anschluss an Spinoza (vgl. 1994, S. 110) sind Affekte nicht an ein Individuum und dessen Gefühle gebunden, unterstellen keine Annahmen über die Absichten, das „Bewusstsein" (im Marx'schen Sinne) oder die Gründe von individuellen Akteuren. Stäheli (2007, S. 132) meint, der Begriff des Affekts verfüge über den Vorteil, „eine soziale Beziehung zu denken, die nicht ausschließlich auf signifikatorischen Praktiken beruht", eine Beziehung als ein „Anziehungs- und Abstoßungsverhältnis".

> Affekte operieren im Modus der Konnektitivität, sie zirkulieren, erzeugen Dynamiken, produzieren Subjektivitäten und Mobilität. Sie operieren als – lebendige und dynamische – immanente Antriebskraft. (Pieper et al. 2011, S. 230)

Die Kollektivität von Anonymous wird im Moment der Zirkulation von Affekten konstituiert. Konnektivität ist in dieser Hinsicht für Anonymous kein „Status" (wie bei Thacker 2009, S. 33), sondern entsteht immer in dem Moment, in dem sich einzelne als Anonymous im Internet treffen. Die Grenzen der Konnektivität bemessen sich an der Reichweite der Affizierung.

---

[15] Vgl. Wikipedia-Eintrag über Lolcats: http://de.wikipedia.org/wiki/Lolcat (letzter Zugriff: 7.2.2013).

[16] Mit der Übersetzung des Originalbegriffs bei Deleuze („agencement") in den deutschen Begriff „Gefüge", der eher etwas fest gefügtes, starres vermittelt, geht der Aspekt des Dynamischen und immer in Veränderung begriffenen verloren, den das Konzept hinter dem französische Begriff umfasst. Gerade im Hinblick auf die Fragestellung dieses Aufsatzes soll daher weiter der Originalbegriff verwendet werden.

[17] Neben den im Text genannten Verweisen auf Arbeiten zur konstitutiven Rolle von Affekten sind auch exemplarisch zu nennen: Massumi (2007), Massumi (2010), Parikka (2007), Angerer (2007).

EinE User_in beschreibt ihre Erfahrung:

> Anonymous is a group, a community, an idea. I do not know how to explain it except in terms of the crowd of a rock concert. If you have ever been to one, crammed into the pit with thousands of people around you and you all feel together and you push for something and you FEEL like you are part of something bigger. And at the end of the show, when there is no more reason to be there, you all leave like you never knew each other (…) and when there is another concert you all come back again. It FEELS like that but with geopolitical impact and more keyboards.

Für die Frage, was „Widerstand" sein kann, wie also Impulse zur Veränderung der gegenwärtig wirkenden Logiken entstehen und Verbreitung finden können, wie soziale Bewegungen entstehen können, lässt sich mit Anonymous veranschaulichen, was Geert Lovink (2010) „the erotica of touching" nennt. Er beschreibt als Schlüsselmoment für gegenwärtige Soziale Bewegungen den ersten Kontakt von scheinbar autonomen Einheiten: „Ever experienced the metamorphosis of ‚weak links' transmuting into revolutionary bonds? It is hard to imagine that this exciting phase will be taken out of the digital equation. Creating new connections is pivotal in a political-artistic process. It is the moment of ‚change' when the desert of consent turns into a blossoming oasis."

In den Konstitutionsprozessen von Anonymous ist eine operative Logik, die auf der Technizität oder Affektivität basiert, einer Logik der Repräsentation immer einen Schritt voraus.[18] Erst in der Bewegung, im anonymen Austausch, im Verbinden, das zum Berühren wird, entsteht das „wir" performativ.

7 Die Semantik des Gemeinsamen

Vielfach wurde Anonymous zugeschrieben, sich mit Aktionen wie der Operation Payback oder spätestens mit dem Einsatz für die AktivistInnen des so genannten Arabischen Frühlings aus dem eher Spaß-orientierten 4chan-Stadium herausentwickelt und politisiert zu haben (vgl. Coleman 2012; Stalder 2012). „Anonymous grew up", schrieben mehrere Journalist_innen.[19] Ich teile zwar nicht jenes Verständnis des „Großwerdens". Bemerkenswert ist jedoch bezüglich meiner Fragestellung, dass Anonymous zunehmend ein gemeinsames Narrativ entwickelt hat, und zwar eines, das die gemeinsame Erfahrung des anonymen Austauschs online zum Ausdruck bringt, eine Art Selbstreflektion dessen, was Anonymous mit den UserInnen macht, die dann auch zum Anliegen von Anonymous werden.

---

[18] Anonymous stellt das klassische Verständnis kollektiver Identität damit in Frage und lässt sich nicht begreifen, ohne die operative und materielle Dimension der Konstituierung von Kollektivität zu erfassen. Hiermit greife ich einige der zentralen Forschungsinteressen und Ideen des von Urs Stäheli und einer Reihe von Kolleg_innen geplanten Graduierten-Kollegs zum Thema „Neue Kollektivitäten" auf, an dessen Beantragung ich mitarbeite – vielen Dank für all die Diskussionen.

[19] Z. B. in folgendem Artikel: 2011 The Year of the Hacktivist: When Anonymous Finally Grew-Up in der International Business Times (Alastair 2011), online unter: http://www.ibtimes.co.uk/2011-year-hacktivist-anonymous-finally-grew-261403 (letzter Zugriff: 7.2.2013).

In „An Open Letter to the World" von Anonymous steht:

> We have begun telling each other our own stories. Sharing our lives, our hopes,
> our dreams, our demons. (…) As we learn more about our global community
> a fundamental truth has been rediscovered: We are not so different as we may
> seem.

Weiter heißt es, Anonymous sei die Idee des Wohls aller Menschen, das durch deren Informations- und Kommunikationsfreiheit gesichert werde. In der anonymen Kommunikation im Netz nämlich wären alle Stimmen gleich, wodurch die Menschen vorurteilsfrei ihre Gemeinsamkeit erfahren würden. Damit wird ein gemeinsames Anliegen zum Ausdruck gebracht: Die Idee, Anonymous basiere auf der Erfahrung einer nicht vereinheitlichenden Einheit in der anonymen Online-Assoziierung, die keine identitären Mitgliedschaftsbedingungen aufstelle. So könne keinE EinzelneR für Anonymous sprechen – denn die Idee gehöre allen und sie realisiere sich nur im Austausch. Wenn diese Behauptung Geltung haben soll, also tatsächlich niemand für Anonymous sprechen soll, wenn Anonymous eine Idee sein soll, die niemand besitzen kann, kann aber auch niemand allein einen solchen Text zur Definition von Anonymous verfassen.

Vielfach entstehen die Textstücke, die online zirkulieren, und Anonymous sichtbar machen, genau durch jene anonyme Kooperation, die in ihnen beschworen wird. So werden Dokumente, bevor sie in Umlauf gebracht werden, spontan von User_innen erstellt, die sich beispielsweise in einem in einem IRC-Chat[20] anonym austauschen, dabei kommt die Idee zu einem Brief auf, sie kreieren einen extra Chat-Raum, dessen Adresse im vorigen Chat-Raum gepostet wird, es können also theoretisch alle, die Interesse haben, darauf klicken. Sie arbeiten dann gleichzeitig gemeinsam an einem offenen Dokument, das Ergebnis wird dann wiederum auf Anonnews gepostet, dort wird es wiederum von anderen anonymen User_innen kommentiert, eine Art Peer-Review-Verfahren. So werden gleichermaßen Rechtschreibfehler korrigiert (siehe Abb. 2[21]: im ersten Kasten „should be slumbers"), Lob ausgesprochen („well put description on Anonymous", „Game on!" oder „good start") oder Kritik geäußert („soon fades into moralfaggotry and stupid claims of self-importance"). Im Anschluss an die Diskussion über die Qualität des Dokuments wird es dann noch einmal zur Bearbeitung für alle geöffnet, bevor es in Umlauf gebracht, also als „Pressemitteilung" von Anonymous veröffentlicht wird.

Ohne eine zentrale Steuerung etablieren diejenigen, die als Anonymous posten, alltägliche Formen der Kooperation – jene Formen erinnern an die „mobile commons" von Tsianos und Papadopoulos (2013)[22]. Wegen der Infrastruktur „anonyme Kommunikation" ist dabei kein klassischer Tauschhandel möglich. In den Situationen, in denen User_innen anonym posten, sich nicht erkennen/kennen, gibt es

---

[20] IRC ist die Abkürzung von Internet Relay Chat. Es bezeichnet ein rein textbasiertes System, das Gesprächsrunden einer beliebigen Anzahl von Teilnehmer_innen in Channels ermöglicht, die alle eröffnen können (vgl. http://de.wikipedia.org/wiki/Internet_Relay_Chat, letzter Zugriff: 7.2.2013).

[21] Der abgebildete Screenshot stammt von der Seite anonnews.org, aber aus der Zeit, als der Brief hochgeladen wurde: Frühjahr 2011. Heute findet sich der Brief noch auf der gleichen Plattform (unter http://anonnews.org/press/item/619/), ebenso wie die Diskussionen außen herum, nur das Layout ist reduzierter.

[22] Wobei deren Kontext sich auf Migration und die Frage nach der Bürger_innen-Schaft bezieht.

I cannot say for sure about the rest of that list, but I'm pretty sure lots/some of them are just fine...
Reply Permalink

Anonymous - 2011-02-26 16:14:14
Minor spelling error:

'We never sleep, while one side of the world slumber the other awakens.'

should be slumbers
Reply Permalink

Anonymous +1 for well put description of anonymous. Reply Permalink

Anonymous - 2011-02-26 03:37:07
+1 we see what this weekend is holding for us here, time to get the kiddos some leg work in and hit the streets to get out a couple thousand of these.

;) they will sleep good, and we parents can grow nervous, but it will hopefully be worth it in the long run.

Game on!
Reply Permalink

Anonymous - 2011-02-26 03:38:14
good start but soon fades into moralfaggotry and stupid claims of self-importance.
for we are not serious

Abb. 2 Anonyme Kommentare zum Brief

kein System der Zuschreibung. All das, was in diesen Situationen des anonymen Austauschs entsteht, seien es Lolcats, „Informations-Pakete" für Hacker_innen in Ägypten oder Appelle wie der Brief, kann nicht auf einzelne zurückgeführt werden. Als Motivation lässt sich die Erwartung auf irgendeine Form der Anerkennung ausschließen. Durch die wechselseitige Affizierung in der anonymen Kommunikation/Kooperation werden Momente emergenter Solidarität produziert, die den kontrollgesellschaftlichen Imperativen der Sichtbarkeit und Selbstvermarktung entgehen. Das gouvernementale Dispositiv der gegenwärtigen kapitalistischen Organisationsweise ruft, wie weiter vorne erklärt, dazu an, sich zu profilieren, den anderen ein Bild von sich selbst machen, sich zum Label zu machen, marktfreundlich, konkurrenzorientiert und sichtbar zu sein. Diese Anrufungen werden durch jene Prozesse des anonymen Austauschs unterlaufen, die erst konstitutiv für Anonymous sind und die Kollektivität und ihr Anliegen immer wieder erst hervorbringen. Rainer Winter meint, dass die Online-Haltungen des „Sharings" und Praktiken der „Kooperation, Inklusion, Transparenz und Partizipation" (2010, S. 33) sich ganz konkret und nicht nur symbolisch der Verwertungslogik des Kapitals entziehen (ebd.)[23]. Diese Beobachtung ist gerade im Hinblick auf ein Phänomen wie Anonymous bemerkenswert insofern, als dass die von Winter benannten Praktiken der „Kooperation, Inklusion, Transparenz und Partizipation" im Fall von Anonymous nicht von einzelnen Akteuren geplant werden, sondern im spontanen anonymen Austausch entstehen, in denen das Anliegen von Anonymous, sich im anonymen Austausch im Netz als Kollektiv zu erfahren, durch dessen spontane Artikulation jeweils erst aktualisiert wird.

---

[23] In seinem Buch „Widerstand im Netz" widmet sich Winter allerdings nur traditionellen Organisationen der Zivilgesellschaft, statt Phänomene wie Anonymous in den Blick zu nehmen. Obwohl doch die neue Politik- und Kollektivitätsform auf Basis des Sharings und der Kooperation gerade erst im Hinblick auf ein Phänomen wie Anonymous offenbar werden kann.

 Springer

In der Video-Botschaft von Anonymous zur Unterstützung der Proteste in Ägypten heißt es zum Beispiel: „We are all anonymous and anonymous units us all." In diesen Momenten wird das gemeinsame Anliegen – die Einheit der Singularitäten in der anonymen Kooperation und Kommunikation – jeweils aktualisiert.[24] Gleichzeitig ist es jene Erfahrung, welche die erneute Verbindung, den erneuten anonymen Austausch, jenseits des klassischen Tausches, immer wieder motiviert. So, dass Anonymous zu einem Prozess des permanenten Werdens wird, an dem die spezielle Infrastruktur „anonyme Kommunikation" Teil hat.

8 Agencement – Codes und Affekte

In kontrollgesellschaftlichen Settings können Phänomene emergenter Solidarität, ungeplanter Kooperation im Anonymen als widerständig gefasst werden. Jene gegenwärtigen Widerstandsphänomene vermitteln ein produktives Verständnis von Widerstand, ein Verständnis, das ihn jenseits interdependenter und antagonistischer Beziehung zur Macht verortet. So kann Wandel gefasst, das „Werden" berücksichtigt und unvorhersehbare Verschiebung gewürdigt werden, ohne sie als Emanzipation von Machtverhältnissen zu denken. Dafür eignet sich Deleuzes Konzept des Agencements, das ich bereits in der Beschreibung von Anonymous und den Affekten erwähnt habe.

Mit dem Konzept des Foucaultschen Dispositivs lässt sich erfassen, wie sich Wissen und Macht in Netzwerken, zum Beispiel über bestimmte Architekturen in der Disziplinargesellschaft, entfalten – das wohl bekannteste Beispiel hierfür ist das Panoptikon. Um kontrollgesellschaftliche Settings, Phänomene zu Zeiten der Informatisierung und deren Verortung in Machtverhältnissen und Widerstandsmomenten zu beschreiben, scheint es jedoch sinnvoller, Deleuzes Begriff des „Agencements" zu verwenden, der wie Michel Callon (vgl. 2004, S. 122) anmerkt, anders als der statische Dispositiv-Begriff die Idee von (verteilter) Aktion impliziert. Mit ihm lässt sich auch das noch nicht Abgeschlossene, das Vorübergehende und Bewegung erkennen. Er ist ein Begriff des Prozesses und der Übersetzung jenseits aller Dualismen (Subjekt/Objekt, Individuum/Gesellschaft, Natur/Kultur), der die facettenreichen Bewegungen verschiedenster Entitäten zwischen dem scheinbar Verfestigten umkreist (vgl. Delitz und Höhne 2011). Das Agencement von Deleuze geht über die Konzeption des Dispositivs hinaus, indem es Emergenz, also Veränderung auf eine Weise theoretisiert, die Widerstand nicht an Subjektivierungsprozesse bindet[25], sondern auf Interaktionsformen jenseits nur zwischenmenschlicher Interaktionen bezieht, die auf

---

[24] Auch die Aussagen über das Anliegen (von) Anonymous, sowohl die Beschwörung des freien Kommunikationsflusses als auch die alternative Aussage dazu: „We do it for the lulz."/„Wir machen es zum Vergnügen" lassen sich nicht als Narrative fassen, die herkömmlichen Repräsentationslogiken entsprechen – ihr Zeithorizont ist viel kürzer.

[25] Wobei eine weitere Auseinandersetzung mit Foucaults Spätwerk, seinen Texten zur parrhesia und zu den Existenzkünsten, in Verbindung mit den Formen des anonymen Sprechens im Netz auch noch aussteht.

Prozessen eines nicht-linearen wechselseitigen Affizierens und Affiziert-Werdens basieren (vgl. Seyfert 2011, S. 76)[26].

Der Begriff des Agencements verlangt aber auch, neben der Entstehung von etwas Unvorhergesehenem im Sozialen, die Ebenen der Verfestigung und Kristallisation in den Blick zu nehmen. Agencements operieren zwischen De- und Recodierung, De- und Reterritorialisierung. So haben an ihnen auch Schichten, Gürtel oder Strata Teil, die dadurch zustande kommen, „(…) dass sie Materien formieren, daß sie Intensitäten in Resonanz- und Redundanzsysteme einschließen oder Singularitäten in ihnen fixieren." (Deleuze und Guattari 2005, S. 60). Die Verschiebungen durch das Unvorhergesehene finden also nie außerhalb der Machtverhältnisse statt. Im Versuch, Agencements zu erfassen, ist der Blick auch auf die Dispositive gerichtet. Mit dem Konzept des Agencements lassen sich Medien als Akteure im Prozess bestimmter Konstitutionsprozesse, als Akteure im Prozess des Anders- und Kollektiv-Werdens begreifen, und gleichzeitig ihre Verwobenheit in die verzweigten Machtverhältnisse der Kontrollgesellschaft in den Blick nehmen. Das Konzept des Agencements verlangt im Hinblick auf Anonymous die grundlegende Ebene der Codes einzubeziehen, die Anonymous überhaupt erst ermöglichen.

Jenseits kultureller Codes, die sozial und performativ gesteuert und interpretiert werden[27], müssen also die algorithmischen Codes berücksichtigt werden, die das Zusammenspiel kultureller Praktiken und technischer Infrastruktur strukturieren, das Anonymous mit konstituiert.[28] Der Algorithmus bezeichnet die im Speicher des Computers abgelegte Sequenz aus Operationen, die vorgibt, auf welche Weise ein definiertes Ziel erreicht werden soll. Er reagiert in zuvor festgelegter Weise auf Informationen, indem er jede neu eingegebene Information erfasst und daraufhin entsprechend die Sequenz anpasst. Der Code ist damit der zu Grunde liegende technische Prozess, das Set der Regeln und Anleitungen, das die Wandlungen aller 0er und 1er regiert, die hinter den Interfaces liegen. Diese Codes sind selbst „Korrelate diskursiver Formationen, in denen spezifische Norm- und Wertvorstellungen eingeschrieben sind. Zugleich wirken sie auf kulturelle Praktiken zurück, da über sie die individuellen Handlungsmöglichkeiten innerhalb kybernetischer Regelkreisläufe präzise definiert werden können" (Seibel 2010, S. 104). Im Fall von Anonymous etablieren sich Codes und Infrastrukturen gemäß der hegemonialen Norm- und Wertvorstellung, die sich für Anonymous herauskristallisiert hat, also solche Codes und Infrastrukturen, die erlauben, anonym zu kommunizieren und zu kooperieren. In eben jenen Norm- und Wertvorstellungen tauchen selbst wieder kybernetische und neoliberale Logiken auf, welche die Maschinen, den Computer und das Internet als unabhängig von Machtstrukturen entwerfen, als wären sie Erfindungen, die von einem Ort kamen, der keine Vergangenheit hat. Und auch diejenigen, die sich als Anonymous im Netz ver-

---

[26] Seyfert bezieht sich hierbei nicht direkt auf Deleuze, beschreibt damit allgemein die affective studies, die aber wiederum zu einem großen Teil von Deleuze inspiriert sind, beispielhaft zu nennen ist Massumi.

[27] Vergleiche hierzu den call for papers für die Konferenz „CODE – A Media, Games & Art Conference", die vom 21.–23. November 2012 an der Swinburne University of Technology in Melbourne stattfand http://code2012.wikidot.com/call-for-papers.

[28] Herausragend ist im Rahmen dieser Theoretisierungen wohl immer noch Galloways Text zur Kontrolle nach der Dezentralisierung (2004).

 Springer

sammeln, sind selbstverständlich keine Neugeborenen im Cyberspace. Die Räume, in denen anonym kommuniziert wird, sind von Machtverhältnissen geprägt, genau wie die User_innen, die sich im anonymen Chat treffen.

Wenn sich aber auf der Ebene der kulturellen Codes Hierarchien herausbilden, indem einzelne UserInnen erkennbar werden, sich also nicht mehr in der Anonymität verbinden, wenn ProgrammiererInnen und ModeratorInnen hinter den Interfaces Daten speichern, die Informationsflüsse kontrollieren, also auf eine Weise eingreifen, die das Prinzip der anonymen Kommunikation stört, dann gibt es dort keine widerständigen Momente der emergenten Solidarität mehr und damit verschwindet Anonmyous in der Art, die ich beobachtet habe, von dort. So wurde eine Plattform wie AnonOps eine Zeit lang kaum genutzt. Bestimmte UserInnen hatten sich dort auf Grund ihres Schreibstils wiedererkannt, Treffen verabredet und Hierarchien entwickelt. Anonymous wucherte dann woanders weiter – wechselte die Plattformen und schuf immer wieder neue Räume.

Anonymous enthält die Ebene der Codes, die Herrschaftsverhältnisse einschreiben, und entzieht sich ihnen aber immer wieder, weil es weiterhin im permanenten Werden begriffen bleibt, das auf der Zirkulation von Affekten im Netz basiert, die der technischen Verbindung über die Erfahrung der Berührung eine Bedeutung geben.[29]

9 Fazit und Ausblick

Wenn Angerer (vgl. 2007, S. 122) meint, Deleuzes und Guattaris Konzepte von Affekten würden in dem Moment scheitern, wo sie in politische Theorie übersetzt werden, dann stimme ich abschließend insofern zu, als dass jede politische Theorie und jede Wissenschaft wohl schon Teil dessen ist, was Tiqqun, wie weiter vorne erwähnt, das „imperiale System" genannt haben. Und für das „imperiale System" ist jener Widerstand, den Tiqqun ebenfalls in der Tradition von Deleuze beschreibt, unsichtbar – sobald er sichtbar ist, ist er Teil des Dispositivs. Aber damit ist er nicht automatisch „gescheitert". Anonymous als Agencement zu betrachten, bedeutet, als Wissenschaftlerin selbst auch Teil davon zu sein, Widerstand sichtbar zu machen, ihn fixieren zu wollen. Dass Anonymous aber in dem Moment, in dem ich darüber schreibe, schon wieder ganz anders ist, als zu dem Zeitpunkt, da ich das Phänomen beobachtet habe, dass Anonymous mir als Forscherin also permanent entgleitet, spricht gerade für die Kraft neuer Formen der Widerständigkeit, die sich als Ereignis niederschlagen und dabei die Spuren verwischen.

Die Einsicht darin, dass auch jene Formen sich trotzdem im Rahmen bestimmter Codes bewegen, dass auch das Wuchern, also das unvorhersehbare Kollektiv-Werden, das sich über die Kraft der Affekte in der Anonymität im Netz ereignet, sozial und technisch kodiert bleibt, darf nicht blind machen für die Momente emergenter Solidarität, die neue Politikformen andeuten können. Geht man in der Auseinandersetzung mit neuen Medien von der wechselseitigen Konstitutionsbeziehung von

---

[29] Ähnlich schließt Stäheli (vgl. 2007, S. 136) mit dem Verweis darauf, das Verhältnis zwischen Affekt und Hegemonie gewinne erst dann an Komplexität, wenn die Theoretisierung des Affekts von seiner Unterordnung unter die Bedeutungslogik der Hegemonie befreit werde.

 Springer

Macht- und Medientechniken aus, ist die Frage, *ob* Codes als Regierungstechniken fungieren sollen, obsolet – vielmehr geht es darum, „auf welche Weise und in wessen Interesse sie ihre Wirkungen entfalten" (Seibel 2010, S. 116).

Der distribuierte Charakter der Regierungstechniken in den Kontrollgesellschaften hat zwar weniger zu einer Abnahme, denn zu einer Intensivierung der Machtbeziehungen geführt, so organisieren sich Kontrollgesellschaften zwar selbst in beweglichen Netzstrukturen, „(…) dies macht sie jedoch anfällig auch für Interventionen, die ihre Elemente aus dem Zusammenhang heraussprengen." (Lenger 2008). Anonymous kann als Beispiel neuer Politikformen gelten, als Beispiel neuer Praktiken und politischer Artikulationsformen selbstorganisierter Netzstrukturen wie sie Christopher Kelty mit dem Konzept der „recursive publics" beschreibt.[30]

> Recursive publics respond to governance by directly engaging in, maintaining, and often modifying the infrastructure they seek, as a public, to inhabit and extend – and not only by offering opinions or protesting decisions, as conventional publics do (in most theories of the public sphere). (Kelty 2008, S. 9 f.)

Nicht die Abwesenheit von Kontrolle, sondern deren neue Qualität und Verteilung über Kommunikations- und Informationstechnik lässt ein Feld entstehen, dessen Rahmungen möglich machen, dass ein Phänomen wie Anonmyous emergieren kann. Ein komplexes Feld, das noch weiterer Kartographierungen bedarf (vgl. Seibel 2010, S. 121), das sich aber schon jetzt als eines erschließt, das die Distanz zwischen Werden und Organisation, Singularisierung und Stabilisierung kleiner machen kann, das zumindest kurzfristig eine spezielle Form des Gemeinsam-Werdens produziert.[31]

In einem Interview mit Negri im Frühjahr 1990 sagt Deleuze, das, was uns am meisten fehle, sei der Glaube an die Welt, und an die Welt zu glauben, bedeute, Ereignisse hervorzurufen, die der Kontrolle entgehen, auch wenn sie klein sind. Anonymous regt dazu an, darüber nachzudenken, wie diese Ereignisse entstehen, mit Räumen zu experimentieren, in denen wirklich anonym kommuniziert und kooperiert werden kann, an die neuen Bedeutungen, Agencements, Seinsweisen zu glauben (vgl. Deleuze nach Lazzarato 2008), um sich, und damit kommt Foucault wieder ins Spiel, selbst zu regieren[32].

---

[30] Seibel kommt im Fazit seiner herausragenden Magisterarbeit zur „Ordnung des Netzes" (2010) ebenfalls zu jener Einschätzung bezüglich Keltys Konzept der „Rekursiven Öffentlichkeit".

[31] Und so können zunehmend – wie Pieper (vgl. 2007, S. 237) als aus- und bevorstehend beschreibt – theoretische Konzepte ausbuchstabiert werden, die – ohne messianisch zu werden – „die Muster der Verkettung unterschiedlicher kollektiver Praktiken in den Blick zu nehmen, die eine Gleichzeitigkeit von Unterwerfung und potenzieller Emanzipation zu denken in der Lage sind."

[32] Sven Opitz (2013, S. 56) beschreibt Foucaults Konzept der Lebenskunst im Rahmen einer Auseinandersetzung mit der Kunst der Kritik als „Arrangement einer schöpferischen Negativität", einer „Hervorbringung ohne namentlich identifizierbare Gestalt". Eine weitere Diskussion jener Perspektive könnte das Unvorhersehbare, das in diesem Aufsatz als widerständig beschrieben wurde, bezüglich Anonymous wieder mit der Frage nach der Subjektivierung verbinden (siehe Fußnote 23).

Literatur

Alastair, Stevenson. 2011. 2011 The year of the hacktivist: When anonymous finally grew-up. http://www.ibtimes.co.uk/2011-year-hacktivist-anonymous-finally-grew-261403. Zugegriffen: 6. Feb. 2013.

Angerer, Marie-Luise. 2007. *Vom Begehren nach dem Affekt*. Zürich: diaphanes.

Auerbach, David. 2012. Anonymity as culture: Treatise – triple canopy. http://canopycanopycanopy.com/15/anonymity_as_culture__treatise. Zugegriffen: 6. Feb. 2013.

Bröckling, Ulrich. 2007. *Das unternehmerische Selbst*. Frankfurt a. M.: Suhrkamp Verlag.

Bröckling, Ulrich, Susanne Krasmann, und Thomas Lemke. Hrsg. 2000. *Gouvernementalität der Gegenwart: Studien zur Ökonomisierung des Sozialen*. Frankfurt a. M.: Suhrkamp Verlag.

Bruns, Axel. 2008. *Blogs, Wikipedia, Second life, and Beyond: from production to produsage. Digital formations v. 45*. New York: Peter Lang.

Bublitz, Hannelore. 2010. *Im Beichtstuhl der Medien. Die Produktion des Selbst im öffentlichen Bekenntnis*. Bielefeld: transcript Verlag.

Callon, Michel. 2004. Europe wrestling with technology. *Economy and Society* 1 (33): 121–134.

Coleman, Gabriella. 2012. Our weirdness is free – Triple canopy. http://canopycanopycanopy.com/15/our_weirdness_is_free. Zugegriffen: 6. Feb. 2013.

Deleuze, Gilles. 1991. Was ist ein Dispositiv? In *Spiele der Wahrheit: Michel Foucaults Denken*, Hrsg. François Ewald und Bernhard Waldenfels, 153–162. Frankfurt a. M.: Suhrkamp Verlag.

Deleuze, Gilles. 1992. *Foucault*. Frankfurt a. M.: Suhrkamp Verlag.

Deleuze, Gilles. 1996a. *Unterhandlungen*. Frankfurt a. M.: Suhrkamp Verlag.

Deleuze, Gilles. 1996b. *Lust und Begehren*. Berlin: Merve-Verlag.

Deleuze, Gilles, und Félix Guattari. 2005. *Tausend Plateaus: Kapitalismus und Schizophrenie*. Berlin: Merve-Verlag.

Delitz, Heike, und Stefan Höhne. 2011. Gefüge, Kollektive und Dispositive. Zum Infrastrukturalismus des Gesellschaftlichen. http://www.geschundkunstgesch.tu-berlin.de/fileadmin/fg95/Veranstaltungen/2011/ANK_WORKSHOP_Gefuege__Kollektive_und_Dispositive_-_Zum_Infrastrukturalismus_des_Gesellschaftlichen_18_19_Maerz2011_TU_Berlin.pdf. Zugegriffen: 6. Feb. 2013.

Diefenbach, Katja. 2007. Nach 1968. http://eipcp.net/transversal/0607/diefenbach/de/#_ftn7. Zugegriffen: 6. Feb. 2013.

Dorer, Johanna. 2006. Das Internet und die Genealogie des Kommunikationsdispositivs. Ein medien- theoretischer Ansatz nach Foucault. In *Kultur – Medien – Macht. Cultural Studies und Medienanalyse*, Hrsg. Andreas Hepp und Rainer Winter, 353–366. Wiesbaden: VS Verlag für Sozialwissenschaften.

Foucault, Michel. 1976. *Überwachen und Strafen*. Frankfurt a. M.: Suhrkamp Verlag.

Foucault, Michel. 1978. *Dispositive der Macht*. Berlin: Merve Verlag.

Foucault, Michel. 1994. Das Subjekt und die Macht. In *Michel Foucault. Jenseits von Strukturalismus und Hermeneutik*, Hrsg. Hubert L. Dreyfus und Paul Rabinow, 243–261. Weinheim: Beltz Athenäum.

Foucault, Michel. 2004a. *Sicherheit, Territorium, Bevölkerung. Vorlesung am Collège de France, 1978 – 1979*. Geschichte der Gouvernementalität I. Frankfurt a. M.: Suhrkamp Verlag.

Foucault, Michel. 2004b. *Die Geburt der Biopolitik. Vorlesung am Collège de France, 1977 – 1978*. Geschichte der Gouvernementalität II. Frankfurt a. M.: Suhrkamp Verlag.

Galloway, Alexander R. 2004. *Protocol: How control exists after decentralization*. Cambridge: MIT Press.

Galloway, Alexander R. 2011. Black box, black bloc. In *Communization and its discontents: Contestation, critique, and contemporary struggles*, Hrsg. Benjamin Noys. New York: Minor Compositions.

Galloway, Alexander R., und Eugene Thacker. 2007. *The Exploit*. Minneapolis: University of Minnesota Press.

Haraway, Donna. 1995. *Die Neuerfindung der Natur*. Frankfurt a. M.: Campus.

Herwig, Jana. 2011. Post your desktop! – Analyse eines Sonderfalls der Verhandlung von Nähe und Identität im Web. In *Medialität der Nähe*. Siegen: Tagungsband. (Graduiertenschule Locating Media, Media and Proximity). http://homepage.univie.ac.at/jana.herwig/PDF/Herwig_Jana_Post_Your_Desktop_2011.pdf.

Horn, Eva, und Lucas Marco Gisi. Hrsg. 2009. *Schwärme – Kollektive ohne Zentrum*. Bielefeld: transcript Verlag.

Kelty, Christopher. 2008. Two bits. The cultural significance of free software. Durham: Duke University Press.

Knuttila, Lee. 2011. User unknown: 4chan, anonymity and contingency. http://firstmonday.org/htbin/cgiwrap/bin/ojs/index.php/fm/article/viewArticle/3665/3055. Zugegriffen: 6. Feb. 2013.

Lazzarato, Maurizio. 2008. Von der Erkenntnis zum Glauben, von der Kritik zur Produktion von Subjektivität. http://eipcp.net/transversal/0808/lazzarato/de/#_ftnref6. Zugegriffen: 6. Feb. 2013.

Leistert, Oliver, und Theo Röhle. Hrsg. 2011. *Generation Facebook: über das Leben im Social Net.* Bielefeld: transcript Verlag.

Lenger, Hans-Joachim. 2008. CFP: Virtualität und Kontrolle. Minoritäre Praktiken in den Kontrollgesellschaften. http://hsozkult.geschichte.hu-berlin.de/termine/id=9018. Zugegriffen: 6. Feb. 2013.

Lovink, Geert. 2010. Underground networks in the age of web 2.0. http://www.artlink.com.au/articles/3414/underground-networks-in-the-age-of-web20/. Zugegriffen: 6. Feb. 2013.

Lovink, Geert. 2011. Anonymität und die Krise des multiplen Selbst. In *Generation Facebook: über das Leben im Social Net*, Hrsg. Oliver Leistert und Theo Röhle, 183–198. Bielefeld: transcript Verlag.

Lummerding, Susanne. 2011. Facebooking. What you book is what you get – What else? In *Generation Facebook: über das Leben im Social Net*, Hrsg. Oliver Leistert und Theo Röhle, 199–216. Bielefeld: transcript Verlag.

Massumi, Brian. 2007. *Parables for the virtual. Movement, affect, sensation.* Durham: Duke University Press.

Massumi, Brian. 2010. *Ontomacht. Kunst, Affekt und das Ereignis des Politischen.* Berlin: Merve-Verlag.

Opitz, Sven. 2004. *Gouvernementalität im Postfordismus.* Hamburg: Argument-Verlag.

Opitz, Sven. 2013. Was ist Kritik? Was ist Aufklärung? Zum Spiel der Möglichkeiten bei Niklas Luhmann und Michel Foucault. In *Kritische Systemtheorie. Zur Evolution einer normativen Theorie*, Hrsg. Marc Amstutz und Andreas Fischer-Lescano, 39–62. Bielefeld: transcript Verlag.

Papadopoulos, Dimitris, Niamh Stephenson, und Vassilis Tsianos. 2008. *Escape routes.* London: Pluto.

Parikka, Jussi. 2007. *Digital contagions: A media archaeology of computer viruses, Digital formations, v. 44.* New York: Peter Lang.

Paulitz, Tanja. 2005. *Netzsubjektivität/en: Konstruktionen von Vernetzung als Technologien des sozialen Selbst: eine empirische Untersuchung in Modellprojekten der Informatik.* Münster: Westfälisches Dampfboot.

Pias, Claus. 2004a. Zeit der Kybernetik – Eine Einstimmung. In *Cybernetics – Kybernetik 2: The Macy-Conferences 1946–1953*, Hrsg. Claus Pias, 9–41. Zürich: diaphanes.

Pias, Claus. 2004b. Unruhe und Steuerung. Zum utopischen Potential der Kybernetik. In *Die Unruhe der Kultur: Potentiale des Utopischen*, Hrsg. Jörn Rüsen, Michael Fehr, und Amelie Ramsbrock, 301–325. Weilerswist: Velbrück Wissenschaft.

Pieper, Marianne. 2007. Biopolitik – die Umwendung eines Machtparadigmas: Immaterielle Arbeit und Prekarisierung. In *Empire und die biopolitische Wende*, Hrsg. Marianne Pieper et al., 215–244. Frankfurt a. M.: Campus Verlag.

Pieper, Marianne, Vassilis Tsianos, und Brigitta Kuster. 2011. ‚Making Connections'. Skizze einer net(h)nografischen Grenzregimeanalyse. In *Generation Facebook: über das Leben im Social Net*, Hrsg. Oliver Leistert und Theo Röhle, 221–248. Bielefeld: transcript Verlag.

Reckwitz, Andreas. 2003. Die Krise der Repräsentation und das reflexive Kontingenzbewusstsein. Zu den Konsequenzen der post-empiristischen Wissenschaftstheorien für die Identität der Sozialwissenschaften. In *Die Ironie der Politik. Über die Konstruktion politischer Wirklichkeiten*, Hrsg. Thorsten Bonacker, André Brodocz, und Thomas Noetzel, 85–103. Frankfurt a. M.: Campus Verlag.

Reckwitz, Andreas. 2007. Die Moderne und das Spiel der Subjekte. In *Kulturen der Moderne. Soziologische Perspektiven der Gegenwart*, Hrsg. Thorsten Bonacker und Andreas Reckwitz, 97–118. Frankfurt a. M.: Campus Verlag.

Reichert, Ramón. 2008. *Amateure im Netz. Selbstmanagement und Wissenstechniken im Web 2.0.* Bielefeld: transcript Verlag.

Seibel, Benjamin. 2010. Die Ordnung des Netzes. Foucaults Machtanalyse und die neuen Medien, Magisterarbeit an der Universität Lüneburg. http://www.ifs.tu-darmstadt.de/fileadmin/kolleg-tdt/Seibel/DieOrdnungdesNetzes.pdf. Zugegriffen: 7. Feb. 2013.

Seyfert, Robert. 2011. Atmosphären – Transmissionen – Interaktionen: Zu einer Theorie sozialer Affekte*. Soziale Systeme 17 (1): 73–96.

Spinoza, Benedictus de. 1994. *Sämtliche Werke 2. Die Ethik.* Hamburg: Felix Meiner Verlag.

Spreen, Dierck. 2001. Die Diskursstelle der Medien. Soziologische Perspektiven nach der Medientheorie. In *Technologien als Diskurse: Konstruktionen von Wissen, Medien und Körpern*, Hrsg. Andreas Lösch et al., 21–40. Heidelberg: Synchron Wissenschaftsverlag.

Stäheli, Urs. 2007. Von der Herde zur Horde? Zum Verhältnis von Hegemonie- und Affektpolitik. In *Diskurs, radikale Demokratie, Hegemonie. Zum politischen Denken von Ernesto Laclau und Chantal Mouffe*, Hrsg. Martin Nonhoff, 123–138. Bielefeld: transcript Verlag.

Stalder, Felix. 2012. Enter the swarm: Anonymous and the global protest movements. http://felix.open-flows.com/node/203. Zugegriffen: 6. Feb. 2013.

Terranova, Tiziana. 2010. New Economy, Finanzialisierung und gesellschaftliche Produktion im Web 2.0. In *Die Krise denken. Finanzmärkte, soziale Kämpfe und neue politische Szenarien*, Hrsg. Sandro Mezzadra und Andrea Fumagalli, 129–146. Münster: Unrast Verlag.

Thacker, Eugene. 2009. Netzwerke – Schwärme – Multitudes. In *Schwärme – Kollektive ohne Zentrum. Eine Wissensgeschichte zwischen Leben und Information*, Hrsg. Eva Horn und Lucas Marco Gisi, 27–68. Bielefeld: transcript Verlag.

Tiqqun. 2007. *Kybernetik und Revolte*. Zürich: diaphanes.

Tsianos, Vassilis, und Dimitris Papadopoulos. 2013. After citizenship: Autonomy of migration, organisational ontology and mobile commons. *Citizenship Studies* 17 (1): 178–196.

Wiedemann, Carolin. 2010. *Selbstvermarktung im Netz. Eine Gouvernementalitätsanalyse von Facebook*. Saarbrücken: Universaar.

Winter, Rainer. 2010. *Widerstand im Netz. Zur Herausbildung einer transnationalen. Öffentlichkeit durch netzbasierte Kommunikation*. Bielefeld: transcript Verlag.

Carolin Wiedemann ist Doktorandin der Soziologie an der Universität Hamburg und arbeitet als freie Journalistin. Ihre Forschungsschwerpunkte sind neue Formen von Kollektivität und Subversion sowie neo-materialistische Theorien.

Österreich Z Soziol (2014) (Suppl) 39:163–179
DOI 10.1007/s11614-014-0136-4

ıÖz^S﹘

Facebook und das Regime der Big Data

Ramón Reichert

Zusammenfassung Das Schlagwort „Big Data" ist in aller Munde – und beschreibt nicht nur wissenschaftliche Datenpraktiken, sondern steht auch für einen gesellschaftlichen Wandel und eine Medienkultur im Umbruch. Welche Einflüsse hat Big Data auf die Gegenwartskultur und ihre Machtverschiebungen? Ich gehe in meinem Beitrag von der These aus, dass der Big Data-Ansatz weniger für eine digitale Wende bei der Objektivierung kollektiver Praktiken steht, sondern selbst in historische Wissens-, Medien-, Bild-, und Erzählkulturen eingelagert ist. Welche Medien und Wissenstechniken ermöglichen die Modellierungen der Big Data und welche Narrative, Bilder und Fiktionen sind hierbei beteiligt? Zur Klärung dieser Fragen setzt sich der Beitrag mit den gegenwartsdiagnostischen und datenkritischen Positionen maßgeblicher Theoretiker der Digital Humanities auseinander. In Bezugnahme auf die Wissenschaftskultur der Big Data zielt meine Untersuchung der Verfahren zur Herstellung und Auswertung großer Datenmengen letztlich darauf ab, sowohl den oft behaupteten Datenobjektivismus (Utopie) als auch seine Kehrseite, den vielbeschworenen Datenalarmismus (Dystopie), in Frage zu stellen.

Schlüsselwörter Big Data · Social Media · Datenkritik · Data Mining · Internet Surveillance

R. Reichert (✉)
Institut für Theater-, Film- und Medienwissenschaft, Universität Wien,
Feuerbachstr. 4/11,
1020 Wien, Österreich
E-Mail: ramon.reichert@univie.ac.at

🕮 Springer

Facebook and the computer-based sociology in the era of big data

Abstract The catchphrase "big data" is on everyone's lips. It not only refers to economic data practices, it also represents social change and a media culture on the move. How does big data influence contemporary culture and its shifts of power? The starting point of my contribution is the theory that the "big data" approach is not as much representative of a digital turning point in the objectification of collective practices but embedded in historical cultures of information, media, image and narration itself. Which types of media and which information technologies enable shaping the big data, and what kinds of narratives, images and fictions are involved? To resolve these questions, my contribution will tackle the practices of the "Facebook data team" by subjecting the present and everything "data" to a critically diagnostic scrutiny.

Keywords Social media · Web 2.0 · Big data · Social network analysis · Predictive analytics

> *Every day, people are breaking up and entering into relationships on Facebook. When they do, they play songs that personify their mood. With Valentine's Day just around the corner, we looked at the songs most played by people in the U.S. on Spotify as they make their relationships and breakups ‚Facebook official'.*
> (Facebook Data Team 2012)

In öffentlichen Debatten ist bereits viel spekuliert worden, auf welche Weise soziale Netzwerke die Zukunft ihrer Mitglieder vorhersehen und planen können. Diese Frage kann jedoch ohne Rekurs auf die Dominanz der angewandten Mathematik und der Medieninformatik nicht ausreichend beantwortet werden. Denn beide Praxis- und Wissensfelder haben mit ihren stochastischen Analysetechniken von Nutzeraktivitäten die digitale Vorhersagekultur der Sozialen Medien im Web 2.0 erst ermöglicht, die es früher in diesem Ausmaß und Machtanspruch noch nicht gegeben hat.

Vor diesem Hintergrund versucht mein Aufsatz, die neuen Datenstrukturen methodologisch zu betrachten, um einerseits den Positivismus der sehr großen Datenanalysen in Frage zu stellen und zweitens den Stellenwert von Theorie in der Onlineforschung kritisch zu sondieren. Infolgedessen plädiere ich für eine *datenkritische* Perspektivierung der Erforschung großer Datensätze und frage nach den sozialen und kulturellen Auswirkungen, die sich durch die Transformationen des wissenschaftlichen Wissens ergeben könnten.

In allen Bereichen der digitalen Internetkommunikation werden heute große Datenmengen (Big Data) generiert: „More business and government agencies are discovering the strategic uses of large databases. And as all these systems begin to interconnect with each other and as powerful new software tools and techniques are invented to analyze the data for valuable inferences, a radically new kind of ‚knowledge infrastructure' is materializing." (Bollier 2010, S. 3). In der Ära der Big Data hat sich der Stellenwert von sozialen Netzwerken radikal geändert, denn sie figurieren zunehmend als gigantische Datensammler für die Beobachtungsanordnungen

 Springer

sozialstatistischen Wissens und als Leitbild normalisierender Praktiken. Als Schlagwort steht Big Data für die Überlagerung eines statistisch fundierten Kontrollwissens mit einer medientechnologisch fundierten *Makroorientierung* an der ökonomischen Verwertbarkeit von Daten und Informationen. Die großen Datenmengen werden in verschiedenartigen Wissensfeldern gesammelt: Biotechnologie, Genomforschung, Arbeits- und Finanzwissenschaften, Risiko- und Trendforschung berufen sich in ihren Arbeiten und Studien auf die Ergebnisse der Informationsverarbeitung der Big Data und formulieren auf dieser Grundlage aussagekräftige Modelle über den gegenwärtigen Status und die künftige Entwicklung von sozialen Gruppen und Gesellschaften. In den meisten Fällen geht es bei der Erforschung sehr großer Datenmengen um die Aggregation von Stimmungen und Trends. Diese Datenanalysen und -visualisierungen versammeln aber in der Regel nur faktische Gegebenheiten und lassen die Frage nach den sozialen Kontexten und Motiven außer Acht. Dessen ungeachtet hat sich der Big Data-Ansatz in den Human-, Sozial- und Kulturwissenschaften mittlerweile etablieren können. Ich möchte im Folgenden die soziale Relevanz der Big Data-Analyse exemplarisch problematisieren.

Im Forschungsfeld der *Social Media Data* hat sich mit der Gesundheitsprognostik eine evidenzbasierte Praxis der Prävention herausgebildet, die auf die institutionelle Entwicklung der staatlich-administrativen Gesundheitsvorsorge und auf die Kulturtechniken der Lebensführung Einfluss nehmen. Die Gesundheitsvorsorge beobachtet mit großem Interesse, dass weltweit Millionen von Nutzer/innen täglich mit der Internet-Suchmaschine Google Informationen zum Thema Gesundheit suchen. In Grippezeiten häufen sich die Suchanfragen zur Grippe und die Häufigkeit bestimmter Suchbegriffe kann Anhaltspunkte für die Häufigkeit von Grippeerkrankungen liefern. Studien zum Suchvolumenmuster haben herausgefunden, dass ein signifikanter Zusammenhang zwischen der Anzahl von grippebezogenen Suchanfragen und der Anzahl von Personen mit tatsächlichen Grippesymptomen besteht (vgl. Freyer-Dugas et al. 2012, S. 463 ff.). Dieses epidemiologische Beziehungsgefüge kann zur Frühwarnung vor Epidemien auf Städte, Regionen, Länder und Kontinente ausgedehnt und differenziert dargestellt werden. Mit der epidemiologischen Auswertung von textuellen Clustern und semantischen Feldern erhält das Social Web den Status einer großen Datenbank, die das soziale Leben in seiner Gesamtheit widerspiegelt und damit eine repräsentative Datenquelle für die präventive Gesundheitspolitik darstellt. Die Kommunikationsprozesse in Online-Netzwerken stehen im Fokus staatlicher Biopolitik, die um die Gesundheit der Bevölkerung besorgt ist und spezifische Wissenstechniken und -modelle zur Erforschung der Big Data entwickelt hat, um die Wahrscheinlichkeit der Verbreitung von Krankheiten in absehbarer Zukunft statistisch zu schätzen.

Die Mehrzahl der Monitoring-Projekte, die große Datenmengen im Social Web untersuchen, wird von Computerlinguist/innen und Informatiker/innen durchgeführt. Generell interpretieren sie die Kommunikation als kollektiv geteilte und kulturspezifische Wissensstrukturen, mit denen Individuen versuchen, ihre Erfahrungen zu interpretieren. Die Erhebung dieser Wissensstrukturen verfolgt den Anspruch, einen sozial differenzierten Einblick in öffentliche Debatten und sozial geteilte Diskursnetze zu erhalten. Die Wissensstrukturen werden hierbei mit Hilfe eines korpuslinguistischen Ansatzes erschlossen. Am Beginn der Forschung steht die Erstellung

 Springer

eines digitalen Korpus, der sich aus begrifflichen Entitäten zusammensetzt, die in der Regel als „kanonisch" eingestuft werden. Der Korpus wird datengeleitet und ohne vorher festgelegte Analysekriterien verwendet, d. h. er dient nicht zwingend zur Überprüfung einer Hypothese. So ergeben sich einige Hypothesen erst aus der empirischen Widerständigkeit der Big Data und entwickeln sich erst im Fortgang ihrer Beschreibung. Die Kategorienkataloge suggerieren damit zwar auf den ersten Blick wissenschaftliche Objektivität, andererseits bleibt angesichts der riesigen Datenmengen eine genaue Validierung der Begriffsauswahl, d. h. der interpretativen Selektion der Big Data, oft unklar und vage. Diese Unsicherheit bei der Hypothesenbildung liegt darin begründet, dass das umfangreiche Datenmaterial in keiner Gesamtschau mehr überblickt werden kann und daher auch nicht mehr linguistisch kodiert werden kann. Oft ist die erhobene Datenmenge so umfangreich, dass nach einer ersten Sondierung des Materials weitere Gewichtungen und Einschränkungen zur Komplexitätsreduktion vorgenommen werden müssen. An dieser methodischen Einschränkung des Big-Data-Monitoring wurde kritisiert, dass die erarbeiteten Erkenntnisse nur ein atomistisches Bild der Daten liefern können und daher auf eine Kontextualisierung des Textmaterials und damit auf eine kontextsensitive Interpretation des Zeichengebrauchs weitgehend verzichten müssen (vgl. Boyd und Crawford 2011). Der Vorteil der Dekontextualisierung bei der nach Worthäufigkeiten fahndenden Big-Data-Analyse besteht nach Manovich (vgl. 2012, S. 465) darin, dass die einzelnen Worteinheiten auf eine enthierarchisierte und dezentrale Repräsentation des Wissens hinauslaufen und damit die Möglichkeit alternativer kollektiver Äußerungsgefüge anbieten.

Die Auswertung der Daten der Google-Suche kann auf andere Trendentwicklungen erweitert werden. Mittlerweile gibt es zahlreiche Studien, welche die textuellen Daten der Sozialen Medien untersuchen, um *politische Einstellungen* (vgl. Conover et al. 2011), *Finanztrends* und *Wirtschaftskrisen* (vgl. Gilbert und Karahalios 2010), *Psychopathologien* (vgl. Wald et al. 2012, S. 109 ff.) und *Aufstände* und *Protestbewegungen* (vgl. Yogatama 2012) frühzeitig vorherzusagen. Von einer systematischen Auswertung der Big Data erwarten sich die Prognostiker/innen eine effizientere Unternehmensführung bei der statistischen Vermessung der Nachfrage- und Absatzmärkte, individualisierte Serviceangebote und eine bessere gesellschaftliche Steuerung. Einen großen politischen Stellenwert hat vor allem die algorithmische Prognostik kollektiver Prozesse. In diesem Konnex ist das Social Web zur wichtigsten Datenquelle zur Herstellung von Regierungs- und Kontrollwissen geworden. Die politische Kontrolle sozialer Bewegungen verschiebt sich hiermit in das Netz, wenn Soziolog/innen und Informatiker/innen gemeinsam etwa an der Erstellung eines *Riot Forecasting* mitwirken und dabei auf die gesammelten Textdaten von Twitter-Streams zugreifen: „Due to the availability of the dataset, we focused on riots in Brazil. Our datasets consist of two news streams, five blog streams, two Twitter streams (one for politicians in Brazil and one for general public in Brazil), and one stream of 34 macroeconomic variables related to Brazil and Latin America." (Yogatama 2012, S. 3).

Big Data bietet eine spezifische Methode und Technologie zur statistischen Datenauswertung, die aus der epistemischen Schnittstelle von Wirtschaftsinformatik und kommerzieller Datenbewirtschaftung hervorgeht und die Bereiche der *Business*

 Springer

Intelligence, des *Data Warehouse*[1] und des *Data Mining*[2] in sich vereint. Die Diskussion um den technologisch-infrastrukturellen und machtstrategischen Stellenwert der Big Data zeigt auf, dass die nummerische Repräsentation von Kollektivitäten zu den grundlegenden Operationen digitaler Medien gehört und eine rechnerbasierte Wissenstechnik bezeichnet, mit welcher kollektive Praktiken mathematisch beschreibbar und auf diese Weise quantifizierbar werden. Die Bestimmung der Vielheiten mit Hilfe von nummerisch gegliederten Mengenangaben dient in erster Linie der Orientierung und kann als eine Strategie verstanden werden, die kollektive Datenströme in lesbare Datenkollektive übersetzt. In diesem Sinne firmieren in der medialen Öffentlichkeit soziale Netzmedien wie Facebook, Twitter und Google+ als Spiegel der allgemeinen Wirtschaftslage (vgl. Bollen et al. 2011, S. 1 ff.) oder als prognostischer Indikator von nationalen Gefühlsschwankungen (vgl. Bollen 2011, S. 237 ff.). In diesem Sinn bilden sie selbst Schauplätze einer populären Aufmerksamkeit und popularisierender Diskurse, die ihnen bestimmte Außenwirkungen – etwa als ein Gradmesser der konjunkturellen Entwicklung der Wirtschaft und der sozialen Wohlfahrt – zuschreiben.

Welche Musik werden eine Milliarde Menschen in Zukunft hören, wenn sie frisch verliebt sind und welche Musik werden sie hören, wenn sie gerade ihre Beziehung beendet haben? Diese Fragestellungen hat das „Facebook Data Team" im Jahr 2012 zum Anlass genommen, um die Daten von über einer Milliarde Nutzer/innenprofilen (mehr als 10 % der Weltbevölkerung) und 6 Mrd. Songs des Online-Musikdienstes Spotify mittels einer korrelativen Datenanalyse auszuwerten, die den Grad des gleichgerichteten Zusammenhangs zwischen der Variable „Beziehungsstatus" und der Variable „Musikgeschmack" ermittelt.[3] Diese Prognose über das kollektive Konsumverhalten basiert auf Merkmalsvorhersagen, die mittels Data Mining in einer simplen Kausalbeziehung ausgedrückt werden. Unter Leitung des Soziologen Cameron Marlow erforschte die aus Informatiker/innen, Statistiker/innen und Soziolog/innen bestehende Gruppe das statistische Beziehungsverhalten der Facebook-Nutzer/innen und veröffentlichte am 10. Februar des gleichen Jahres zwei Hitlisten von Songs, die Nutzer/innen hörten, als sie ihren Beziehungsstatus änderten und nannte sie lapidar „Facebook Love Mix" und „Facebook Breakup Mix".[4] Die Forschergruppe im Back End[5] destillierte aus der statistischen Ermittlungsarbeit der „Big Data" (vgl.

---

[1] Das Data Warehousing ist eine infrastrukturelle Technologie, die zur Auswertung großer Datenbestände dient.

[2] Im kommerziellen Bereich etablierte sich der Begriff *Data Mining* für den gesamten Prozess des *Knowledge Discovery in Databases*. *Data Mining* meint die Anwendung von explorativen Methoden auf einen Datenbestand mit dem Ziel der Mustererkennung. Ziel der explorativen Datenanalyse ist über die Darstellung der Daten hinaus die Suche nach Strukturen und Besonderheiten. Sie wird daher typischerweise eingesetzt, wenn die Fragestellung nicht genau definiert ist oder auch die Wahl eines geeigneten statistischen Modells unklar ist. Ihre Suche umfasst, ausgehend von der Datenselektion, alle Aktivitäten, die zur Kommunikation von in Datenbeständen entdeckten Mustern notwendig sind: Aufgabendefinition, Selektion und Extraktion, Vorbereitung und Transformation, Mustererkennung, Evaluation und Präsentation.

[3] Facebook Data Science, https://www.facebook.com/data (letzter Zugriff: 28.12.2013).

[4] Unter dem Titel „Facebook Reveals Most Popular Songs for New Loves and Breakups" äußerte sich „Wired" begeistert über die neuen Möglichkeiten des Data Minings: www.wired.com/underwire/2012/02/facebook-love-songs/ (letzter Zugriff: 28.12.2013).

[5] Das auf dem Server installierte Programm wird bei Client-Server-Anwendungen mit dem Terminus „Back-End" umschrieben. Das im Bereich der Client-Anwendung laufende Programm wird als „Front-End" bezeichnet.

Wolf et al. 2011, S. 217 ff.) nicht nur eine globale Verhaltensdiagnose, sondern transformierte diese auch in eine suggestive Zukunftsaussage. Sie lautete: Wir Forscher im Back-End bei Facebook wissen, welche Musik eine Milliarde Facebook-Nutzer/innen am liebsten hören werden, wenn sie sich verlieben oder trennen.[6] Unter dem Deckmantel des bloßen Sammelns und Weitergebens von Informationen etabliert die Forschergruppe des „Facebook Data Teams" eine Deutungsmacht gegenüber den Nutzern, indem sie die Nutzer/innen im automatisch generierten Update-Modus „What's going on?" auffordert, regelmäßig Daten und Informationen zu posten.

Die Zukunftsaussagen des „Facebook Data Teams" sind jedoch nur vordergründig mathematisch motiviert und verweisen auf den performativen Ursprung des Zukunftswissens. Trotz fortgeschrittener Mathematisierung, Kalkülisierung und Operationalisierung des Zukünftigen bezieht das Zukunftswissen seine performative Macht immer auch aus Sprechakten und Aussageordnungen, die sich in literarischen, narrativen und fiktionalen Inszenierungsformen ausdifferenzieren können. In diesem Sinne sind die Bedeutungen im Möglichkeitsraum der Zukunft nicht eindeutig determiniert, sondern erweisen sich vielmehr als ein *aggregatähnliches Wissen*, dessen konsenserzwingende Plausibilität sich nicht in *Wahrheitsdiskursen* und *epistemischen Diskursen* erschöpft, sondern auch von *kulturellen* und *ästhetischen* Kommunikationsprozessen und Erwartungshaltungen *(patterns of expectation)* gestützt wird, die Imaginäres, Fiktives und Empirisches in Beziehung setzen.

Das Format der Hitliste und ihrer beliebtesten zehn Songs versucht, durch Vereinfachung komplexe Sachverhalte auf einen Blick darstellbar zu machen. Es handelt sich um ein popularisierendes Zukunftsnarrativ, das eine verhaltensmoderierende, repräsentative und rhetorische Funktion übernehmen und die Zukunftsforschung als unterhaltsame und harmlose Tätigkeit herausstreichen soll. Um in diesem Sinn glaubwürdig zu sein, muss die futurische Epistemologie immer auch auf eine gewisse Weise überzeugend in Szene gesetzt werden, sie muss theatralisch überhöht und werbewirksam inszeniert und erzählt werden, damit sie Aufmerksamkeit generieren kann. Insofern ist den futurischen Aussageweisen immer auch ein Moment der prophetischen Selbst- und Wissensinszenierung inhärent, mit dem die wissenschaftlichen Repräsentant/innen den gesellschaftsdiagnostischen Mehrwert der sozialen Netzwerke unter Beweis stellen wollen. (vgl. Doorn 2010, S. 583 ff.) Soziale Netzmedien agieren heute als Global Player der Meinungsforschung und der Trendanalyse und spielen eine entscheidende Rolle bei der Modellierung von Zukunftsaussagen und futurologischer Wissensinszenierung.

1 Front End – Back End

Eine der Grundthesen meines Beitrags basiert auf der Annahme, dass das im vorigen Kapitel erörterte Metawissen der sozialen Netzwerke auf einer asymmetrisch verlaufenden Machtbeziehung beruht, die sich in die technisch-mediale Infrastruktur verlagert hat und das bipolare Schema von Front End und Back End hervorgebracht hat, das

---

[6] Die kollektive Figur „Wir" meint in diesem Fall die Forscher im Backend-Bereich und hat futurologische Verschwörungstheorien angeheizt, die das Weltwissen in den Händen weniger Forscher vermuten.

in diesem Kapitel untersucht werden soll. In diesem Sinne gehe ich davon aus, dass Facebook nicht nur die zeitgemäßen Anforderungen für Subjektivierungsprozesse in der Ära der neuen Vernetzungskultur markiert, sondern eine im Back-End-Bereich angesiedelte Wissenstechnik, die auf der Grundlage der Daten und Informationen der Facebook-Mitglieder bestimmte Registrierungs-, Klassifizierungs-, Taxierungs- und Ratingverfahren entwickelt.

In unternehmerischer Hinsicht kann Facebook als eine konzernkontrollierte soziale Medienplattform verstanden werden (vgl. Leistert und Röhle 2011, S. 9 f.). Darunter versteht man ein digitales Anwendungssystem, das seinen Nutzer/innen Funktionalitäten zum Identitätsmanagement – zur Darstellung der eigenen Person in Form eines Profils – zur Verfügung stellt und darüber hinaus die Vernetzung mit anderen Nutzer/innen – und damit die Verwaltung eigener Kontakte – ermöglicht.

Um personenzentriertes Wissen über die User/innen herzustellen, offeriert die Social Software von *Facebook* standardisierte E-Formulare für Subjekte, die sich in Selbstbeschreibungs-, Selbstverwaltungs-, und Selbstauswertungsprozeduren eigenständig organisieren sollen. Diese elektronischen Formulare sind tabellarisch angeordnete Rastergrafiken, die aus logisch vorstrukturierten Texten mit *slot*- und *filler*-Funktionen bestehen; sie sollen eine einheitliche, standardisierte Inventarisierung, Verwaltung und Repräsentation des Datenmaterials ermöglichen. Die grafische Rasterform und die determinierende Vereinheitlichung der Tabellenfelder etablieren Standards der informationellen Datenverarbeitung: Sie machen aus den personenzentrierten Darstellungs- und Erzählformen des Front-End-Bereichs einheitliche Informationsbausteine, die der formallogischen Verarbeitung der Datenbanksysteme im Back-End-Bereich zugeführt werden.

Bereits beim Anlegen eines Accounts haben sich künftige Facebook-Mitglieder einer vielschichtigen Prozedur der Wissenserfassung zu unterwerfen. Bei der Erstanmeldung auf der Internetplattform Facebook werden die Systemnutzer/innen aufgefordert, ihre persönlichen Daten in standardmäßig vorgegebene Erfassungsmasken und dokumentspezifische Datenfelder, die gleichzeitig als Orientierungsinstanzen fungieren, einzutragen. Die Darstellung von Profilen in Tabellenform signalisiert Überblick und liefert ein einfaches Raster der Personenbeschreibung, das zum gemeinsamen Referenzpunkt der Betrachtung, Beurteilung und Entscheidung werden kann (vgl. zur Veralltäglichung von Testverfahren Lemke 2004, S. 123). Der kategoriale Ordnungsanspruch der Selbstthematisierung wird im Enduser/innen-Interface nicht sprachlich, sondern grafisch vollzogen. Das elektronische Datenblatt wird somit zu einer Instanz, welche die Transparenz des Überblickes herstellt und Entscheidungen standardisiert.

Mit seinen vorstrukturierten Applikationen erstellt Facebook spezifische Gestaltungsimperative der Wissenserfassung und -repräsentation persönlicher Daten. Elektronische Formulare stellen Formansprüche, die zunächst die Autoren/innen betreffen. So können bestimmte Einträge nur auf eine bestimmte Art und Weise vorgenommen werden. Die grafische Autorität setzt sich sowohl aus qualitativen als auch quantitativen Kriterien zusammen und diktiert nicht nur die inhaltlichen Kategorien der Selbstbeschreibung, sondern fordert auch das *vollständige* Ausfüllen des Formulars, mit welchem erst der Vorgang abgeschlossen werden kann. Um im Raster der E-Formulare verortet werden zu können, muss lineares und narratives Wissen in Informationsbausteine zerlegt werden. Diese formimmanenten Regeln begründen die Autorität

des E-Formulars. Es handelt sich jedoch um eine brüchige und instabile Autorität der grafischen und logischen Struktur, die im Formular*gebrauch* permanent unterwandert werden kann (etwa durch das Erstellen von Fake-Profilen). Die kulturelle Einbettung der Kompilatoren/innen in historisch bedingte und sozial differenzierte Lektüre-, Schreib-, Erzähl- und Wahrnehmungspraktiken relativiert die expliziten Anweisungen, Belehrungen und Direktiven der formimmanenten Regelfassung des E-Formulars. Es gibt also unter allen Umständen eine Vielzahl taktischer Möglichkeiten, ihr formimmanentes Diktat zu unterlaufen. Die Praktiken der Kompilation stellen das Gesamtschema der elektronischen Formulare in Frage und können somit widersprüchliche Dateneinträge produzieren. Es gibt jedoch eine weitere Ausprägung des Formular*gebrauchs*. Sie bietet die Basis stillschweigender Akzeptanz des Formulars als einer adäquaten Form der Aufzeichnung und Darstellung von Daten und Informationen. Die Autorität der elektronischen Wissenserfassung und -repräsentation hängt folglich auch von der *Bereitschaft* der Enduser/innen ab, die Benutzung der elektronischen Formulare als neutral, evident und selbsterklärend anzuerkennen. Einer solchen Akzeptanz liegen historische Lese- und Schreibgewohnheiten (Buchhaltung, Prüfungs- und Testverfahren) zu Grunde, die dazu führen, dass die elektronischen Formulare als *gebräuchliche* und *geläufige* Wissensmanuale der empirischen Datenermittlung wiedererkannt werden. Insofern stützt sich die Formautorität elektronischer Formulare weniger auf die individuelle Autorisierung des Dokumentes durch Institutionen, sondern ist von der kulturellen Akzeptanz der Form abhängig. Die fraglose Überzeugungskraft des Formulars basiert wesentlich auf historisch gemachten Erfahrungen mit dieser Form, d. h. dem *Wiedererkennen* der Form.

Mit der *slot*- und *filler*-Funktion des Status Update und seiner Aufforderung „What's on your mind?" wird zusätzlich eine restriktive Wirkung auf narrativ-literarische Selbstbeschreibungen ausgebildet. Anhäufungen von Namen, Halbsätzen und Daten dominieren die Profilraster und bilden Abbreviaturen, die letztlich stets auf andere Texte und Kontexte verweisen. Die persönlichen Angaben, Statusmeldungen und Kommentare sind denn auch in weiten Teilen enumerativ. Sie referieren Daten, kumulieren Fundstücke und bieten nur selten stringente Narrative. Die Tabellenform der elektronischen Profile trennt die einzelnen Textbausteine durch ein Strichnetz grafisch ab, isoliert die Texte und weist ihnen mittels Zeilen und Spalten spezifische Leitkontexte zu. Die E-Formulare machen mehr als einen bloßen Kontext der Information verfügbar, denn sie setzen ein *Raster der Erfassung* persönlicher Merkmale ins Werk. Mit diesem Rasterwerk können die Profile miteinander verglichen und einzelne Parameter bestimmten Suchanfragen zugeordnet werden. Die *Raster biografische Wissenserfassung* erhebt also auch einen Anspruch auf universale Geltung. Autorität der Form meint in diesem Zusammenhang, dass das Frageprotokoll und der Auskunftgeber/innen in einem hierarchischen Bezugsrahmen zueinander positioniert sind: Das Dokument soll als solches unveränderlich bleiben und von jedem Einzelnen beliebig oft benützt werden können. *Durch das schriftlich vorformulierte und grafisch strukturierte Frageschema hat sich die Autorität in den Bereich der Form verschoben*, d. h. dass die formimmanente Festlegung der Reihenfolge und die Art und Weise der Fragen einen kommunikativen Rahmen absteckt.

Das elektronische Formular kann Potenziale formaler Autorität entwickeln, wenn der Umgang mit ihm streng geregelt wird und Verstöße sanktioniert werden. Seine

formale Strenge gewährleistet, dass das E-Formular geplante Informationen vorhersehbar übertragen kann. Die immanente Formautorität markiert jedoch keinen feststehenden Status, sondern bleibt anfällig für das Entstehen einer informellen Regelausweitung, die mittels der *kulturellen Praktiken* im Bereich der Anwendung entsteht. Die Formulare der Wissenserfassung zielen zwar darauf ab, den Zufluss an Daten schon im Vorfeld zu standardisieren und zu kategorisieren, doch je weiter sich das Raster in die Grafik der Formalität zurückzieht, d. h. *nicht explizit* wird, desto erfolgreicher scheint es bei der Hervorbringung *intimer Bekenntnisse* zu sein. Es sind die scheinbar „zwanglosen" Datenfelder, die informellen Spielraum zur persönlichen Gestaltung aufweisen und zur Führung individueller Listen und Tabellen einladen sowie Gelegenheit zu persönlichen Bekenntnissen und intimen Enthüllungen bieten. Vor diesem Hintergrund vermitteln die „freien" und „ungezwungenen" Kommunikationsräume auf Facebook eine äußerst tragfähige Motivation zur eigenständigen Wissensproduktion. Der Rückzug des Rasters in den informellen Bereich bewirkt also nicht per se die Desorganisation der Wissensregistraturen. Im Gegenteil: Die Individualisierung der Datenkummulation suggeriert eine „dezentrale", „herrschaftslose" und letztlich „wahrhaftige" Praxis der Wissensermittlung und „belebt" in vielen Fällen die Bereitschaft des Subjekts zur Selbstauskunft (Adelmann 2011, S. 127 ff.).

Im Rezeptionsmodus seiner Mitglieder – aus der Sicht des Front End – markiert Facebook den Aufstieg einer neuen Subjektkultur, die sich vor allem im Erwerb von kultureller und sozialer Distinktion herstellt: „Entsprechende Definitionen von Zugehörigkeit und Ausschlussstrategien und das Verhandeln der Werte und Normen sowie der davon abgeleiteten Machtrelationen definieren nicht nur die jeweiligen ‚Außengrenzen' derselben, sondern auch die Auseinandersetzungen um deren Erhalt." (Lummerding 2011, S. 209). Selbstredend zählen Distinktionsmechanismen zum Grundbestand sozialer Organisation. Mit dem Aufstieg von konzernkontrollierten sozialen Medien wie etwa Facebook werden Distinktionen aber rechnerbasiert mit Hilfe algorithmischer Verfahren generiert. Die Prozeduren ihrer Bereitstellung, Auswahl, Verteilung und Archivierung sind jedoch für die Mitglieder von Facebook weder nachvollziehbar noch einsichtig gemacht. Die rechnerbasierte Datenverarbeitung der von den User/innen generierten Daten und Informationen vollzieht Facebook im Back End. Dabei handelt es sich um einen, hinter dem für die User/innen zugänglichen Interface der graphischen Benutzeroberfläche, angesiedelten Rechenraum, der ausschließlich der unternehmensinternen Datenerhebung dient.

Die Nutzer/innen haben folglich nur eine ganz vage Vorstellung davon, welche Arten von Informationen gesammelt und wie sie verwendet werden. So gehen die Formen der Personalisierung zwar auf Informationen zurück, die von den Mitgliedern selbst ausgehen, aber der Prozess der Vorhersage und des Anbietens von Inhalten, die auf vergangenem Verhalten basieren, ist eine Push-Technologie, welche die Mitglieder von Beteiligung und Einflussnahme konsequent ausschließt.

In diesem Zusammenhang möchte ich folgende Fragestellungen aufwerfen: Wie berechnet die soziale Netzwerkseite Facebook die Zukunft seiner Mitglieder? Welche Verfahren der Registrierung, der Berechnung, der Auswertung, der Adressierung verwendet sie zur Herstellung prognostischen Wissens? Wie werden diese Verfahren eingesetzt, um prognostische Modellierungen über das Verhalten von User/innen herzustellen?

 Springer

2 Happiness Index

Die Glücksforschung nutzt heute vermehrt die sozialen Netzwerke zur Auswertung ihrer Massendaten. Innerhalb der Big-Data-Prognostik stellt die sogenannte „Happiness Research" eine zentrale Forschungsrichtung dar. Doch die sozioökonomische Beschäftigung mit dem Glück wird überwiegend unter Ausschluss der akademischen Öffentlichkeit durchgeführt. In diesem Zusammenhang warnen einflussreiche Theoretiker wie Lev Manovich (2012) und Danah Boyd (2011) daher vor einem „Digital Divide", der das Zukunftswissen einseitig verteilt und zu Machtasymmetrien zwischen Forschern *innerhalb* und *außerhalb* der Netzwerke führen könnte. Manovich kritisiert den limitierten Zugang zu sozialstatistischem Daten, der von vornherein eine monopolartige Regierung und Verwaltung von Zukunft schafft: „[…] only social media companies have access to really large social data – especially transactional data. An anthropologist working for Facebook or a sociologist working for Google will have access to data that the rest of the scholarly community will not." (Manovich 2012, S. 467). Dieses ungleiche Verhältnis festigt die Stellung der sozialen Netzwerke als computerbasierte Kontrollmedien, die sich Zukunftswissen entlang einer vertikalen und eindimensionalen Netzkommunikation aneignen: 1) Sie ermöglichen einen kontinuierlichen Fluss von Daten (digitale Fußabdrücke), 2) sie sammeln und ordnen diese Daten und 3) sie etablieren geschlossene Wissens- und Kommunikationsräume für Expert/innen und ihre Expertisen, welche die kollektiven Daten zu Informationen verdichten und interpretieren. Das Zukunftswissen durchläuft folglich unterschiedliche mediale, technologische und infrastrukturelle Schichten, die hierarchisch und pyramidal angeordnet sind: „The current ecosystem around Big Data creates a new kind of digital divide: the Big Data rich and the Big Data poor. Some company researchers have even gone so far as to suggest that academics shouldn't bother studying social media data sets – Jimmy Lin, a professor on industrial sabbatical at Twitter argued that academics should not engage in research that industry ‚can do better'" (Boyd und Crawford 2011, S. 4). Diese Aussagen verdeutlichen – neben der faktisch gegebenen technologisch-infrastrukturellen Abschottung des Zukunftswissens –, dass das strategische Entscheidungshandeln im Backend-Bereich und nicht in der Peer-to-Peer-Kommunikation angelegt ist. Die Peers können zwar in ihrer eingeschränkten Agency die Ergebnisse verfälschen, Fake-Profile anlegen und Nonsens kommunizieren, besitzen aber keine Möglichkeiten der aktiven Zukunftsgestaltung, die über taktische Aktivitäten hinausgehen.

Warum ist eigentlich die Erforschung des Glücks für die Gestaltung des Zukunftswissens so relevant geworden? Die Dominanz der Glücksforschung hat zwei historische Gründe (vgl. Frey und Stutzer 2002, S. 402). Seit der griechischen Antike wird dem Glück eine zentrale Stelle im menschlichen Leben eingeräumt und nach Aristoteles besteht das Ziel alles menschlichen Tuns darin, den Zustand der Glückseligkeit zu erlangen.[7] Ein weiterer maßgeblicher Diskursstrang ist der seit Jeremy Bentham einflussreich gewordene Utilitarismus der Glücksdiskurse. Mit dem *Greatest Happiness Principle* entwickelte Bentham (1977) die Vorstellung, dass das größte zu

---

[7] Dieses unveräußerliche Recht des Menschen auf Glück *(the pursuit of happiness)* nahmen die Vereinigten Staaten von Amerika in die Eröffnungspassage ihrer Unabhängigkeitserklärung auf.

erreichende Gut das Streben nach dem größtmöglichen Glück für die größtmögliche Anzahl von Menschen bedinge. An diese sozioökonomische Konzeption des Glücks knüpft die „Happiness Research" an, die Glück nach rationalem Kalkül als individuellen Nutzen interpretiert und in der Hochrechnung von aggregierten Glücksbekundungen das soziale Wohlbefinden berechnet.

Eine maßgebliche Spielart der futurologischen Prophetie stellt der seit 2007 eingeführte „Facebook Happiness Index" dar, der anhand einer Wortindexanalyse in den Statusmeldungen die Stimmung der Nutzer/innen sozialempirisch auswertet. Auf der Datengrundlage der Status-Updates errechnen die Netzwerkforscher/innen in ihrem „Gross National Happiness Index" (GNH) das sogenannte „Bruttonationalglück" von Gesellschaften. Der Soziologe Adam Kramer arbeitete von 2008 bis 2009 bei Facebook und errechnete gemeinsam mit den Mitarbeiter/innen des Facebook Data Team, der Sozialpsychologin Moira Burke, dem Informatiker Danny Ferrante und dem Leiter der Data Science Research Cameron Marlow, den Happiness Index. Kramer konnte dabei das intern verfügbare Datenvolumen des Netzwerks nutzen. Er evaluierte die Häufigkeit von positiven und negativen Wörtern im selbstdokumentarischen Format der Statusmeldungen und kontextualisierte diese Selbstaufzeichnungen mit der individuellen Lebenszufriedenheit der Nutzer (*convergent validity*) und mit signifikanten Datenkurven an Tagen, an denen unterschiedliche Ereignisse die Medienöffentlichkeit bewegten (*face validity*): „,Gross national happiness' is operationalized as a standardized difference between the use of positive and negative words, aggregated across days, and present a graph of this metric." (Kramer 2010, S. 287). Die von den Soziolog/innen analysierten individuellen Praktiken der Selbstsorge werden mit Hilfe von semantischen Wortnetzen letztlich auf die Oppositionspaare „Glück"/„Unglück" und „Zufriedenheit"/„Unzufriedenheit" reduziert. Eine binär strukturierte Stimmungslage wird schließlich als Indikator einer kollektiven Mentalität veranschlagt, die auf bestimmte kollektiv geteilte Erfahrungen rekurriert und spezifische Stimmungen ausprägt. Die soziologische Massenerhebung der Selbstdokumentationen (*self reports*) in sozialen Netzwerken hat bisher die Stimmungslage von 22 Nationalstaaten ermittelt. Mit der wissenschaftlichen Korrelation von subjektiven Befindlichkeiten und bevölkerungsstatistischem Wissen kann der „Happy Index" nicht nur als Indikator eines „guten" oder „schlechten" Regierens gewertet werden, sondern als Kriterium einer möglichen Anpassungsleistung des Politischen an die Wahrnehmungsverarbeitung der Sozialen Netzwerke. In diesem Sinne stellt der „Happy Index" ein erweitertes Instrumentarium wirtschaftlicher Expansion und staatlicher-administrativer Entscheidungsvorbereitung dar.

3 „Profiling the Future": Subjektivierungmodelle

Die operative Erforschung der Big Data weist zwei unterschiedliche Ausrichtungen auf. Einerseits versucht sie, kollektive Figurationen und Tendenzen kollektiver Dynamiken zu modellieren, andererseits geht es ihr darum, aus großen Datenmengen *personenzentrierte* und *zielgruppenspezifische* Merkmalsausprägungen herauszulesen. Im Folgenden möchte ich die historischen Diskursfelder dieser datenbasierten Techniken zur Herstellung subjektzentrierten Wissens herausarbeiten, um das stra-

tegische Bezugsverhältnis zwischen Wissen und Macht, oder genauer: zwischen Regierungswissen und der Herausbildung von Subjektivierungsmodellen akzentuieren zu können.

In seinen Anfängen wurde das Profiling als Bewertungsmethode im Personalausleseverfahren der Testpsychologie in den USA entwickelt (vgl. Giordano 2005). Die standardisierten Verfahren der Testpsychologie zur Ermittlung von Leistungsfähigkeit bilden direkte Vorläufer des Profiling (aber auch der Rasterfahndung). Begriffe wie das „Persönlichkeitsprofil" oder das „Profiling" entstammen dem psychologisch-therapeutischen Diskurs und markieren heute Leitdiskurse in den Praxisformen der Selbstthematisierung. Unter den Vorzeichen des Postfordismus hat sich das Profiling als ein Ökonomisierungs- und Standardisierungsinstrument gesellschaftlich verallgemeinert und ist als eine vielschichtige Such- und Analysemethode der Informations- bzw. Wissensgesellschaften in Verwendung. Das hohe Ansehen der Selbstevaluation verweist auf zwei soziale Prozesse. Einerseits hat sich die Anzahl der Testparameter und -verfahren und der daran beteiligten Testobjekte mit dem Auftritt der Web 2.0-Interfacetechnologien vervielfältigt, andererseits hat sich – in Abgrenzung zur beruflichen Eignungsdiagnostik – die Evaluationspraxis auch in qualitativer Hinsicht verändert und umfasst heute die gesamte Persönlichkeit und kreativen Potenziale des Subjekts.

Das Profiling wird von Facebook zur prognostischen Verhaltensanalyse eingesetzt (vgl. Klaasen 2007, S. 35). Beim Profiling handelt es sich um eine Wissenstechnik, bei der die Mitglieder in statistische Kollektiva eingeteilt werden. Grundlage dieser Datenaggregation sind demografische, sozio-ökonomische und geografische Faktoren. Die Mitglieder werden nach Alter, Geschlecht, Lebensabschnitt, soziale Klasse, Bildungsgrad, Einkommen und Wohnort erfasst. Das Profiling erschließt auch Keywords durch Fanangaben und Gruppenmitgliedschaften. Die Aufzeichnungs- und Speicherpraktiken der Keywords werden für die Durchführung von Matchingverfahren herangezogen. Dabei werden zwischen den Geschmacksprofilen Ähnlichkeiten und Übereinstimmungen hergestellt. Eine Gruppe ergibt sich nach dem Prinzip der Übereinstimmung, z. B. formt sich eine Gruppe, wenn sie bestimmte Freund/innen, Musikvorlieben, Kinofilme und Reisedestinationen miteinander teilt. Die Keywords basieren auf den Informationen, welche die Mitglieder selbst angegeben haben, also auf Interessen, Aktivitäten, Präferenzen.

Die Auswertungsverfahren des Nutzungsverhaltens zielen auf die Herstellung von Verhaltensvorhersagen, die als Bezugspunkt für die zielgruppenspezifische und interessensgebundene Werbung dienen. Seit Januar 2011 transformiert Facebook mit Hilfe der sogenannten „gesponserten Meldungen" (*sponsored stories*) die Facebook-Aktivitäten normaler Nutzer/innen in eine Werbeanzeige. Das Prinzip dieser User/innen-basierten Marketingmethode ist simpel: Wenn User/innen den „Gefällt-mir"-Button auf der Webseite eines Unternehmens klicken oder über „Facebook Places", den Ortungsservice des Netzwerks, bei einem Partnerunternehmen von Facebook einchecken, kann sich das Unternehmen die Information zunutze machen und sich automatisiert in der rechten Spalte im neuen Echtzeit-Ticker als Anzeige darstellen lassen. Die Anzeige wird automatisch vermittels einer Social Tracking Software geschaltet und besteht aus dem Logo und dem Link des Unternehmens mitsamt Pro-

filfoto, Name und Aktion des/der Facebook-Nutzers/Nutzerin. Facebook-Nutzer/
innen werden dadurch zu unbezahlten Werbeträger/innen.

Das Web 2.0 mit seinen Social Networks und Communities verspricht daher ein
großes prognostisches Potenzial, weil Marketingaktivitäten auf bestimmte Zielgruppen mittels modularer Technologien für User Tracking, Webmining, Profiling,
Testing, Optimierung, Ad-Serving und Targeted Advertising abgestimmt werden
können. Das Profiling im Web 2.0 verläuft nach dem Prinzip des Closed Circuit. Die
Anordnung des Closed Circuit beschreibt ein Aufzeichnungsverfahren, bei der das
Eingabemedium direkt mit dem Abbildungsmedium verbunden ist. Bei der Beob-
achtungsanordnung im Closed Circuit machen die User/innen die Erfahrung der
Synchronität ihrer Handlungen. Die sofortige Verfügbarkeit der Datenstrukturen und
ihre gleichzeitige Manipulationsmöglichkeit durch das Targeted Advertising ist eine
besondere Eigenschaft des Echtzeit-Profilings, das vergangene Nutzungsgewohnheiten von Online-Rezipient/innen analysiert (Click Advertising, Graphenanalyse),
um zielgerichtete Werbung (Quality Market) für ein künftiges Konsumverhalten zu
modellieren. Vor diesem Hintergrund entwickelte Microsoft ein Profiling-System,
das soziometrische Daten wie etwa Alter, Geschlecht, Einkommen und Bildung mit
möglichst großer Wahrscheinlichkeit ableiten sollte. Der Wirkungsbereich dieser
sozialen Software umfasst zwei Bereiche: Als Medium vermittelt sie Prozesse und
bewirkt eine Virtualisierung und Entgrenzung von Kommunikation; als Werkzeug
greift sie strukturbildend in Zusammenhänge ein, bleibt aber selbst interpretationsbe-
dürftig: „The information architectures and classification tools that underlie many of
the new technologies impacting on front-line practice are designed by a small elite,
with decisions on what is represented and what is not" (Webb 2006, S. 165).

Die Prognosefähigkeit der Sozialen Netzwerke ist davon abhängig, ob es gelingt,
die biografisch und demografisch relevanten Daten und Informationen in distinkte
und segregierte Bausteine der weiteren Datenverarbeitungen aufzugliedern. Als
ein gemischtes Medium muss sich das Profiling zwangsläufig aus heterogenen
Repräsentationen zusammensetzen. Es übernimmt das Modell der Prüfung von
Persönlichkeitsmerkmalen der älteren Eignungsdiagnostik und macht es zur Sache
kollektiver Approbationsleistungen, um seine Wirkungsweisen zu vervielfältigen
und zu verstärken.

Die Profilbildung enthält Wissenstechniken, die auf binären Unterscheidungen
beruhen (z. B. die Geschlechtszugehörigkeit), mit quantitativen Skalierungen operieren (z. B. hierarchische Ranking-Techniken) oder die auf die Erstellung qualitativer Profile abzielen (z. B. das Aufzeigen kreativer Fähigkeiten und Begabungen
in „freien" Datenfeldern). Profile reproduzieren einerseits soziale Normen und bringen andererseits auch neue Formen von Individualität hervor. Sie verkörpern den
Imperativ zur permanenten Selbstentzifferung auf der Grundlage bestimmter Aus-
wahlmenüs, vorgegebener Datenfelder und eines Vokabulars, das es den Individuen
erlauben soll, sich selbst in einer boomenden Bekenntniskultur zu verorten. Das
„bedienerfreundliche" Profiling besteht in der Regel aus sogenannten Tools, das sind
Checklisten, Fragebögen für Selbst-Evaluierung, analytische Rahmen, Übungsab-
schnitte, Bilanzen, Statistiken mit Kommentar, Datenbanken, Listen von Adressen
und pädagogische Module zur Ermittlung individueller Fähigkeiten, Neigungen und
Lieblingsbeschäftigungen.

Kommerzielle Suchmaschinen analysieren mittels Behavioural Targeting die Profile ihrer Nutzer. Diese Suchtechnologie erlaubt es, auf verhaltensorientierte Kriterien wie Produkteinstellung, Markenwahl, Preisverhalten, Lebenszyklus zu reagieren und relevante Werbung zu schalten. Das Behavioural Targeting evaluiert kontinuierliche Nutzungsgewohnheiten, private Interessen und demografische Merkmale und erstellt damit ein statistisches Relief pluraler und flexibler Subjektivität (vgl. Castelluccia 2012, S. 21 ff.). Das wesentliche Merkmal des digitalen Targeting ist der Sachverhalt, dass das Individuum nur noch als dechiffrierbare und transformierbare Figur seiner Brauchbarkeiten in den Blick kommt. Es erzeugt ein multiples und „dividuelles Selbst" (Deleuze 1993, S. 260), das zwischen Orten, Situationen, Teilsystemen und Gruppen oszilliert – ein Rekurs auf eine personale Identität oder ein Kernselbst ist unter dividuellen Modulationsbedingungen nicht mehr vorgesehen.

Digitales Targeting ist Bestandteil umfassender Such- und Überwachungstechnologien im Netz: Das Data-Mining ist eine Anwendung von statistisch-mathematischen Methoden auf einen spezifischen Datenbestand mit dem Ziel der Mustererkennung und beschränkt sich nicht auf die in der Vergangenheit erhobenen Daten, sondern erfasst und aktualisiert die Daten bei jedem Besuch im Netzwerk erneut in Echtzeit. Die im Internet geläufigen Surveillance-Tools ermöglichen es dem E-Commerce-Business, die jeweiligen Zielgruppen im Internet spezifischer zu identifizieren und gezielter zu adressieren. Das Marketing wächst im Internet zu einer entscheidenden Größe sozialer Regulation und die neuen Kontrollformen bedienen sich des Consumer Profiling. Mit dem digitalen Regime hat sich die computergestützte Rasterfahndung auf die Allgemeinheit ausgeweitet. Professionelle und kommerziell orientierte Consumer Profiler, die sowohl für das Marketing als auch für das E-Recruiting arbeiten, vollziehen eine Transformation des polizeilichen Wissens und sammeln ihr Wissen über die privaten Gewohnheiten der Bürger/innen mit der Akribie geheimdienstlicher Methoden. Bemerkenswert an dieser neuartigen Konstellation ist die emphatische Verankerung der Ökonomisierung des „menschlichen" Faktors in weiten Bereichen des sozialen Lebens: „Die numerische Sprache der Kontrolle besteht aus Chiffren, die den Zugang zur Information kennzeichnen bzw. die Abweisung. Die Individuen sind ‚dividuell' geworden, und die Massen Stichproben, Daten, Märkte oder ‚Banken'." (ebd.). In der Argumentation von Gilles Deleuze wird nochmals deutlich, dass das numerische Prinzip als Metapher für das Funktionieren neuer gesellschaftlicher und ökonomischer Ordnungsstrukturen verwendet wird. Die neue Sprache der prognostischen Kontrolle besteht – nach Deleuze – aus Nummernkombinationen, Passwörtern oder Chiffren und organisiert den Zugang zu oder den Ausschluss von Informationen und Transaktionen. Soziale Organisationen werden wie Unternehmen geführt und werden nach der numerischen Sprache der Kontrolle kodiert: vom Bildungscontrolling bis zur Rankingliste.

Im Unterschied zur klassisch analogen Rasterfahndung geht es beim digitalen Data Mining nicht mehr um die möglichst vollständige Ausbreitung der Daten, sondern um eine Operationalisierung der Datenmassen, die für prognostische Abfragen und Auswertungen effektiv in Beziehung zueinander gesetzt werden können. Es verändert nicht nur die Wissensgenerierung persönlicher Daten und Informationen, sondern auch die Prozesse sozialer Reglementierung. Insofern erzeugt das computergestützte Behavioural Targeting mehr als eine technische Virtualisierung von Wis-

 Springer

sensformen, denn es transformiert nachhaltig das Konzept des Raums, was zur Folge hat, dass sich das Raster vom topografischen Raum verflüchtigt und an seine Stelle der topologische Datenraum tritt. Dieser topologische Datenraum steht in Opposition zur Anwendungsschicht, die dem Kommunikationsraum der Nutzer/innen entspricht. Das futurische Wissen (bestehend aus der statistischen Erhebungsmethode des Data Mining, der Visualisierungstechnik des Data Mapping und des systematischen Protokollierungsverfahren des Data Monitoring) ist konstitutiv aus der Anwendungsschicht ausgeschlossen und den Nutzer/innen nicht zugänglich. Damit basiert das Zukunftswissen der sozialen Netzwerke auf einer asymmetrisch verlaufenden Machtbeziehung, welche sich in die technische Infrastruktur und in den Aufbau des medialen Dispositivs verlagert hat.

4 Das Zukunftswissen der sozialen Netzwerke

Ich habe in den vorangegangenen Kapiteln versucht aufzuzeigen, dass Soziale Netzwerke zu gewichtigen Quellensammlungen für die statistische Massenerhebung aufgestiegen sind und neue Formen wissenschaftlichen Wissens hervorgebracht haben. Ihre gigantischen Datenbanken dienen der systematischen Informationsgewinnung und werden für das Sammeln, Auswerten und Interpretieren von sozialstatistischen Daten und Informationen eingesetzt. In ihrer Funktion als Speicher-, Verarbeitungs- und Verbreitungsmedium von Massendaten haben soziale Netzwerke umfangreiche Datenaggregate hervorgebracht, die zur Prognose von gesellschaftlichen Entwicklungen herangezogen werden.

Das Zukunftswissen der Sozialen Medien steht aber nicht allen Beteiligten gleichermaßen zur Verfügung. Dieses asymmetrische Verhältnis zwischen gewöhnlichen Nutzer/innen und exklusiven Expert/innen wurde in der einschlägigen Literatur als „Participatory Gap" (vgl. Taewoo und Stromer-Galley 2012, S. 133–149) diskutiert. Obwohl es eine neue Form des Regierens und Verwaltens nahe legt, wird das von den Sozialen Netzwerken ermittelte Zukunftswissen von der öffentlichen Diskussion ausgeschlossen.

Soziale Netzwerke haben der empirischen Sozialforschung neue Möglichkeiten der Quellenerschließung eröffnet. Das Zukunftswissen der sozialen Netzwerke überlagert zwei Wissensfelder. Die empirische Sozialwissenschaft und die Medieninformatik sind für die Auswertung der medienvermittelten Kommunikation in interaktiven Netzmedien zuständig. Die Sozialforschung sieht in den Kommunikationsmedien der Sozialen Netzwerke eine maßgebliche Kraft für die gesellschaftliche Entwicklung. Ihre Forschungsperspektive auf die informationstechnische Vergesellschaftung in multimedial vernetzten Medien hat ein Koordinatennetz unterschiedlicher Wissensquellen und Wissenstechniken entwickelt, um prognostisches Wissen herzustellen. So wird etwa die Wissensbeschaffung an Suchroboter delegiert, die auf die öffentlichen Informationen zugreifen können. Das Zukunftswissen kann aber auch zur Inszenierung von künftig zu erwartenden Konstellationen der statistischen Datenaggregate verwendet werden, wenn etwa das „Facebook Data Team" bestimmte Ausschnitte seiner Tätigkeiten auf seiner Webseite popularisiert. In diesem Sinne werden statis-

tische Daten und Informationen in die Außenrepräsentation der sozialen Netzwerke eingebaut und erhalten eine zusätzliche performative Komponente.

In seiner Modellierung durchläuft das Zukunftswissen unterschiedliche Felder der Herstellung, Aneignung und Vermittlung und kann als Verfahren, Argumentation und Integration eingesetzt werden. Vor diesem Hintergrund kann das Zukunftswissen als ein heterogenes Wissensfeld angesehen werden, das empirisches, formal-mathematisches, semantisches, psychologisches und visuelles Wissens in sich aufnimmt. Dementsprechend hat sich eine futurische Episteme an die Sozialen Medien angelagert und eine Vielzahl von Planungs- und Beratungspraktiken hervorgebracht, die als Multiplikatoren eines rechnerbasierten Machtgefälles und einer zeitbasierten Herrschaftsordnung auftreten. Vor diesem Hintergrund habe ich in meinem Beitrag darauf aufmerksam machen wollen, dass Prognosetechniken immer auch als Machttechniken angesehen werden können, die sich in medialen Anordnungen und infrastrukturellen Strukturen manifestieren. Das gestiegene Interesse der Markt- und Meinungsforschung an den Trendanalysen und Prognosen der Sozialen Netzwerke verdeutlicht, dass soziale, politische und ökonomische Entscheidungsprozesse hochgradig von der Verfügbarkeit prognostischen Wissens abhängig gemacht werden. Insofern berührt die Plan- und Machbarkeit des Zukunftswissens in unterschiedlichen Gesellschafts-, Lebens- und Selbstentwürfen immer auch die Frage: „Wie ist es möglich, nicht regiert zu werden?"

Literatur

Adelmann, Ralf. 2011. Von der Freundschaft in Facebook: Mediale Politiken sozialer Beziehungen in Social Network Sites. In *Generation Facebook: Über das Leben im Social Net*, Hrsg. Oliver Leistert und Theo Röhle, 127–144. Bielefeld: transcript Verlag.

Bentham, Jeremy. 1977. A comment on the commentaries and a fragment on government. In *The collected works of Jeremy Bentham*, Hrsg. James H. Burns und Herbert L. A. Hart. London: The Athlone Press.

Bollen, Johan. 2011. Happiness is assortative in online social networks. *Artifical Life* 17 (3): 237–251.

Bollen, Johan, Huina Mao, und Xiaojun Zeng. 2011. Twitter mood predicts the stock market. *Journal of Computational Science* 2 (1): 1–8.

Bollier, David. 2010. The promise and peril of big data, Washington, DC: The Aspen Institute. http://www.aspeninstitute.org/sites/default/files/content/docs/pubs/The_Promise_and_Peril_of_Big_Data.pdf. Zugegriffen: 27. Dez. 2013.

Boyd, Danah, und Kate Crawford. 2011. Six Provocations for big data. Conference paper, a decade in internet time: Symposium on the dynamics of the internet and society. September 2011, Oxford: University of Oxford. http://papers.ssrn.com/sol3/papers.cfm?abstract_id=192643. Zugegriffen: 27. Dez. 2013.

Castelluccia Claude. 2012. Behavioural tracking on the internet: A technical perspective. In *European data protection. Good health?*, Hrsg. Serge Gutwirth, Ronald Leenes, Paul De Hert, und Yves Poullet, 21–33. New York: Springer.

Conover, Michael D., Bruno Goncalves, Jacob Ratkiewicz, Alessandro Flammini, und Filippo Menczer. 2011. Predicting the Political Alignment of Twitter Users. Proceedings of the 3rd IEEE Conference on Social Computing, forthcoming. http://cnets.indiana.edu/wpcontent/uploads/conover_prediction_socialcom_pdfexpress_ok_version.pdf. Zugegriffen: 17. Mai 2014.

Deleuze Gilles. 1993. *Unterhandlungen 1972–1990*. Frankfurt a. M.: Suhrkamp.

Doorn, Niels Van. 2010. The ties that bind: The networked performance of gender, sexuality and friendship on MySpace. *New Media & Society* 12 (4): 583–602.

Facebook Data Team. 2012. https://www.facebook.com/data. Zugegriffen: 17. Mai 2014.

 Springer

Frey, Bruno S., und Alois Stutzer. 2002. What can economists learn from happiness research? *Journal of Economic Literature* 40 (2): 402–435.

Freyer-Dugas, Andrea, Yu-Hsiang Hsieh, Scott R. Levin1, Jesse M. Pines, Darren P. Mareiniss, Amir Mohareb, Charlotte A. Gaydos1, Trish M. Perl, und Richard E. Rothman. 2012. Google flu trends: Correlation with emergency department influenza rates and crowding metrics. *Clinical Infectious Diseases*, 54 (15): 463–469.

Gilbert, Eric, und Karrie Karahalios. 2010. Widespread worry and the stock market. 4th International AAAI Conference on Weblogs and Social Media (ICWSM). Washington, DC: George Washington University.

Giordano, Gerard. 2005. *How testing came to dominate American schools: The history of educational assessment*. New York: Lang.

Klaasen, Abbey. 2007. The right ads at the right time – via yahoo; web giant looks to offer behavioral-targeting tools outside its own properties. *Advertising Age* 3 (Februar): 34–39.

Kramer, Adam D. I. 2010. An unobtrusive behavioral model of ‚gross national happiness‘. In *Conference on human factors in computing systems 28 (3)*, Hrsg. Association for Computing Machinery, 287–290. New York: ACM Press

Leistert, Oliver, und Theo Röhle. Hrsg. 2011. *Generation Facebook: Über das Leben im Social Net*. Bielefeld: transcript Verlag.

Lemke, Thomas. 2004. Test. *Leviathan. Zeitschrift für Sozialwissenschaft* 32 (1): 119–124.

Lummerding, Susanne. 2011. Facebooking. What you book is what you get – what else? In *Generation Facebook: Über das Leben im Social Net*, Hrsg. Oliver Leistert und Theo Röhle, 199–216. Bielefeld: transcript.

Manovich, Lev. 2012. Trending: The promises and the challenges of big social data. In *Debates in the digital humanities*, Hrsg. Matthew K. Gold, 460–475. Minneapolis: University of Minnesota Press.

Taewoo Nam, und Jennifer Stromer-Galley. 2012. The Democratic Divide in the 2008 US presidential election. *Journal of Information Technology & Politics* 9 (2): 133–149.

Wald, Randall, Taghi M. Khoshgoftaar, und Chris Sumner. 2012. Machine Prediction of Personality from Facebook Profiles. 13th IEEE International Conference on Information Reuse and Integration, 109–115. Washington.

Webb, Stephen. 2006. *Social work in a risk society. Social and political perspectives, 165*. Houndmills: Palgrave Macmillan.

Wolf, Fredric, Russ Hobby, Sonya Lowry, Andrew Bauman, B. Robert Franza, Biaoyang Lin, Sean Rapson, Elizabeth Stewart, und Eugene Kolker. 2011. Education and data-intensive science in the beginning of the 21st century. *OMICS: A Journal of Integrative Biology* 15 (4): 217–219.

Yogatama, Dani. 2012. Predicting the future: Text as societal measurement. http://www.cs.cmu.edu/~dyogatam/Home_files/statement.pdf. Zugegriffen: 27. Dez. 2013.

Kurzbiografien

Hannelore Bublitz

Prof. Dr. rer. pol. Hannelore Bublitz, seit 1995 Professorin für Soziologie und Sozialphilosophie an der Universität Paderborn, seit 2008 (stellvertretende) Sprecherin des Graduiertenkollegs „Automatismen. Strukturentstehung außerhalb geplanter Prozesse (I)" und seit 2012 (stellvertretende) Sprecherin des Graduiertenkollegs „Automatismen. Kulturtechniken zur Reduzierung von Komplexität (II)" an der Fakultät für Kulturwissenschaften der Universität Paderborn. Arbeits- und Forschungsschwerpunkte: Poststrukturalistische Analysen von Gesellschaft und Geschlecht, Praktiken der Subjektivierung und Selbsttechnologien sowie Steuerungs- und Normalisierungsdynamiken in modernen Gesellschaften, Diskurstheorie und Diskursanalyse. Veröffentlichungen u. a.: Bublitz, Hannelore/Kaldrack, Irina/Röhle, Theo/Winkler, Hartmut (Hg.): Unsichtbare Hände (2011); Bublitz, Hannelore/Kaldrack, Irena/Röhle, Theo/Zemann, Mirna (Hg.): Automatismen – Selbst-Technologien (2012); Judith Butler zur Einführung, 4. ergänzte Auflage (2013).

Tanja Carstensen

Tanja Carstensen, Dr., Soziologin, TU Hamburg-Harburg, Forschungsgruppe Arbeit–Gender–Technik. Zurzeit Leitung des Projekts „Arbeit 2.0. Neue Anforderungen an Beschäftigte und ihre Interessenvertretungen im Umgang mit Social Media", gefördert von der Hans-Böckler-Stiftung. Arbeitsschwerpunkte: Technik-, Medien- und Internetsoziologie, Arbeitssoziologie, Geschlechter- und Intersektionalitätsforschung. Mitbegründerin des Feministischen Instituts Hamburg. Aktuelle Veröffentlichung: Carstensen, Tanja/Schachtner, Christina/Schelhowe, Heidi/Beer, Raphael (Hg.) (2014): Digitale Subjekte. Praktiken der Subjektivierung im Medienumbruch der Gegenwart, Bielefeld: transcript. E-Mail: carstensen@tuhh.de. Twitter: @TanjCar.

Nicole Duller

Nicole Duller ist Universitätsassistentin am Institut für Medien- und Kommunikationswissenschaft an der Alpen-Adria-Universität Klagenfurt. Von 2009–2012 war sie Mitarbeiterin im Projekt „Subjektkonstruktionen und digitale Kultur". Ihre wissenschaftlichen Interessensgebiete sind Neue Medien und Technik, Subjekttheorien und Cultural Studies. Derzeit arbeitet sie an ihrem Dissertationsprojekt, in welchem sie sich mit dem Mensch-Maschine-Verhältnis am Beispiel von Sex Maschinen auseinandersetzt.

Michaela Heid

Studium der Empirischen Kulturwissenschaft und Romanistik in Tübingen und Trient. Tätigkeit in Forschung und Lehre an den Pädagogischen Hochschulen Bern, Zürich und Thurgau. Bisherige Forschungsgebiete und Interessensschwerpunkte: Bildungsforschung, Wissenssoziologie, Qualitative Verfahren (Ethnographie, Diskursanalyse). Aktuell: Promotionsvorhaben im Bereich Religionssoziologie.

Tanja Paulitz

Tanja Paulitz ist Professorin für Soziologie mit dem Schwerpunkt Gender und Technik an der RWTH Aachen. Sie forscht in den Bereichen Frauen- und Geschlechterforschung, Wissenschafts- und Technikforschung sowie Internet und virtuelle Zusammenarbeit. Im Bereich der Internetforschung erschien 2005 ihr Buch „Netzsubjektivität/en. Konstruktionen von Vernetzung als Technologien des sozialen Selbst. Eine empirische Untersuchung in Modellprojekten der Informatik" (Münster: Westfälisches Dampfboot). Zum Thema Männlichkeitskonstruktionen im Ingenieurwesen und in den Grundlagen des Maschinenbaus veröffentlichte sie 2012 das Buch „Mann und Maschine. Eine genealogische Wissenssoziologie des Ingenieurs und der modernen Technikwissenschaften, 1850–1930" (Bielefeld: Transcript).

Ramón Reichert

PD Dr. phil. habil. Ramón Reichert, Institut für Theater-, Film- und Medienwissenschaft der Universität Wien. Studium der Philosophie und der Vergleichenden Literaturwissenschaft in Wien, Berlin und London. Promotion in Wien, Habilitation in Linz. 2008/09 war er Research Fellow am Internationalen Forschungszentrum Kulturwissenschaften (IFK) in Wien. 2009–2013 Professor für Digitale Medienkultur am Institut für Theater-, Film- und Medienwissenschaft der Universität Wien. Forschungsschwerpunkte: Technologien und Medien der Finanzmärkte, Epistemologie, Digitale Ästhetik, Soziale Medien und Visuelle Politik. Ausgewählte Publikationen: Im Kino der Humanwissenschaften. Studien zur Medialisierung wissenschaftlichen Wissens (2007), Amateure im Netz. Selbstmanagement und Wissenstechniken im Web 2.0 (2008), Das Wissen der Börse. Medien und Praktiken des Finanzmarktes (2009). Die Macht der Vielen. Über den neuen Kult der Vernetzung (2013). Big Data. Analysen zum digitalen Wandel von Wissen, Macht und Ökonomie (2014, in Vorbereitung).

Theresa Sauter

Dr. Theresa Sauter ist wissenschaftliche Mitarbeiterin im staatlich geförderten Australian Research Council (ARC) Centre of Excellence for Creative Industries and Innovation (http:// cci.edu.au/) an der Queensland University of Technology in Brisbane, Australien. Ihre Forschungsschwerpunkte liegen bei Praktiken der Subjektivierung im Kontext digitaler Medien, big data und Gouvernementalität, und der Anwendung soziologischer Theorie allgemein zur Interpretation sozialen Wandels.

Christina Schachtner

Christina Schachtner ist Medienwissenschaftlerin, Universitätsprofessorin am Institut für Medien- und Kommunikationswissenschaft der Alpen-Adria-Universität Klagenfurt und Leiterin des dort angesiedelten Teilprojekts „Kommunikative Öffentlichkeiten im Cyberspace" des bilateralen Forschungsprojekts „Subjektkonstruktionen und digitale Kultur", sowie Leiterin des Arbeitsbereiches Neue Medien – Technik – Kultur. Research Fellow am MIT Cambridge und am Goldsmiths/University of London, Gastprofessorin an der Shanghai University of International Studies. Ihre Forschungsschwerpunkte sind neue soziale Bewegungen im Zeitalter des Internet, Virtuelle Netzwerke, Subjektentwürfe der Netzgeneration, Kommunikation und Öffentlichkeit im virtuellen Raum, Transkulturalität und digitale Medien, Technik- und Dingforschung, aktuelle Veröffentlichung: „Kinder und Dinge, Zwischen Kinderzimmer und FabLabs", erschienen bei Transcript.

Anja Schünzel

Anja Schünzel, M.A., Studium der Soziologie technikwissenschaftlicher Richtung mit dem Nebenfach Stadt- und Regionalplanung an der Technischen Universität Berlin. 2010 bis 2011 studentische Mitarbeiterin im Projekt „Emotionen in Wirtschaftskrisen" am interdisziplinären Forschungszentrum „Languages of Emotion" der FU Berlin. Langjährige Mitarbeit im DFG-Projekt „Audiovisuelle Kulturen der Selbstthematisierung". Seit 2014 studentische Mitarbeiterin im DFG-Projekt „Bildkommunikation in der Wissenschaft am Fallbeispiel der Computational Neuroscience" am Institut für Soziologie der Technischen Universität Berlin. Forschungsinteressen: Wissenssoziologie, Körpersoziologie, Soziologie der Medien, Soziologie der Emotionen, Medizinsoziologie, qualitative Methoden der Sozialforschung.

Jasmin Siri

Dr. Jasmin Siri ist wissenschaftliche Mitarbeiterin am Institut für Soziologie der Ludwig-Maximilians-Universität München. Schwerpunkte der Forschung: Politische Soziologie, soziologische Theorien, Politik in Sozialen Medien, Politik und Gender, Parteien- und Wahlsoziologie.

Boris Traue

Dr. phil. Dipl.-Soz., Wissenschaftlicher Mitarbeiter und Projektleiter „Audiovisuelle Kulturen der Selbstthematisierung" (DFG) am Institut für Soziologie der Technischen Universität Berlin. 2014 Fellow des Digital Culture Research Lab (DCRL) der Leuphana Universität Lüneburg. Studium der Soziologie in Berlin, Bremen und London. Promotion 2008 an der TU Berlin. 2009/2010 war er Post-Doc Fellow am Goldsmiths/University of London. Forschungsschwerpunkte: Wissenssoziologie, Visuelle Politik, Geschichte und Gegenwart der Sozial- und Selbsttechniken, Soziale Medien, Professionalität und Amateurismus, interpretative Forschungsmethoden insb. Diskursanalyse. Wichtigste Publikationen: „Das Subjekt der Beratung. Zur Soziologie einer Psycho-Technik" (2010), The Cybernetic Self and its Discontents: Care and Self-Care in the Information Society (2010), Kommunikationsregime (2012), Desubjektivierungen. Zum Verhältnis von Körper, Wissen und Recht nach dem Neoliberalismus (2012), Visuelle Diskursanalyse. Ein programmatischer Vorschlag zur Untersuchung von Sicht- und Sagbarkeiten im Medienwandel (2013), Ikonische Politik (2014).

Carolin Wiedemann

Carolin Wiedemann schreibt gerade ihre Doktorarbeit in Soziologie an der Universität Hamburg und arbeitet nebenbei als freie Journalistin.

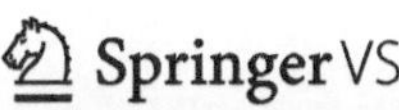

springer-vs.de

Neu in der Reihe: Neue Bibliothek der Sozialwissenschaften

Günter Dux, Jörn Rüsen (Hrsg.)
Strukturen des Denkens
Studien zur Geschichte des Geistes
Reihe: Neue Bibliothek
der Sozialwissenschaften
2014. VI, 244 S. 7 Abb.,
6 Abb. in Farbe. Geb.
€ (D) 29,99 | € (A) 30,83 | *sFr 30,00
ISBN 978-3-658-06254-5

Wir haben in der Neuzeit die ganze Geschichte im Blick. Das gilt auch für die Geistesgeschichte. Von den mythischen Weltbildern der Frühzeit über die monotheistischen Religionen und Epen der Hochkulturen bis zum Umbruch des Weltbildes am Beginn der Neuzeit zieht sich die Spur unseres Wissens. Es gibt in dieser Geschichte des Geistes eine Sequenz, die von der Entwicklung des Denkens bewirkt wird. Zum einen haben sich dessen formal-logische Strukturen entwickelt. Ihre Entwicklung lässt sich durch die Entwicklung der algebraischen Logik dokumentieren. Zum andern haben sich ihre material-logischen Strukturen entwickelt. Die der Welt immanente Prozessualität wird in der Neuzeit anders verstanden als in der Vergangenheit. Der Entwicklung beider Strukturen geht der vorliegende Band nach. Geschichte lässt sich unter den erkenntniskritischen Vorgaben einer säkular gewordenen Welt verstehen. Das ist die Botschaft, die der Band vermitteln möchte.

€ (D) sind gebundene Ladenpreise in Deutschland und enthalten 7% MwSt. € (A) sind gebundene Ladenpreise in Österreich und enthalten 10% MwSt. Die mit * gekennzeichneten Preise sind unverbindliche Preisempfehlungen und enthalten die landesübliche MwSt. Preisänderungen und Irrtümer vorbehalten.

Jetzt bestellen: springer-vs.de